U1015994

价值选择视角下的印度行政改革研究
（1947—2014）

方浩伟　著

湘潭大学出版社

图书在版编目（CIP）数据

价值选择视角下的印度行政改革研究 ：1947—2014 / 方浩伟著. -- 湘潭 ：湘潭大学出版社，2022.4
ISBN 978-7-5687-0755-8

Ⅰ. ①价… Ⅱ. ①方… Ⅲ. ①行政管理－政治体制改革－历史－研究－印度－ 1947-2014 Ⅳ. ① D735.13

中国版本图书馆 CIP 数据核字（2022）第 069904 号

价值选择视角下的印度行政改革研究：1947—2014

JIAZHI XUANZE SHIJIAOXIA DE YINDU XINGZHENG GAIGE YANJIU:1947–2014

方浩伟 著

责任编辑：王利剑
封面设计：王　宇
出版发行：湘潭大学出版社
社　　址：湖南省湘潭大学工程训练大楼
电　　话：0731-58298960 0731-58298966（传真）
邮　　编：411105
网　　址：http://press.xtu.edu.cn/
印　　刷：广东虎彩云印刷有限公司
经　　销：湖南省新华书店
开　　本：710 mm×1000 mm 1/16
印　　张：15.25
字　　数：250 千字
版　　次：2022 年 4 月第 1 版
印　　次：2022 年 4 月第 1 次印刷
书　　号：ISBN 978-7-5687-0755-8
定　　价：68.00 元

内容简介

国别研究一直是公共管理研究的重要领域。长期以来，我国学界对于印度行政体制及其改革发展问题的研究不多且不够系统。本书基于行政价值选择的视角，对印度1947—2014年的行政改革历史进行系统研究，既有完善行政价值理论体系，丰富印度公共管理研究，为相关研究提供知识积累的理论意义，也有加强对印度行政体制形成、改革、运作情况的了解的现实意义。

阐释行政价值选择与行政改革的概念、基本内容和影响因素，为梳理印度的行政改革历史提供分析框架。首先，对印度的行政改革历史进行概述，提出1947年以来印度行政改革的逻辑起点是继承和改造英国殖民时期的行政体系，将印度行政改革历史划分为1947—1989年、1991—2004年、2004—2014年三个阶段。以此为总领，按照行政改革的影响因素、行政改革的价值选择、行政改革的内容的结构，分别对三个阶段的行政改革历史展开研究。第一个阶段为1947—1989年期间的行政改革。该阶段印度政府将公平作为行政改革的核心价值选择，围绕民主政治体制、混合经济结构和计划管理体制的建立与调整进行了长期的改革，主要举措包括建立健全行政体制，完善行政结构，强化政府管制，加强社会福利职能等。第二个阶段为1991—2004年期间的行政改革。该阶段是印度的市场经济改革时期，印度政府以经济增长为目标，将效率作为行政改革的核心价值选择，根据市场经济体制改革和加快经济发展的要求进行行政改革，改革具有显著的市场化导向和管理主义特征，改革主要内容是转变政府职能，减少微观干预，压缩政府规模，提高行政效率，加强行政分权，强化行政责任，公共服务市场化等，开始由管制行政向服务行政转型。第三个阶段为2004—2014年期间的行政改革。这个时期印度进入包容性发展阶段，追求经济社会的协调发展，相应的这个阶段的行政改革坚持效率、公平、民主多元并存的价值取向，根据深化经济改革、健全市场经济体制、促进经济社会协调发展的要求进行，进一步放松经济性管制，扩大行政参与，加强行政公开，深化简政放权，提高行政效率，强化公共服务职能，加快向服务行政转型。

印度行政改革的历史展现了行政价值选择与行政改革之间的互动关系，改革过程中不同性质的价值选择对行政改革产生了不同影响，行政价值选择作用于行政改革的目标设定、执行过程和实施效果，行政改革则为行政价值选择创设了条件。从印度行政价值选择与行政改革的互动关系中可推论出行政价值选择与行政改革的一般关系，即行政价值选择贯穿于行政改革的全过程，行政改革是行政价值选择的内在动因，行政价值选择消解行政改革的关键障碍。

经济发展模式的转型、议会民主制度和政党政治、社会结构和社会文化的变迁、科学技术的推动是当代印度行政改革及其价值选择的主要影响因素。然而，虽然印度进行了长期的行政改革，但行政改革的效果并不理想，其原因主要在于印度政府对行政价值体系的塑造长期重视不足，政治经济体制等宏观环境的制约，政治领导人缺乏行政改革的坚定决心和承诺，官僚群体利益固化，改革积极性不高。印度行政改革的历史表明，科学有效地推进行政改革要坚持从本国国情出发，突出行政改革的实际效果，提高行政改革的法制化水平，重视对行政价值观的塑造。

目　录

第一章

绪 论

一、印度行政改革研究的背景与意义

（一）时代背景与学术背景

1. 加强印度问题研究的要求

中印两国同为历史悠久的文明古国，人口众多，国土辽阔。近代以来两国都遭受西方殖民主义的侵略，而两国又在几乎相同的时间获得民族独立和解放。中印两国选择了不同的社会制度和发展道路，但都不同程度地受到苏联体制的影响。20 世纪八九十年代以来，中印两国先后实行改革开放，进入 20 世纪 90 年代，两国的经济与科技迅速发展，综合国力不断增强，作为世界上两个最大的发展中国家，在亚洲乃至世界都有日益显著的影响力。作为亚洲最大的两个国家，中印在维护亚洲和平稳定、实现亚洲繁荣振兴方面承担着历史责任和时代使命。保持经济高速稳定增长，提升人民生活福祉，实现民族的伟大复兴，是两个国家共同的目标与追求。21 世纪以来中印两国关系稳步提升，各领域、各层次交流合作不断增多。同时，两国在地缘政治、领土、经贸等领域也存在摩擦和竞争。这些都要求我国必须更加重视印度，更多了解印度发展的历史和现状，对印度问题的学术研究也应该得到更多关注。当前，国内对于印度行政体系及其改革发展的研究还不多，也不够系统，是值得研究的问题。

2. 加强公共管理国别研究的要求

长期以来国内学界对印度问题的研究集中于哲学宗教文化、经济发展模式与经济改革、民主政治与政党制度、外交与国际关系等方面。近些年来随着印度的快速发展和国际影响力日益凸显，国内对印度公共管理问题的研究也日渐增多，如印度的社会保障制度、社会治理、教育管理、扶贫、农村治理、大都市治理等，但鲜见对印度行政体制本身及其改革发展问题的研究。实际上，在印度的三权分立结构中，行政权十分突出，处于绝对的主导地位，行政机构在印度的经济社会发展中亦发挥着主导作用。因此，对印度的行政体制及其改革发展问题进行研究是很有必要的，有助于更加全面地了解印度的行政体制、行政结构及其演变发展的基本情况，也有利于我们更准确地认识、理解印度政府的公共政策和行为模式。

3. 当代印度行政改革具有典型性

当代印度的行政改革不是孤立的，它属于20世纪80年代以来第三世界国家行政改革浪潮的一部分。第三世界国家在独立后，为了迅速发展经济、提高人民生活水平，普遍实行国家干预主义政策和膨胀性的财政政策，其结果是政府职能广泛，机构臃肿，人员冗余，贪污腐败，效率低下，债务沉重，赤字庞大，财政不堪重负。到20世纪80年代受西方国家经济衰退和高利率政策影响，很多第三世界国家陷入严重的债务危机。当时西方国家的新自由主义经济理论和政治新保守主义正甚嚣尘上，其核心理论是减少国家干预，主张政府要“管得更少，管得更好”，由于这些理论在西方改革中起到实效，并且符合第三世界国家化解财政危机的要求，因而被很多国家所接纳并应用到改革实践中。第三世界国家不仅积极接受西方经济政治思潮的影响，还十分推崇西方国家政府改革的经验。西方国家的新公共管理改革被很多第三世界国家所效仿。世界银行、国际货币基金组织等国际金融机构对第三世界国家的行政改革也起到了直接的推动作用。为了恢复第三世界国家的偿债能力，国际金融机构积极指导第三世界国家按照西方模式进行经济体制改革，作为贷款附加条件，还要求这些国家改革公共部门，重新规范政府职能，改善财政收支状况，增强政府的廉洁度、效率和能力。不少第三世界国家都接受了它们的改革方案和建议。在这样的背景下，很多第三世界国家的行政改革在总方向和主要措施上趋于一致，主要是私有化、市场化；合同出租、公私合作与竞争；放松管制、职能优化、缩减政府规模；分权化，结果导向，绩效评估；追求经济、效率；坚持服务为本、顾客取向等管理原则；应用工商部门的管理技术等。印度改革开放后的行政改革是第三世界国家行政改革浪潮的一个典型，具有较大的比较研究价值。

（二）本书的学术价值

1. 有利于丰富对印度公共管理问题的研究

近些年来印度的行政改革问题已经受到我国学者的关注，形成了一些专门研究印度行政改革问题的论文和报告，一些研究印度政治、经济改革、社会治理问题的专著中也涉及行政改革的内容。但由于研究起步晚、不持续、不系统，总体而言目前这方面的研究成果仍然数量较少、内容分散、深度不足，而且现有对印度行政改革问题的研究往往脱离于印度的历史和现实语境，导致研究成果缺乏解释力和说服力。印度独立后政治体系相对稳定，印度政府适应不同时期经济社会发展的要求实施了长期的行政改革，形成了一部行政改革史。本书从行政价值选择的视角，系统研究当代印度的行政改革历史。首先界定和论述行政价值选择与行政改革的概念、主要内容和影响因素，为历史研究构建了分析框架。应用历史 - 生态分析法，立足于印度 1947—2014 年的发展历史，结合印度行政改革的内容特征，将当代印度的行政改革历史划分为 1947—1989 年、1991—2004 年、2004—2014 年三个阶段，历时性地对每个阶段的行政改革进行研究，梳理出各时期印度行政改革的价值选择与行政改革的内容。本书能够丰富我国对印度行政体制及其改革发展相关问题的理论研究，拓展我国印度公共管理问题研究的视域，也能够为相关研究提供理论借鉴和知识积累，具有一定的理论价值。

2. 有利于揭示行政价值选择与行政改革的关系

我国的行政价值研究兴起于20世纪90年代初，长期以来学者们对这个基础性的理论问题保持了较大的研究兴趣，初步构建了包括行政价值概念、行政价值观、行政价值取向、行政价值选择、行政价值变迁、现实行政价值问题、行政价值建设等内容的行政价值理论研究体系。但是，相对而言当前学者们对于行政价值选择这个重要的理论问题关注的还不够。从价值哲学的视角看，价值选择是人类实践活动的必要环节，人类的任何活动都伴随着价值选择，行政活动也不例外，行政实践活动正是行政价值选择在现实中的展示。一定时期的行政价值体系中总是并存着各种先进的、落后的，正面的、负面的行政价值，要求行政价值主体做出选择，寻求行政价值的合理定位，为公共行政明确目标导向和意义旨归。公共行政实践中的很多问题，归根结底就在于行政价值选择的失偏。行政改革作为一项典型的行政实践活动离不开行政价值选择的重要作用，行政价值选择关系着行政改革能否成功或者能在多大程度上取得成功。目前不少学者已经关注了行政改革中的价值选择问题。本书以行政价值选择为视角，研究当代印度的行政改革问题，在理清当代印度行政改革及其价值选择的实践历程的基础上，理性审视当代印度行政价值选择与行政改革的互动关系，并推论出行政价值选择与行政改革的一般关系，有利于我们更加准确地认识行政价值选择与行政改革的相互关系。

二、国内外学术史梳理

（一）国外研究述评

国外对于行政价值、行政改革和印度行政改革的研究都要早于我国，研究方法和研究题域较我国更为多样，研究成果十分丰富，很多理论成果对我国相关理论研究和实践领域产生了重要影响。这里仅从与本研究关联最为密切的三个方面进行述评。

1. 行政学范式变迁中的行政价值研究

自19世纪末行政学诞生以来，关于价值问题的争论就始终是西方行政学界的一个重要问题，在传统公共行政、新公共行政、新公共管理、新公共服务的行政学范式转换中，不同理论派别的学者从不同视角对行政价值问题进行了研究。19 世纪末在工业革命的推动下，西方国家经济迅速发展，与此同时也产生了一系列的政治和社会问题，社会公共事务日益增多，自由资本主义时期小政府大社会的治理模式明显滞后，政府行政效率难以满足社会需求。受科学管理理论的影响，现代行政学创始人威尔逊和古德诺提出了“政治－行政二分法”，即将行政从政治中分离出来，建立以效率为目标的行政管理模式。他们提出政治是国家意志的表达，行政是国家意志的执行的原则，“权衡事实、审察议题并最终为价值目标的实现抉择系列行动方案，这些都被视为政治的功能……行政纯粹是运行执行功能”[①]。也就是说在传统行政学者看来价值问题属于政治问题，而不承认行政中存在价值问题，即行政应是“价值中立”的，希望行政作为远离政治的纯粹的技术事务，更多地体现工具性价值而非政治性价值，是一种工具理性哲学。这种工具性价值就是效率，以政治－行政二分法、官僚制理论和科学管理原理为基础的传统行政学，是工业化时代对效率的回应，三者“统一在科层制效率的旗帜之下”[②]。

20 世纪 40 年代起，行政学界开始批判和否定作为传统行政学根基的政治－行政二分法，西蒙是其中的代表性人物，他提出“管理就是决策”的著名观点，将社会学中的“事实－价值二分法”引入行政学，根据这种方法论他提出“价值与事实，政治与行政都不可避免地融为一体”[③]，从而结束了“行政就是执行”的传统观点。但西蒙秉持的是主体价值论，认为价值是人的主观体验，是不可验的，因而虽然他承认行政中存在价值问题，却和早期行政学者一样不考虑行政价值问题，而只考虑事实问题，是一种逻辑实证主义。

① Dwight Waldo. The Study of Public Administration [M]. New York: Random House, INC, 1967: 60－61.

② 黄健荣，杨占营. 新公共管理批判及公共管理的价值根源 [J]. 中国行政管理，2004 (2): 65.

③ Dwight Waldo. The Study of Public Administration [M]. New York: Random House, INC, 1967, 45.

在他看来效率准则仍然是价值的共同衡量尺度①。20世纪60年代，以布坎南为代表的公共选择学派兴起，他们对价值问题进行了研究。该学派高度重视公共领域中的价值问题，认为理论研究的关键在于设计将个人价值或偏好转换成集体选择的制度安排。但是该学派同样秉持事实－价值二分法，并且认为价值是个人主义的问题，因而也认为价值问题是无法研究的，价值问题不应属于科学研究的范围。在价值取向上承袭传统公共行政的是新公共管理理论。20世纪70年代末，西方发达国家普遍出现了严重的财政危机、管理危机和信任危机，一场以新公共管理运动为名义的政府改革浪潮迅速兴起。新公共管理理论沿袭了传统公共行政时期以效率为核心的管理主义传统，以及公共选择学派的基本理论主张。新公共管理理论的学者们主张将效率、经济、效益作为公共行政的价值追求，同样是以效率为价值核心，因而也被称为“新泰勒主义”。但是新公共管理理论的价值取向并不完全是对传统公共行政效率价值的回归，而是在以效率价值为核心的基础上，将顾客导向、社会导向、服务导向等民主价值融入工具性价值之中，促进了公共行政价值的多元化。

20世纪60年代末，传统公共行政的“价值中立”取向在理论和实践上都暴露出问题。一方面，传统公共行政学单纯地强调效率价值，这与公共行政天然具有的公共性不相符，使行政学变成纯技术性的学问，行政学研究失去了特定的对象性、独特性与存在价值，造成了公共行政学的“身份危机”。另一方面，由于传统公共行政缺少对价值理性的考虑和反省，导致政府漠视社会公共利益和公平正义，破坏了民主、参与等传统政治价值，西方国家管理问题和社会问题严重，引发了轰轰烈烈的民权运动与后行为主义潮流。在这种情况下，批判与否定传统公共行政理论成为行政学界的核心议题，新公共行政学派应运而生。新公共行政学派的旗帜人物弗雷德里克森指出“我们从来不认为公共行政的理论和实践仅仅是技术的或者管理的问题。那种一方面把政府政治和政策制定过程作为价值表达，另一方面把行政作为单纯技术的和价值中立的政策执行的做法，是失败的。无论任何人，欲研究行政问题，

① 赫伯特·A. 西蒙. 管理行为［M］. 詹正茂，译. 北京：机械工业出版社，2006：237.

皆要涉及价值之研究；任何从事行政实务的人，他实际上都在进行价值的分配。”[①] 1968 年明斯布鲁克会议上，弗雷德里克森在《走向新公共行政》一文中首次提出将“社会公平”理念引入公共行政领域，为新公共行政学确立了核心价值取向。在 1980 年出版的《新公共行政》一书中弗雷德里克森进一步提出“公共行政的社会公平是要推动政治权力以及经济福利转向社会中那些缺乏政治、经济资源支持，处于劣势境地的人们”[②]，“新公共行政学寻求变革那些从体制上阻碍社会公正实现的政策与机构”[③]，建立民主行政之模型。总之，该学派极力追求“民主行政”的典范及其落实，强调公共行政的公共性，批判了传统公共行政学“效率至上”的价值取向，提出“社会公平”是公共行政的核心价值的观点。

新公共行政学派的价值取向被新公共服务理论所承袭。新公共服务理论是以美国著名公共管理学家罗伯特·B. 登哈特和珍妮特·V. 登哈特为代表的一批公共管理学者基于对新公共管理理论的反思，特别是针对作为新公共管理理论之精髓的企业家政府理论缺陷的批判而建立的一种新的公共管理理论。在价值取向上，他们批判了新公共管理“效率核心”的价值取向，认为市场和企业价值内化的政府目标和过程危及了公共服务的公平、正义等价值。登哈特夫妇在他们的代表作《新公共服务：服务，而不是掌舵》一书中，提出“构成本书理论核心和实质的有两个主题：（1）促进公共服务的尊严和价值；（2）将民主、公民权和公共利益的价值观重新肯定为公共行政的卓越价值观。”[④] 之后罗伯特·登哈特又指出新公共服务理论“建立在公共利益的观念之上，是建立在公共行政人员为公民服务并确实全心全意为他们服务之上的。”[⑤] 在公共服务的理论框架下，公共行政再次向公共利益这个目的性价值

---

① 乔治·弗雷德里克森. 公共行政的精神［M］. 张成福，刘霞，张璋，等译. 北京：中国人民大学出版社，2003：142.

② H. George Frederickson, New Public Administration［M］. The University of Alabama Press, 1980：6－7.

③ Frank Marini. Toward a New Public Administration［M］. Scranton：Chandler, 1971：312.

④ 珍尼特·V. 登哈特，罗伯特·B. 登哈特. 新公共服务：服务，而不是掌舵［M］. 丁煌，译. 北京：中国人民大学出版社，2004.

⑤ 罗伯特·B. 登哈特. 公共组织理论［M］. 扶松茂，丁力，译. 北京：中国人民大学出版社，2003：208.

迈进一步。

通过以上梳理可见，20 世纪 60 年代末开始西方行政学已经开始研究价值问题。各学术流派的学者们基于不同的理论背景和研究视角对行政价值问题展开研究，取得了丰硕的研究成果，也对西方的公共行政实践与改革产生积极影响。但是，西方学界在行政价值的概念、研究角度和研究方法方面始终难以统一，更没有形成稳定一致的理论体系，而且他们大多秉持的是一种主体价值论，与在我国占主导的马克思主义价值理论根本不同，这些都限制了西方行政价值研究对我国相关研究的借鉴价值。对本研究而言，新公共行政理论和新公共服务理论的民主价值理性，新公共管理理论的工具价值理性，对本研究总结和梳理当代印度行政改革的价值选择变迁历程起到了重要的参考作用。

2. 对新公共管理政府改革运动的研究

20 世纪 80 年代，英国、美国、新西兰等国家掀起了新公共管理政府改革运动的潮流，之后这场改革运动扩大到印度等第三世界国家，对印度 20 世纪 90 年代后的行政改革产生重要影响。1991 年胡德首先提出了“新公共管理”的说法。虽然新公共管理理论由于强调市场化、私有化、顾客导向等观点，遭到了诸多质疑和批判，但并不妨碍其对研究认识和理解印度的行政改革活动的指导意义。由于新公共管理运动声势浩大、影响显著，很多公共管理学者对其进行了研究，形成了丰富的理论成果，有关新公共管理的观点不胜枚举，且相互之间差异很大。弗里德曼和哈耶克提出了“小政府理论”，认为政府对市场的干预造成效率低下、财政赤字加重等一系列问题，应明确政府活动的边界是提供那些市场做不了也做不好的服务，提供具有非排他性的公共产品和服务。当然“小政府”是指职能范围上的小，并不意味着政府能力及竞争力的弱小。哈默和钱皮针对官僚制出现的服务危机，提出应对官僚机构进行工作流程的再造，以业务流程为改造对象和中心，以顾客需求和满意度为目标、对现有业务流程进行根本的再思考和彻底的再设计，以打破传统的职能型组织结构，建立全新的过程型组织结构，从而实现组织在成本、质量、服务和速度等方面的改善。霍哲提出在公共部门引入绩效管理和全面质量管理，关注政府绩效的改进，把绩效评估作为改进绩效的一种管理工具，建立起一套在以顾客为中心，持续改进，强调授权和协作基础上的全面质量管理模式，建立更高效率的、更具回应性、以顾客为中心的公共机构。

学者们还对新公共管理政府改革进行了理论总结。简·莱恩认为新公共管理不等同于美国以政府退出、标杆管理和目标管理为主要内容的重塑政府，不等同于新西兰的国家退出和经济学方法驱动，也不等同于民营化。他明确地将新公共管理界定为契约制，即签约外包制和政府内部契约制的综合。“新公共管理的要旨不仅是外部生产，也包括内部的合同制。服务提供仍然可以在内部进行，但是必须与负责资源配置的内部供应者签订合同”①，他认为新公共管理不是取代公共行政的完整理论模式。20世纪八九十年代，针对传统的行政模式的缺陷，一种新的管理方法在公共部门中出现。欧文·休斯将胡德提出的新公共管理概念界定为七个要点，即公共部门职业化管理，明确的绩效标准与测量，特别重视产出控制，公共部门中的单位趋向分化，公共部门更具竞争性，重视私营部门管理方式，强调资源利用要具有更大的纪律性和节约性。欧文·休斯认为新公共管理不足以称为新的公共行政学范式②。帕特里夏·格里尔认为新公共管理的内涵包括：（1）公共服务组织的分散化；（2）对高级人员的雇用实施有限期的契约制；（3）公共服务的供给与生产分离；（4）强调降低成本；（5）重点从政策转向管理，主要重视服务提供的效率和成本，更加重视绩效和评估的量化方法和效率标准；（6）从程序转向产出的控制和责任机制③。

奥斯本和盖布勒在考察美国新公共管理改革的基础上，提出了企业家型政府的十大原则：（1）起催化作用的政府：掌舵而不是划桨；（2）社区拥有的政府：授权而不是服务；（3）竞争性政府：把竞争机制引入到提供服务中去；（4）有使命的政府：改变照章办事的组织；（5）讲究效果的政府：按效

① 简·莱恩. 新公共管理［M］. 赵成根，王洛忠，崔跃嵩，等译. 北京：中国青年出版社，2004：257.

② 欧文·休斯. 公共管理导论（第4版）［M］. 张成福，译. 北京：中国人民大学出版社，2015：3.

③ 毛寿龙，李梅，陈幽泓，等. 西方政府的治道变革［M］. 北京：中国人民大学出版社，1998：301.

果而不是按投入拨款；（6）受顾客驱使的政府：满足顾客的需要，而不是官僚政治需要；（7）有事业心的政府：有收益而不浪费；（8）有预见的政府：预防而不是治疗；（9）分权的政府：从等级制到参与和协作；（10）以市场为导向的政府：通过市场力量进行变革①。奥斯本和普拉斯特里克提出了再造政府的五项战略，他们认为政府再造不是改革政治体制，不是对政府组织结构框架进行改造，不是缩减政府规模，不是私有化，不是仅为提高效率，不只是全面质量管理或企业流程再造，也不是为了减少浪费、政治欺诈或权力滥用，政府再造主要是指“通过对组织目标、组织激励、组织责任、权力分配和组织文化进行变革，来重构公共组织和公共体制。”政府再造的五项战略分别是：（1）核心战略：明确组织目标；（2）后果战略：创设绩效后果；（3）顾客战略：将顾客置于驾驶员的位置上；（4）控制战略：将控制从高层和中央移走；（5）文化战略；创造企业家文化②。盖伊·彼得斯系统评价了新公共管理的政府改革运动，对全球治理变革做了综合分析。他将发达国家和发展中国家不同形式和不同程度的改革归纳为政府治理的四种模式，即市场式政府、参与式政府、弹性化政府和解制型政府。他从理念、结构、管理、政策制定和公共利益五个方面详细论述了这四种政府模式。他特别强调这四种改革模式不是相互对立的，可单独进行也可综合进行，而且新模式并非完全否定了传统行政模式③。

3. 对印度独立以来的行政改革的研究

从掌握的资料看，西方和印度国内学者对印度独立后的行政改革的研究，主要是以历时性视角对印度行政改革的整个过程或者某一历史阶段的行政改革进行梳理、总结和评价。这类研究又分为两种，一种是对行政改革的背景、措施和效果的研究，另一种是以印度独立后陆续成立的与行政改革相关的委

① 戴维·奥斯本，特德·盖布勒．改革政府：企业精神如何改革着公营部门［M］．周敦仁，译．上海：上海译文出版社，2006：11.

② 戴维·奥斯本，彼得·普拉斯特里克．再造政府：政府改革的五项战略［M］．谭功荣，刘霞，译．北京：中国人民大学出版社，2014：4.

③ B. 盖伊．彼得斯．政府未来的治理模式［M］．吴爱明，夏宏图，译．北京：中国人民大学出版社，2014：4.

员会（小组）的活动为主线进行研究。除此之外，一些学者还对行政体制特定领域的改革进行了研究。这些成果在观点和知识上都对本研究有很大的借鉴意义。这些研究的不足主要在于行政改革的概念框架设定过小，对印度的行政改革反映不全面，研究内容同质性较高，且缺少足够的史料支撑，这也是本研究力求解决的问题。

Ahmed Shafiqul Huque 研究了包括印度在内的南亚国家的行政改革问题，他认为当代印度的行政改革主要包括行政体制改革、结构和程序改革、管理方式变革、政府关系变革四个方面。改革的主要策略是成立专门的委员会来识别问题和提出建议，但它们的建议往往不被接受。印度的行政改革并不成功，可能的原因是缺少促使政府实施改革的政治承诺，强大的官僚群体对影响自身地位和利益的改革持抵制态度，政府的频繁更替阻碍了改革的逐步实施①。Punit Arora 指出印度独立后承袭了殖民时期的官僚体制，虽然印度文官机构基本上一直坚持这种结构没有太多变化，但是其表现似乎在下降，腐败和低效率是印度公共行政面临的严重问题。行政改革受到官僚群体的抵制，一是由于官僚惰性和死气沉沉，二是由于他们对被评价为不诚实或无能感到不满。Punit Arora 认为印度的行政改革需要系统解决问题的方法，如果没有同时进行政治和选举制度改革，谈论行政改革是毫无意义的②。Kuldeep Mathur 和 Navdeep Mathur 对印度独立后的行政改革进行了评价性研究，他们指出独立后印度的政治领导人发现依靠殖民时期的行政结构和程序无法使社会发展项目得到有效地执行，制定计划的人员非常清楚需要一个不同的行政系统来执行发展计划。1952—1966 年印度的行政改革深受美国公共行政学科发展和理论研究的影响，使人们相信改革殖民时期行政体制的关键在于改变行政人员个人的行为方式和专业能力。20 世纪 70 年代后，很少有对行政改革的关注，但政治领导人对行政系统的控制和影响不断增强，政治中立的原则不断削弱。1991 年以来，印度行政改革呈现向新自由主义公共管理转变的趋势。

① Ahmed Shafiqul Huque. Explaining the Myth of Public Sector Reform in South Asia: De - Linking Cause and Effect [J]. Policy & Society, 2005, 24 (3): 97 - 121.

② Punit Arora. Administrative Reforms in India: Need for Systems Approach to Problem - Solving [J]. International Public Management Review, 2006, 7 (2): 83 - 96.

在公共服务领域，公共机构和私人机构的边界变得模糊，目前的政治制度更加强调利用官僚机构促进公共资源分配的市场化和私有化。他们同样认为印度的行政改革不成功，印度面临着重新设计可以在全球化和经济改革的环境中维持下去的行政系统的重大挑战①。

Abinaswar Das 研究了印度的文官制度改革问题，详细介绍了 1966 年和 2005 年两届行政改革委员会的工作。他指出独立后印度继承了殖民地时期的官僚机构，并且基本上没有对其进行调整。印度官僚机构的改革充其量只能说是在缓慢地进行着，与设想的革命性变化有很大差距。印度文官的服务效率多年来一直饱受质疑，行政官员们被认为漠视公共利益、受政治的影响，还经常被指责是腐败的、裙带关系严重的。Abinaswar Das 认为印度公共行政面临三大挑战，即自主性、责任、终身任职与培训②。V. V. Moharir 研究了印度独立头 20 年的行政改革问题，他提出庞大的国家和人口规模，殖民地的历史与英国行政思维和习惯的影响，极度贫穷的人民，五年计划的实施及其带来的公共部门的扩张，相对的政治稳定，联邦体制和议会制政府等是印度独立后影响印度行政改革的主要因素。计划体制背景下主要的改革是向地区及其下一级的人民代表机关下放发展计划的决策权。在潘查亚特体制下，邦政府向地方自治机关下放了一定的权力。1964 年 3 月在内政部设立了行政改革局。1966 年 1 月设立了行政改革委员会③。Dr. Atma Ram 认为印度独立后的行政改革和变化是持续不断的。各种各样的修正案和行政改革不时出现不适应的现象，要求再次进行行政检查和改革。行政机构在印度的政策制定和执行中具有关键作用。但是那些看似很有吸引力和有效的政策一旦执行起来就容易失败。印度行政改革面临的主要问题是各改革委员会的一

① Kuldeep Mathur, Navdeep Mathur. Assessing Administrative Reform in India [J]. Chinese Political Science Review, 2017, 2 (1): 40 -55.

② Abinaswar Das. Reforms in the Indian Civil Services: A Study of 21st Century Recommendations and Implementation [D]. National Law School of India University, 2017.

③ V. V. Moharir. Administrative Reforms in India [M]. The Management of Change in Government. Springer Netherlands, 1976.

系列报告难以得到有效执行①。

O. P. Dwivedi 等对印度 1947—1987 年的行政改革做了研究，他们认为计划经济时期印度政府全面主导和干预经济社会事务，而人口增长、工业化、城市化带来经济社会事务的剧增，相应地导致了行政机构的扩张，行政机构的扩张又伴随着规制的泛滥和过程的烦琐。独立后印度的行政改革至多只是在缓慢地、渐进地进行着，与印度领导人们设想的系统性、革命性改革有很大差距，这决定了印度行政改革的效果比较有限，文官机构的效率基本没有提高，行政体制基本没有改善，行政发展较为缓慢②。Nikhilesh Jha 研究了印度形成大量行政规制与放松规制的过程，他提出印度独立后在建设福利国家的目标下形成了国家行动主义，国家承担广泛的职能，为了使行政机构能有效地履行这些职能，它被赋予了广泛的调查、控制和监督权力，为此印度政府根据不同的法规制定了大量的规定、条例和一般性质的行政命令。之后印度行政管理陷入规制泛滥之中。1997 年首席部长会议讨论以公民取向为所有行政活动的中心，建立一个有效的和回应性的政府，开始了放松规制的改革③。Md. Reyaz Ahmad 从良好治理的视角研究了印度的行政改革问题，通过反腐机构和法规来去除腐败。选举改革，信息权利，行政管理（采购和招投标）的透明度，官员任命与转任的去政治化，以及电子政务是行政改革的指导原则。通过加强分权化的自治机构，如潘查亚特以及利益相关组织（水、森林、教育、健康和其他的委员会），行政责任也得到加强。同时，也可以通过其他的一些改革，如公共服务的私有化、缩减规模、裁员等④。

（二）国内研究述评

行政价值与行政改革是国内学术研究的重要问题和热点问题。我国行

① Dr. Atma Ram. Efforts for Administrative Reforms in India [J]. International Journal of Research in Engineering & Social Sciences, 2016, 6 (3): 41 - 51.

② O. P. Dwivedi, R. B. Jain, B. D. Dua. Imperial Legacy, Bureaucracy, and Administrative Changes: India 1947—1987 [J]. Public Administration and Development, 1989, 9 (3): 253 - 269.

③ Nikhilesh Jha. Initiatives of Government of India on Regulatory Reform in the Context of the Action Plan for Effective and Responsive Government [TB/OL]. www. regulatory reform. com.

④ Md. Reyaz Ahmad. Necessity of Administrative Reforms in India: Goodgovernance Perspective [J]. International Journal of Multidisciplinary Approach and Studies, 2015, 2 (5): 218 - 231.

政价值研究的重点经历了由哲学性的理论构建向关注公共行政实践中的价值问题的转变。我国行政改革的研究成果汗牛充栋，具有鲜明的实践导向和问题导向，与此同时行政改革理论的本土化构建却一直进展较慢。近些年来，随着我国行政改革的不断深化，学者们越来越多地将行政价值问题与行政改革问题联系起来，研究行政改革中的价值问题，从行政价值层面回应行政改革的现实问题，探讨行政改革的发展方向。至于印度行政改革研究，则明显还处于起步阶段，成果少且深度不足，但也能为本研究带来一些启示。

1. 关于行政价值的研究

我国的行政价值研究始于 20 世纪 90 年代，长期以来一些学者对这个基础性的研究领域保持着兴趣，出现了颜佳华、刘祖云、陈世香、陈建斌、张富等代表性学者，形成了很多有价值的研究成果。最初，学者们主要是以行政哲学和价值理论来构建行政价值的理论体系，之后转而更多地关注现实的行政价值问题。本书主要研究行政价值选择及其与行政改革的关系问题，但由于目前国内学界对行政价值的概念体系尚没有共识性的界定，在很大程度上存在着行政价值、行政价值观、行政价值取向、行政价值选择等概念的混用，很多不是以行政价值选择为题的成果也对本研究有益，因而有必要对上述问题进行全面的述评。根据研究需要，还对行政价值的变迁、行政价值存在问题及其重塑等研究进行了综述。

（1）对构建行政价值理论体系的研究

当行政价值作为一个研究领域出现时，一些学者从行政哲学和价值论的层面构建了行政价值的理论体系，试图为行政价值研究奠定理论基础。颜佳华较早地关注了这个问题，在《行政价值刍议》一文中，他构建了由行政价值的概念、根据、结构、特点和功能构成的行政价值理论体系。他提出行政价值是指“行政客体对行政主体需要的满足，或者说是行政客体的属性与功能可以满足行政主体的需要”；行政价值的根据是行政主体的需要与行政客体的属性和功能通过一定行政价值活动实现统一；行政价值的结构由行政主体要素和行政客体要素组成；行政价值的主要特点是客观性、主体性、相对性、社会性和历史性；行政价值的功能在于使行政主体的行政活动得以存在和发展，使行政客体多样化、使行政活动日益丰富两个方面①。可以看出颜佳华对行政价值理论体系的构建是严格根据马克思主义价值理论的观点进行的。张富在《公共行政的价值向度》一书中从公共行政价值的概念、逻辑起点、体系架构、评价、异化和实现过程等方面构建起了行政价值研究的理论体系②。与颜佳华不同，张富从根本上秉持的是一种本体价值论，虽然他认为公共行政价值指的是“公共行政（客体）对人类社会（主体）的积极意义和有用性”，但他进一步指出行政价值“反映了人们关于公共行政的希望和理想、信仰和依托”，而且在颜佳华那里行政价值关系的主客体就是行政主客体，而张富则认为行政价值关系的主客体分别是人类社会和政府，但行政价值的主客体会出现异化。在《论公共行政价值的结构及其功能》一文中，张富进一步完善了自己的研究体系，提出行政价值的结构由主体结构和客体结构组成，主体结构包括价值主体的知识水平、能力状况、心理素质，行政价值客体要素主要包括公共行政价值客体结构与客体层次等内容，而行政价值的功能就体现为行政价值主客体各自的功能③。芮国强、乔耀章在《行政哲学基本问题：探索与对话》一书中将行政价值定义为“行政活动对人的需要的积极意义和满足”，在这里行政价值的主体是广义的人，行政价值的客体是行政活动。他们认为行政价值的基本属性是主体性，表现为行政价值的个体性、多维性和时效性。他们将中国行政价值体系分为基础性价值（秩序与效率）、扩展性价值（公平与正义），终极性价值（以人为本）三个层次④。

（2）对行政价值观的研究

国内很多学者所持的是一种主体价值论，在他们看来，行政价值就等同于行政主体的价值观念，并且他们对于行政价值观和行政价值观念也是不做区别的，因而以行政价值观为主题的行政价值研究为最多。关于行政

① 颜佳华．行政价值刍议［J］．湘潭大学学报（哲学社会科学版），1999（2）：27－30.

② 张富．公共行政的价值向度［M］．北京：中央编译出版社，2007：5.

③ 张富．论公共行政价值的结构及其功能［J］．探索，2007（1）：67－70.

④ 芮国强，乔耀章．行政哲学基本问题：探索与对话［M］．长春：吉林人民出版社，2006：157－207.

价值观和行政价值观念的关系，颜佳华很早就指出“行政价值观至少有三层含义：一是指关于行政价值的基本观点；二是指对行政价值问题的具体见解；三是指行政价值观念。行政价值观主要是指关于行政价值的基本观点，而行政价值观念则是对某类比较具体的行政客体行政价值的相对固定的观念。行政价值观念是行政价值观在具体问题上的具体化。”[①] 行政价值观的建构问题很受学者们关注，张治忠提出建构当代中国的行政价值观的规范体系，应在理论上借鉴新公共服务理论，重塑公共行政的价值理性，回归公共行政的伦理关怀；从当代中国的现实出发，诠释科学发展观与和谐社会理念的行政话语指向；从行政主体、行政相对人、行政制度伦理、行政伦理环境等方面来着手[②]。进入大数据时代，政府应用大数据技术进行公共治理成为必然趋势，许欢等基于国家和行政层面研究了大数据公共治理的价值观问题，他们提出“建立大数据公共治理价值观，就是要在公共管理领域弘扬国家核心价值观和落实行政价值观，反映大数据公共治理应用的价值内涵，指明大数据公共治理的正确方向”，他们分别论述了国家核心价值观和行政价值观与大数据公共治理价值观的关系，并构建了大数据公共治理价值观的基本框架，即大数据公共治理的共同理想和科学理论，大数据公共治理的合作文化和创新精神，大数据公共治理的道德标尺和伦理体系[③]。一些学者对中外的行政价值观进行比较，从中总结对我国行政价值观建设的经验启示。崔冰比较了同属于儒家文化圈的中国和新加坡的行政价值观，认为两国行政价值观在坚持公平原则和强调勤政廉洁方面是相同的，在指导思想、推行方式和发展阶段方面存在较大差异，借鉴新加坡的行政价值观，我国行政价值观建设应坚持行政伦理和行政法制相结合，并坚持一些基本的原则[④]。

---

① 颜佳华. 行政哲学研究 [M]. 湘潭：湘潭大学出版社，2008：193 - 196.

② 张治忠. 新公共服务理论视野下的当代中国行政价值观建构 [J]. 伦理学研究，2009 (2)：24 - 28.

③ 许欢，孟庆国. 大数据公共治理价值观：基于国家和行政层面的分析 [J]. 南京社会科学，2017 (1)：94 - 101.

④ 崔冰. 中国与新加坡行政价值观之比较 [J]. 人民论坛，2012 (17)：238 - 239.

（3）对行政价值取向的研究

在价值哲学里，价值取向是指人们在实现价值目标的过程中围绕着如何实现价值目标而形成的一系列的观念性活动，与价值观念同义，都指向具体的价值活动。但行政学的学者们似乎没有注意这一点，大部分以行政价值取向为主题的成果实际上研究的是行政价值观和行政价值选择问题。金太军认为行政价值、行政价值取向和行政价值观是同义的，他提出西方传统公共行政学的行政价值观是“效率至上”，新公共行政学的行政价值观以“社会公平”为核心，新公共管理的行政价值观以“企业化”“市场化”和公共服务“质量”为核心，并且他还对各时期的行政价值观的利弊做了分析①。学者们对我国行政价值取向的趋势、变革等问题尤为重视。郭琦认为社会主义市场经济条件下，我国的行政价值取向应由政府本位转向社会本位，这是生产力和生产关系发展的必然结果，实现这种转变必须坚持为人民服务的宗旨，树立“成本－收益”的责任意识，合理界定政府职能范围，大力培育社会的自治协调能力，增强信息观念，建立畅通无阻的信息渠道②。江正平、李丽研究了我国行政价值取向的发展趋势，他们认为影响我国行政价值取向的主要因素有市场经济体制的发展水平、政府改革政策和新公共服务理论的传播，我国行政价值取向的未来趋势包括服务和服从结合、责任和权利结合、更加注重公平、公众参与和法律支持结合等行政理念③。还有学者对我国和西方的行政价值取向做了比较研究，毕普云在《公共行政价值取向再审视》一文提出，西方的行政价值取向发展以效率为主线，传统公共行政时期追求机械性效率，新公共行政时期以社会性效率为目标，新公共管理则以竞争性效率为原则。他们认为相较于西方行政价值取向发展的条线清晰，我国的行政价值取向发展是迷茫的，当代公共行政价值的基础较为贫乏，改革开放后我国以经济建设为中心，行政体制改革围绕着“经济建设”进行，行政价值取向也服务于增长主义，出现了公共行政正价值的缺位与负价值的侵犯，导致公共行政价

① 金太军. 西方公共行政价值取向的历史演变［J］. 江海学刊，2000（6）：37－41.

② 郭琦. 转型期社会公共行政价值取向的转变——由政府本位到社会本位［J］. 山西大学学报（哲学社会科学版），2005（6）：60－63.

③ 江正平，李丽. 我国公共行政价值取向的趋势分析［J］. 行政论坛，2011，18（3）：9－12.

值失范。之后经济危机下社会福利的改进及社会政策的思考为中国公共行政价值构建提供了契机，自由主义的思想开始收缩，政府开始更加注重公平正义的行政价值取向①。

（4）对行政价值选择的研究

行政价值选择确定行政价值目标和实现行政价值目标的物质性手段，将观念性的行政价值目标转化为现实性的行政价值关系，是行政价值活动的重要环节，贯穿于行政管理活动的始终。学者们对于行政价值选择进行了较多研究，这些成果可分为两类，一类是对行政价值选择理论的研究，另一类是对具体行政价值选择活动的研究。张康之较早地关注了行政价值选择问题，在《论公共行政领域中的价值选择》一文中，他提出在行政体系中行政价值选择是行政主体根据一定的价值观念对行政体制、行政组织、行政关系和行政行为等加以确立和改造的行政实践活动，是行政体系发展、变革的主要动力和基本内容之一。国家和社会公共事务管理的需要是价值选择的客观依据，行政主体的价值观念和行政客体的价值期望是价值选择的动力源泉，行政人员的责任在于正确地认识和理解行政管理的客观需要，并主动地用自己的行政行为促使这种需要的满足②。在《走向现代化的行政价值选择》一文中，他提出行政价值选择的根本目标是要建立现代化的行政价值关系，把公共行政的体系和一切行政行为都放在现代化的行政价值关系之上，而现代化的行政价值关系包括了效率观念、协调意识、服务精神和法制信念，应发挥传统文化崇尚群体、重视道德和维护权威的价值取向在走向现代化的行政价值选择中的积极作用③。在论《公共管理者的价值选择》一文中，他明确提出公共管理者的价值选择必须是服务价值，公共利益就是公共管理者价值选择的客观依据，他服务于公共利益，为了公共利益的实现和增长，如果不能对服务价值作出选择他就不是一个合格的公共管理者④。通过这些研究张康之基本构建起了行政价值选择的概念、内容、功能、实现方式的理论体系。颜佳华

① 毕普云．公共行政价值取向再审视［J］．云南行政学院学报，2015，17（1）：125－128.
② 张康之．论公共行政领域中的价值选择［J］．江海学刊，2000（1）：35－40.
③ 张康之．走向现代化的行政价值选择［J］．国家行政学院学报，2000（6）：61－64.
④ 张康之．论公共管理者的价值选择［J］．中共中央党校学报，2003，7（4）：10－14.

将行政价值选择界定为“行政系统的功能选择与定位，即选择与主体需求相符、与社会发展规律相适应的功能”。他认为在建设和谐社会背景下，行政系统要充分发挥矛盾协调、社会核心价值体系建构、社会公平维护等三种主要功能，行政价值选择应以实现和谐行政为目标。他提出公共行政价值的实现应以观念转型为先导，即由事后处理型行政观转变为事前预防型行政观，由非伦理型行政观转变为伦理型行政观，由非协调型行政观转向协调型行政观[①]。郭蕊提出实现公共利益、全心全意为人民服务是我国不同发展阶段行政价值发展的一条主线，是我国公共行政的目的性价值，但在公共行政的工具性价值方面出现了一些摆动，我国的行政价值选择在中华人民共和国成立至改革开放前以效率为中心，在改革开放至党的十六大前以“效率优先，兼顾公平”为中心，党的十六大以来以公平、民主、责任为中心。公平和正义是我国现阶段行政工具性价值的现实选择[②]。张江海提出影响当今中国行政价值选择的因素有制度基础和社会基础两个方面。制度基础包括社会制度、政治制度、文化制度和现行的经济制度；社会基础主要是行政价值选择的社会支持，即大多数公民是否赞同公共行政确定的价值目标。全面建设小康社会时期，我国的行政价值选择是多元的和复杂的，主要有服务行政理念、责任行政理念、法治行政理念和质量行政理念[③]。王广珍指出行政人员经常会遇到在各种相互冲突的行政道德价值中做出选择的处境，即行政伦理困境，他认为坚持公共利益至上和做出恰当的伦理妥协是走出伦理困境的两条基本价值选择原则，而妥善处理价值选择原则中目的与手段的关系，目的和手段都应道德[④]。

（5）对行政价值变迁的研究

学者们对中国和西方行政价值的演变、发展、更替进行了大量研究，这

① 颜佳华．公共行政的价值选择与观念转型——和谐社会视野中的阐释［J］．科学社会主义，2007（2）：84－87.

② 郭蕊．我国公共行政价值的历史演变及其现实选择［J］．内蒙古民族大学学报，2008（3）：68－70.

③ 张江海．论当代中国的公共行政价值选择［J］．经济与社会发展，2004（3）：90－92.

④ 王广珍．论公共行政人员伦理困境中的价值选择原则［J］．中国电力教育，2009（11）：175－176.

些研究大多以历时性视角对公共行政（学）不同发展阶段行政价值的变迁进行梳理和总结。侯志峰提出在公共行政的百年历史中，随着古典公共行政、新公共行政、新公共管理、新公共服务和公共价值管理的范式变迁，其行政价值原则经历了价值中立、将价值理论置于优先考虑地位、向效率价值回归、重视公共行政的规范性基础、主张效率与民主的伙伴关系的变迁。总体上，一是从价值中立、价值无涉到单一向度的价值追求，到对价值多元的认同和关注；二是从对效率价值等的过分强调逐渐转变为对民主、公平等规范价值的张扬①。王友云、朱宇华认为技术理性主导下的公共行政以效率价值为核心，但公共性才是公共行政的最高价值追求，公共行政应致力于公共利益的实现。未来的公共行政模式是服务行政模式，其基本内涵是正义、民主、平等、以人为本、交互主体性、对他人尊重等价值理念，未来公共行政应致力于公共性追求，致力于人的创造性发挥，致力于伦理价值和伦理精神的培养②。类延村以我国历次五年计划（规划）为视角，探讨了我国行政价值观演变的阶段规律问题，他创造性地将我国行政价值观演变的阶段划分为社会主义改造与基本建设时期的行政价值观（“一五”至“二五”计划）、“文革”时期的行政价值观（“三五”至“五五”计划）、改革开放启动期的行政价值观（“六五”至“七五”计划）、改革开放成型期的行政价值观（“八五”至“十五”计划）、和谐社会建设时期的行政价值观（“十一五”至“十二五”规划）五个阶段，并阐述了各时期行政价值观的主要内容。在此基础上，他将我国行政价值观的演变规律总结为：行政价值观的秉持视角由封闭走向开放，由隐蔽走向明确主张；行政价值观的类型与维度日益多元，具备系统、先进与科学性的特征；行政价值观的目的取向由单向度发展逐步拓展为协调、全面发展③。

（6）对行政价值重塑的研究

学者们对行政价值存在的理论和现实问题进行了反思，并提出了一些行

① 侯志峰．公共价值：范式变迁、本土语境与实现策略［J］．行政与法，2017（8）：17－24．

② 王友云，朱宇华．公共行政的价值变迁及未来追求［J］．领导科学，2016（11）：20－22．

③ 类延村．论我国行政价值观演变的阶段规律——以历次五年计划（规划）为视角［J］．天津行政学院学报，2012，14（5）：83－88．

政价值的重塑路径。谭海波基于现代性视角对西方公共行政价值进行了批判性反思，他认为现代性历史语境“无法掩饰工具理性本身的结构性缺陷，并最终妨碍公共行政形成终极性的价值追求”，他具体分析了传统公共行政价值存在的效率迷思，新公共行政价值存在的公平之谜，新公共管理价值存在的绩效崇拜等价值困境，最后提出“我国的行政价值建设应力求超越西方现代性工具理性的束缚，立足于服务型政府建设的本土化实践，将公共行政置于更为广阔和前瞻的知识背景下，以人的自由全面发展和社会和谐进步为终极关怀和核心价值，以服务和责任为公共行政价值的实践理念。”① 王炜等研究了政府绩效治理中的行政价值问题，他认为行政价值是政府绩效治理理念的核心部分，是实现政府绩效治理目标，最终实现公共价值的基础，行政价值重塑能够促进绩效治理理念、结构和过程的创新②。

2. 关于行政改革的研究

长期以来行政改革一直是我国行政学研究的重点和热点问题，学者们基于不同的视角和方法，以行政改革、行政管理体制改革等为主题进行了大量研究，专著、论文、报告等研究成果可谓汗牛充栋，本书只是挂一漏万地对与本研究最为相关的研究成果进行简要的综述。

（1）对我国行政改革历程和趋势的研究

行政改革贯穿于我国改革开放伟大事业的全过程。很多学者对我国行政改革的历程、成就、经验进行了总结，并展望我国行政改革的未来发展趋势。在改革开放40周年之际，魏礼群教授指出，我国改革开放近40年来行政体制改革取得重大成就，我国行政改革的历程分为冲破高度集中的计划经济体制模式（1978—1992年），探索适应社会主义市场经济的行政体制（1993—2012年），推进政府治理现代化（2013年之后）三个阶段。他将我国行政改革的内容概括为转变政府职能、调整行政区划、改革政府组织结构、创新政府管理方式、推进法治政府建设、加强公务员队伍建设、推进反腐倡廉建设

① 谭海波. 公共行政价值的批判性反思——基于现代性的分析视角［J］. 四川行政学院学报，2012（5）：39-42.

② 王炜，黄新宇. 政府绩效治理中的行政价值：逻辑框架、失范原因及完善路径［J］. 哈尔滨商业大学学报（社会科学版），2015（6）：58-64.

廉洁政府等方面。他认为我国行政改革的主要经验是坚持顶层设计和统筹规划，坚持渐进式改革策略，坚持公众参与改革过程，坚持围绕发展这一中心任务，坚持鼓励创新和勇于实践，坚持学习借鉴国际经验与符合中国实际相结合①。高小平研究了改革开放以来我国行政制度改革创新的问题，他认为改革开放以来，我国的行政组织制度变革经历了从机构归并到职能转变的历程，运行制度变革经历了从封闭到开放的转变，工作制度经历了从管制到服务的变革。他指出当前我国行政管理制度改革创新的重点在于改革行政审批制度，推广政府和社会资本合作制度，改革商事制度，引入第三方评估制度，实施结构性减税和清理规范行政事业性收费制度，建立和强化权力清单、责任制度、信息公开制度，实施基本公共服务均等化制度，建设法治政府等方面。未来我国行政制度改革创新要坚持党和国家改革的总体目标引领，以大数据为主的科学技术支撑，以生态平衡的自然铁律倒逼改革②。燕继荣提出从理论上来说理想的政府应该是一个职责相当、职能明确的有效政府。他认为我国行政改革的基本定位在于构建一个"有限"且"有效"的政府，淡化全能型管理的色彩，据此党的十八大以来转变政府职能，建设法治政府、服务型政府的提法逐渐被确认为政府改革的目标，新一轮政府改革相应地体现出了简政放权、活化社会、转变职能、强化能力的核心和特点。他认为我国政府改革的总体目的就是要实现政府管理的合理化③。

（2）对我国行政改革动力和目标的研究

很多学者从理论上探讨我国行政改革的动力和目标问题，以回应我国在行政改革实践中存在的动力不足、目标不明等问题。2005 年，中国行政改革学会课题组明确提出建设服务型政府是我国行政管理改革的目标选择。他们将服务型政府界定为在民主政治的框架下，通过法定程序，按照公民意志组建起来，以为公民服务为宗旨，实现服务职能，承担着服务责任的政府。他们认为服务型政府的治理理念是"以人为本""执政为民"，发展方向是由"全能政府"向"有限政府"转变，行为准则是"依法行政"，服务模式是

① 魏礼群．中国行政体制改革的历程和经验［J］．全球化，2017（5）：5－14，134.

② 高小平．我国行政管理制度改革创新：历程、重点和展望［J］．学海，2017（1）：151－162.

③ 燕继荣．中国政府改革的定位与定向［J］．政治学研究，2013（6）：31－38.

“顾客导向”，问责机制是“违法必究”[①]。2010 年，薛刚凌、潘波从行政体制与整个社会的关联，以及行政体制背后利益主体的角度，将我国改革开放以来的行政改革目标模式划分为经济调试目标模式和社会回应目标模式。前者适用于 1978 年到 21 世纪初的历次改革，这些改革不是直接从体制本身切入，而是从经济政策调整，历次改革的目标皆为转变政府职能、改革政府管理经济的方式，适应经济发展和经济体制改革的需要。随着科学发展观与社会主义和谐社会的提出，我国的行政改革目标开始转向后一种模式，更加重视综合性与协调性，并朝着回应社会变革、促进全面发展的方向推进[②]。吴志华认为改革开放以来我国的多轮次行政改革没有达到预期目标，主要原因是政府及其公务员对行政体制改革缺乏足够的动力，也即改革的内动力不足。内动力不足的根源在于利益相关性，行政改革中存在显化公共目标取向与改革执行者隐化私自利益取向之间的矛盾，政府部门及公务员对行政体制改革形成了“成本大于收益”或者是“收益抵消成本”的预期认知[③]。

（3）对国外行政改革理论和实践的研究

周志忍较早地关注了国外行政改革的问题，在《当代国外行政改革比较研究》一书中，他对 20 世纪 70 年代以来的国外行政改革的理论和实践进行了系统研究，详细介绍了当代英国、美国、日本、前苏联东欧国家以及第三世界国家的行政改革。在结论中他总结了当代国外行政改革的经验，论述了行政改革措施的环境适应性，行政改革的推行与管理，公共管理的未来模式，以及当代行政改革的理论争论等问题[④]。黄建洪、金太军提出 20 世纪后半叶以来，西方国家的行政改革具有共通性。改革的基本动因在于社会需要、财政压力、国际竞争、行政民主、范式转换和科技进步。行政改革的主要题域包括政府职能有序向市场和社会转移，政府工具选择的公共服务市场化与社

---

① 中国行政管理学会课题组. 服务型政府是我国行政改革的目标选择 [J]. 中国行政管理，2005 (4): 5 -8.

② 薛刚凌，潘波. 从经济调适到社会回应——行政体制改革目标模式分析 [J]. 行政管理改革，2010 (7): 51 -55.

③ 吴志华. 行政体制改革与内动力 [J]. 华东师范大学学报 (哲学社会科学版)，2006 (3): 44 -48.

④ 周志忍. 当代国外行政改革比较研究 [M]. 北京: 国家行政学院出版社，1999.

会化，政府关系调整的持续分权与授权，政府机构改革走向精简与效能，公务员制度强调公共部门的人力资源开发。总体上当代西方的行政改革呈现了效能化、治理化、市场化、服务化与法治化的实践态势。我国应务实地扎根于中国本土的行政改革之路，改革时序与切入路径的选择对于改革成功至关重要[①]。近些年来众多学者将研究对象从西方国家转移到其他国家，如张志斌对新加坡建国以来的行政改革做了回顾和梳理，他将新加坡的行政改革划分为三个阶段。第一阶段（1959 年独立开始）是为了求得国家生存的行政改革；第二阶段（1960 年代初开始）是奠定新加坡廉洁效能政府基础的一系列改革；第三阶段（1995 年开始）是新加坡政府全面迈向卓越的行政改革。他认为政治领导人的支持及其愿景的引导，机构和制度改革与态度心智转变相结合，循序渐进的改革进程是新加坡行政改革取得成功的主因[②]。

（4）对机构改革与政府职能转变的研究

改革开放后我国的行政改革经历了由机构改革为核心到职能转变为核心的转变，两者始终都是我国行政改革的核心领域，也是行政改革研究的重点。胡珊琴认为中华人民共和国成立以来的历次机构基本上都陷入了“精简膨胀”的怪圈，原因是我国的行政机构改革存在较为严重的路径依赖，历史背景、宏观制度结构、组织行为和思想观念强化着原有的行政机构和体制，阻碍了改革。据此她认为行政机构改革中最为重要的是机构设置相关的制度及相关的制度设置时的前提性意识，一是行政机构的大小及高效与否与经济体制、整个行政体制密切相关，二是转变人们和政府官员对政府的认知[③]。朱光磊、于丹对我国政府职能转变的过程做了回顾和展望，他们认为 20 世纪 70 年代末到 90 年代初，我国面临着极其紧迫的经济建设任务，学术界和政界对于政治体制改革和政府职能的最初认识大多着眼于以职能转变促进商品经济的发展。21 世纪初，特别是在 2003 年和 2004 年，以突出公平因素和反思市场因素的作用为契机，我国政府和理论界开始集中地考虑建设服务型政府的问题。

---

① 黄建洪，金太军. 当代西方行政改革：整体态势及其启示［J］. 国外社会科学，2013（2）：93－103.

② 张志斌. 从生存到卓越：新加坡的行政改革［J］. 公共行政评论，2009，2（4）：74－110.

③ 胡珊琴. 新中国行政机构改革的路径依赖分析［J］. 中国行政管理，2008（5）：39－42.

他们明确提出建设服务型政府是转变政府职能的新阶段，并提出了新阶段转变政府职能的六点建议和思考①。薛澜、李宇环认为应将政府职能转变置于国家治理现代化的整体制度建构中去考量，将政府职能转变作为推动经济社会各领域治理结构变迁的切入点。国家治理现代化背景下的政府职能转变要在政府、市场、社会三者能力的权衡中动态调整政府职能边界，政府职能转变的治理理念与治理方法和治理工具有机统一起来，将推动治理方法和治理工具的应用创新作为提高政府治理效能的重要路径②。

（5）对简政放权与审批制度改革的研究

党的十八大以来，党和政府将深化简政放权、加快行政审批制度改革作为行政体制改革的着力点，取得了重大进展。相应地简政放权和行政审批制度改革也成为理论研究的热点。张定安认为地方政府简政放权推进行政审批制度改革要做好“领”“改”“接”“放”“管”“评”，并且要运用法治思维和法治方式③。王澜明认为深化行政审批制度改革应“减”“放”“改”“管”一起做，以“减”字当头，继续下决心砍掉一批行政审批项目；积极“放”，把不需要由国务院部门审批的事项尽快下放给市场、社会和地方；对保留的行政审批项目进行“改”，改内容、程序、流程和时限；“管”是要切实履行好对已保留审批事项的事中事后监管④。冉昊认为简政放权已成为当前我国全面深化改革、转变政府职能的重要内容，行政审批制度改革则是政府简政放权的一种表现形式。我国的行政审批制度分为 2001 年到 2012 年和 2013 年至今两个阶段。两个阶段的改革取得了显著成就，但还存在“明减暗增”，表面数量减少，实际权力更大；下放的权力被与原部门相关的中介机构或下属社团组织获得；企业由跑部委变为跑地方政府等问题。未来我国的行政审批制

① 朱光磊，于丹．建设服务型政府是转变政府职能的新阶段——对中国政府转变职能过程的回顾与展望［J］．政治学研究，2008（6）：67－72.

② 薛澜，李宇环．走向国家治理现代化的政府职能转变：系统思维与改革取向［J］．政治学研究，2014（5）：61－70.

③ 张定安．全面推进地方政府简政放权和行政审批制度改革的对策建议［J］．中国行政管理，2014（8）：16－21.

④ 王澜明．深化行政审批制度改革应“减”“放”“改”“管”一起做——对国务院部门深化行政审批制度改革的一点看法和建议［J］．中国行政管理，2014（1）：6－8.

度改革，一是事前监管转为事后监管，二是加强“负面清单”管理，三是从中央放权给地方，逐渐转变为政府放权给市场和社会①。

3. 对印度行政改革的研究

目前国内学界关于印度行政改革的研究还不多，总体上可分为三类，其一是对印度行政改革的专门研究，其二是在分析不同国家的政府改革时，将印度作为比较的对象，其三是在研究印度的其他问题时涉及行政改革的内容。

（1）对印度行政改革的专门研究

目前这方面的研究既有对印度行政改革的宏观考察，也有对印度行政体制和行政管理特定领域改革的研究，其中以后者居多。从收集到的资料看，国内较早研究印度行政改革问题的学者是安吉，在《关于印度行政管理与改革的考察》一文中他详细介绍了印度的中央政府体制、地方政府体制与文官制度，并简单介绍了1947年至20世纪80年代印度行政改革的基本历程和主要内容。他认为印度的行政管理与改革是矛盾的统一体，明确的分权制度与执行不力情况并存，相对精干的机构与“叠床架屋”的管理层次并存，完善的文官制度与低下的工作效率并存，频繁的行政改革与不明显的成效并存，而改革效果不明显的原因在于失去了民众的支持、官僚群体的抵制、不重视行政文化变革及机构和人员的不断增加②。中国社会科学院孙彩红教授对印度的行政改革问题较为关注，提出应加强对印度行政改革历程的系统研究。她指出印度自独立以来其行政改革从未停止，每个阶段侧重点不同，独立后至20世纪80年代末的行政改革主要是改造继承下来的英国行政体制，使之为印度的经济和社会发展服务。20世纪90年代以来的行政改革可划分为1991—1995年、1996—2004年、2005年至今三个阶段。第一阶段从市场与政府关系的宏观层面着手转变政府职能，放松政府对经济的管制，减少财政支出与政府规模，以及向地方分权，赋予城乡基层自治机构以宪法地位；第二阶段把行政任务放在民主和责任的架构中来考虑，强调了行政的透明

① 冉昊. 我国简政放权和行政审批制度改革的过程、问题与趋势［J］. 新视野，2015（5）：26－32.

② 安吉. 关于印度行政管理与改革的考察［J］. 经济研究参考，1993（Z4）：366－377.

度、责任性及公民应有的权利，主要措施是实施公民宪章、实行公众投诉机制、大力发展电子政务；第三阶段更加突出了以公民为中心的行政改革主题，成立了第二届行政改革委员会，颁布实施《信息权利法案》，强化地方治理和参与①。

一些学者关注了印度的公务员（文官）制度，吴永年指出印度独立后继承了英国殖民政府的公务员制度，之后印度政府根据印度社会的特点和经济发展的需求，从制定印度文官法案、调整文官结构、扩充公务员队伍、稳定公务员队伍等四个方面对公务员制度进行了调整，形成了印度特色的公务员制度②。有学者研究了印度的行政文化问题。禚明亮认为印度传统行政文化存在无回应力、形式主义、脱离群众、腐败严重和地方主义等诸多弊端，为克服这些弊端，印度政府采取了落实《信息权利法案》，引入公民宪章，建立了明确责任、提高效率、功绩评判的公务员评价体系，建立社会审计制度，积极推广电子政务等一系列改革措施③。有学者研究了印度联邦制下中央和地方政府的关系问题，李东云介绍了印度宪法对中央与地方在立法权、行政权、财政权方面划分的规定。他认为经过50多年的发展调试，印度的府际关系呈现出以下特点：权力向联邦集中并带有一定单一制色彩；有一定的弹性和适应性；在动态调适中呈现分权化趋向，20世纪90年代初开始的自由化经济改革使印度的府际关系由中央集权迅速走向分权，地方获得了更大的自主权力；政党力量，尤其是地方政党的发展对府际关系影响日益显著，地方对中央的自主性日益增强④。学者们对印度农村自治机构潘查亚特制度的改革发展研究也有较多关注。王红生研究了20世纪90年代以来，印度潘查亚特制度建设的问题，他提出1992年印度通过宪法第73修正案赋予潘查亚特制度宪法地位，其原因有东欧剧变的影响，印度坚持的民主政治理念以及推动印度经济发展的需要。但由于资金方面的困难，邦政府态度消极，广大民众热情不高

① 孙彩红．印度行政改革的主要举措及启示［J］．政治学研究，2011（6）：106－115．

② 吴永年．论印度特色的公务员制度［J］．深圳大学学报（人文社会科学版），2008（5）：15－19．

③ 禚明亮．印度传统行政文化的弊端及改革措施——兼论对中国特色行政文化构建的方法论启示［J］．陕西行政学院学报，2013，27（1）：66－69．

④ 李东云．当代印度府际关系探析［J］．云南社会科学，2009（1）：56－60．

与人员培训不够等原因，潘查亚特改革进展缓慢①。还有学者研究了印度的行政区划调整问题，马得汶梳理了印度独立后邦级行政区划的历次调整过程，提出印度独立后经历了1953—1966年、1957—1987年两次邦级行政区划的重组浪潮。第一次浪潮印度政府按主要语言将全国邦级区划从29个邦调整为14个邦、6个中央直辖区；第二次浪潮将东北部地区从1个邦、2个中央直辖区调整为6个邦②。

（2）将印度作为行政改革比较研究对象的研究

印度行政改革因其典型性和代表性成为一些学者行政改革比较研究的对象，但现有研究对印度行政改革的过程与主要举措的介绍和评价大多不全面。李洁从改革动机、中央与地方分权和电子政府建设三个方面对20年来美国、巴西、俄罗斯、印度和中国五大国的政府改革进行了总结和比较。作者认为印度的改革动机主要是为了建立市场经济，参与经济全球化；在中央与地方分权方面，印度独立后建立了相对集中的联邦体制，1991年以来的自由化改革使政府向“竞争型”联邦制方向改革，其中以中央对地方财政税收权与下放经济发展权最为重要；在电子政府建设方面，印度已经进入了中等层次的电子政府能力国家的行列③。丁念、夏义堃对印度、巴西、肯尼亚等发展中国家的开放政府数据战略进行了比较研究。他们认为印度等发展中国家实施开放政府数据战略主要是为了提高透明度和政府行政效率、抑制腐败、改进政府治理方式，目前印度在有关开放政府数据的国际评估排名中不断上升，但开放政府数据对于遏制腐败的作用并不明显④。董少林、李海总结了法国、印度和韩国等国家政府门户网站建设的经验。他们指出印度的政府门户网站建设以先进的技术作为支撑，效仿美国 data. gov 网站的经验，建设全国统一的

① 王红生. 90年代以来印度的潘查亚特制度建设与政治改革［J］. 南亚研究，2009（2）：57－65.

② 马得汶. 印度建国后邦级区划变动中的两次重组浪潮探析［J］. 南亚研究季刊，2010（1）：95－101.

③ 李洁. 大国政府改革——美国、巴西、俄罗斯、印度和中国20年进展［J］. 世界经济与政治论坛，2007（02）：103－108.

④ 丁念，夏义堃. 发展中国家开放政府数据战略的比较与启示［J］. 电子政务，2015（07）：27－36.

一站式 data. gov. in 网站。“India. gov. in”网站内容包含了国家所有重要的公开信息，努力提供一个统一的标准化界面，公众介绍各级政府部门所能够提供的各色服务[①]。

（3）其他印度研究中涉及印度行政改革的内容

由于国内对印度行政改革的专门研究较少，不足以支撑本书的写作，因此将资料收集的范围扩大到间接性资料。北京大学林承节教授所著的《印度独立后的政治经济社会发展史》和《印度近二十年的发展历程——从拉吉夫·甘地执政到曼莫汉·辛格政府的建立》，详细介绍了拉吉夫·甘地执政至曼莫汉·辛格政府建立时期的发展历史，为本研究提供了翔实的素材，以行政改革的概念框架可以从中归纳出很多有关印度行政改革的内容。而且书中的一些内容直接属于行政改革的范畴，如政府机构的设置和变动、中央与地方关系的调整、放松政府经济性管制的改革、公营企业改革，等等。由云南大学和社会科学文献出版社联合发布的《印度蓝皮书：印度国情报告》是我国第一部印度国情蓝皮书，其中包括了对近年来印度行政改革的介绍。杨冬云对 20 世纪 90 年代后印度的经济改革与发展进行了系统研究，其中对印度政府放松经济性管制的介绍，和对经济改革与民主政治建设相互关系的论述，对本研究很有借鉴意义[②]。政党制度是印度民主政治制度的重要组成部分，政党制度及其发展对印度行政改革有重要影响。陈金英从社会分裂结构的视角对印度政党制度的演变进行了系统研究，其中一些内容对本研究很有启发[③]。黄金秋介绍了拉吉夫·甘地总理行政改革的举措，主要是优化组织结构、改进管理方式，打造廉洁政府。他认为拉吉夫·甘地总理的行政改革使政府办公效率有很大程度提升，节省了部分人力、物力[④]。

4. 关于行政价值与行政改革的研究

学者们非常注重将行政价值与行政改革问题联系起来进行研究，主要是

① 董少林，李海洋. 国外政府门户网站建设的经验及其启示［J］. 湖北社会科学，2015（07）：35－40.

② 杨冬云. 印度经济改革与发展的制度分析［D］. 上海：华东师范大学，2005.

③ 陈金英. 社会结构与政党制度：印度独大型政党制度的演变［D］. 上海：复旦大学，2007.

④ 黄金秋. 拉吉夫·甘地政治改革探析（1984—1989）［D］. 桂林：广西师范大学，2015.

探讨行政改革中的价值选择、价值取向、价值观问题，总结行政价值发展对行政改革的启示等，但系统研究行政价值与行政改革关系的成果还很少。

（1）对行政价值选择与行政改革问题的研究

从价值哲学的视角看，行政改革的过程也就是行政价值选择的过程，行政价值选择对行政改革具有重要作用。因而，较早时期学者们就已经开始研究行政改革中的价值选择问题，不过目前来看，这些研究集中于探讨我国行政改革过程的价值选择问题，鲜见从哲学层面探讨两者关系的成果。张国庆从价值选择的角度讨论我国政府行政改革与市场经济、制度创新、政府能力的关系。他认为市场经济是我国政府行政改革的经济基础和逻辑起点，适应市场经济要求，我国行政改革的价值选择应该是使政府在内的一切国家公共权力主体尽快而有序地全面退出市场竞争，依法行政，坚持效率与公平的双重目标；制度创新是我国政府行政改革的主要途径，在此层面上我国行政改革的价值选择是通过政府具有制度创新含义的改革，回应并推动社会同样具有制度创新含义的改革，进而在政府行政改革与相关改革之间形成良性的循环往复、交互促动的关系；政府能力是我国政府行政改革的行为诉求①。孙学玉将行政改革的价值选择等同于行政改革的具体目标，这也是同类研究中的常见问题，他对新公共管理运动形成的市场、灵活、参与和放松管制等四种主要模式从组织结构、人事管理、政策制定和公共服务等方面的价值选择进行了分析，但实际上只是分析了这些方面的利弊，没有涉及价值层面②。范文对我国行政改革的历程进行了回顾，提出深化行政改革应以人为本、责任、效率、公平、秩序、廉洁为公共行政的主要价值追求，要以这些价值理念为指导，建设服务政府、责任政府、法治政府、廉洁政府、节约政府和公平政府③。

另一些学者的研究更为抽象，罗自刚从行政哲学层面论述了行政改革与

① 张国庆．试论我国政府行政改革的基本价值选择［J］．中国人民大学学报，1999（4）：59－64.

② 孙学玉．当代公共行政改革的目标趋向与价值选择［J］．上海社会科学院学术季刊，1999（4）：73－82.

③ 范文．中国行政管理体制改革的深化与价值选择［J］．国家行政学院学报，2009（1）：23－26.

价值选择的关系，他认为价值选择支配着行政改革，行政价值选择通过对改革目标设定的非正式导向而作用于行政改革，行政改革参与者特别是组织者对行政价值的虔信程度，极大地关系着他们对待行政改革的态度和行为方式，不同性质的行政价值选择会对行政改革产生不同性质的作用，行政价值在很大程度上可作为检验行政改革得失成败的尺度；反过来行政改革激荡并冲击着行政价值（观）体系，从理性和通常意义上讲，行政改革是对积极性和先进性行政价值的选择、肯定和吸收①。侯静提出行政体制改革目标的设计和检验是一种价值性行为，改革目标的确立一定是在相应的价值理念指导下进行的，具有价值先置倾向。首先，应注重价值导入，将其作为预设条件进行设计，同时，将目标的效果作为检验价值选择和导向的首要标准。她认为公共性是现代公共行政和中国行政体制改革的首要价值取向②。朱明仕表达了相似的观点。他认为公共利益是我国行政发展的最基本价值理念，我国的行政发展就是为了维护和实现社会公共利益③。范炜烽系统研究了当代西方政府管理改革的指导思想与基本原则、动因、条件、逻辑、内容、困境，以及对我国行政改革的启示，文中一些观点对本研究具有启发性④。

（2）对行政价值与行政改革问题的研究

除专门的行政价值选择与行政改革问题研究外，学者们对一般性的行政价值与行政改革问题的研究对本书也具有借鉴作用。一些学者从宏观上探讨了我国行政改革的价值定位问题。赵晖认为为人民服务是公共行政的根本宗旨，因此我国行政改革的价值取向是要实现由权力行政向服务行政转变，为此应树立现代民主管理理念，强化公共行政责任意识，实行社会满意服务原则，推行以市场化为导向的公共服务⑤。张勤的观点与其观点相似。他认为我国行政体制改革的价值取向是公共性和服务性，行政体制改革要以维护社会公共利益为出发点，积极追求社会公正，以满足公众服务为宗旨，实现由权

① 罗自刚，唐绍廉．行政改革的“怪圈”与价值选择［J］．中国特色社会主义研究，2002（5）：60－65.

② 侯静．改革开放以来中国行政体制改革目标研究［D］．长春：东北师范大学，2014.

③ 朱明仕．改革开放以来中国行政发展研究［D］．长春：东北师范大学，2012.

④ 范炜烽．当代西方政府管理改革的价值选择研究［M］．北京：中国社会科学出版社，2012.

⑤ 赵晖．我国公共行政改革的价值取向［J］．中国行政管理，2003（9）：5－8.

力行政向民主行政转变，由管制行政向服务行政转变①。一些学者研究了行政（学）范式变迁对我国行政改革价值定位的启示。潘左华提出，公共管理并不是对官僚制的完全摒弃和超越，两者之间具有内在的逻辑关系，我国的行政改革并不是在两者范式之间非此即彼的选择。这要求我国行政改革的价值定位要注重两个向度：一方面建构与工业社会和市场经济相适应的现代官僚制，从市场经济中汲取民主、契约、法治、平等、参与等价值精神的动力和来源，将自身塑造成与社会和市场经济发展相适应的理性政府和服务型政府；另一方面是创新行政理念和行政技术，确立服务行政的理念，适度引入市场机制②。还有一些学者从行政价值的视角对我国行政改革的重点领域进行了研究。郤晓琳从行政价值视角分析了改革开放以来我国机构改革的历程，认为改革开放以来我国的机构改革一直以提高效率为目标，随着经济体制改革的深入与国际环境的变化，政府机构改革也将面临新的局面，这要求我国更好地处理机构改革中民主与效率的关系③。

三、本书的思路与内容结构

（一）基本思路

价值选择是人类实践活动的必要环节，人类的实践活动是价值选择在现实中的展示，行政改革作为一项典型的行政实践活动也是集体价值选择的结果，行政改革与行政价值选择之间必然具有某种内在的逻辑关系。因而行政价值选择可以为行政改革研究提供切入的视角，而且相对于制度变迁、组织变革等行政改革的研究视角而言，行政价值选择的视角能够为现实的行政改革问题提供更深层次、更本质性的解释。基于此，本书以行政价值选择为视角，立足于印度的政治经济社会文化背景，对印度的行政改革历史进行系

① 张勤．行政体制改革的价值取向：公共性和服务性［J］．广东行政学院学报，2004（2）：14－18．

② 潘左华．新公共管理与中国行政改革的价值定位［J］．江西行政学院学报，2005（1）：9－13．

③ 郤晓琳．分析改革开放以来我国的机构改革——从公共行政价值的角度［J］．理论界，2010（8）：34－36．

统研究，一方面旨在廓清印度行政改革的基本历程，并以各时期印度政府的价值选择为其行政改革举措提供解释；另一方面旨在通过对印度行政价值选择与行政改革互动关系的理性审视，揭示行政价值选择与行政改革的相互关系。

在纵览行政价值选择与印度行政改革相关研究成果的基础上，界定行政价值选择与行政改革的相关概念，对行政价值选择与行政改革进行理论阐述，为梳理印度行政改革及其价值选择的历程提供分析框架。在理论阐述的基础上，首先对印度行政改革的历史进行总述，以统领下文。接下来按照历史发展顺序梳理各历史时期印度政府的行政改革活动，分析各时期行政价值选择和行政改革的主要影响因素，阐释行政改革的价值选择，以及在价值选择导引下所实施的行政改革举措。为了更好地开展研究，本书对研究对象作了以下限定：（1）联邦制下印度各邦的行政改革差异较大，内容庞杂，难以全面呈现，所以本书主要研究印度中央政府的行政改革历史，其中包括了一些涉及地方政府的改革内容，如中央与地方行政关系的调整；（2）主要研究对政府自身结构要素的改革，如对行政职能、行政机构、行政运行方式等的改革，而不研究行业管理体制改革、配套改革和综合改革，但在阐述某些改革措施时也涉及了公营企业改革、财税体制改革等内容；（3）主要研究 1947 年以来印度历届政府中完成至少一届任期以上、且已结束全部任期的政府时期的行政改革，其他时期如果确有重要的行政改革举措则将其归入相近的历史时期一并阐述。理清印度行政改革的历史后，对印度行政价值选择与行政改革的互动关系进行理性审视，抽象出行政价值选择与行政改革的一般关系，阐释印度行政改革的主要影响因素，评析印度行政改革的效果及其成因，最后总结印度行政改革历史的经验教训。

（二）内容结构

本书共分为七章，具体安排如下：

第一章：绪论。阐述研究的背景和意义，综述国内外关于行政价值选择与印度行政改革相关的研究成果，指出现有研究的不足之处，在此基础上提出本书的研究思路、研究内容以及主要的研究方法。

第二章：当代印度行政价值选择与行政改革的理论阐述。首先，按照价值、行政价值、价值选择、行政价值选择的逻辑顺序界定相关概念，系统论述行政价值选择的主要内容、衡量尺度和影响因素。其次，辨析并界定行政改革的概念，论述行政改革的主要内容、基本类型和影响因素。再次，阐述本研究的相关理论基础，主要是民主行政理论、新公共管理理论和行政生态理论。最后，对当代印度的行政改革历史进行概述以统领下文。

第三章：1947—1989 年的印度行政改革。阐述将该时期界定为当代印度行政改革历史第一阶段的原因。坚持历史和逻辑相统一的原则，提出 1947—1964 年印度行政改革的影响因素有独立后印度社会的主要矛盾，主权民主共和国的建立，实行混合经济结构和计划经济体制；行政改革的价值选择是公平、民主和秩序；行政改革的内容有统一行政建制实现行政体制的整合，建立议会民主制政府的行政结构，实行中央集权的联邦制政府结构，扩充文官队伍改革文官制度，转变经济管理职能，加强社会职能等。提出 1966—1977 年印度行政改革的影响因素有左右翼矛盾加深与国大党垄断地位被打破，经济增长缓慢和严重的财政经济危机；行政改革的价值选择是公平优先和专制主义倾向；行政改革的内容有强化经济性管制职能，加强对官僚机构的控制，加强以公平为导向的社会职能，强化中央对地方的干预，扩大机构和人员规模。提出 1984—1989 年印度行政价值选择与行政改革的影响因素有经济好转但体制性问题未解决，政治形势得到稳定但面临挑战，领导人的改革决心；行政改革的价值选择是效率、廉洁和崇尚科学技术；行政改革的内容有转变经济管理职能，优化组织结构改进管理方式，承担更加广泛的社会职能，缓和央地关系加强基层民主，加强反腐败法制建设。

第四章：1991—2004 年的印度行政改革。阐述将该时期界定为当代印度行政改革第二阶段的原因。坚持历史和逻辑相统一的原则，提出 1991—1996 年印度行政改革的影响因素有经济改革的深化，世界性政府改革潮流的影响，坚定的改革意志；行政改革的价值选择是效率优先、兼顾公平和民主；行政改革的内容有转变政府角色放松经济管制，压缩政府规模缩小职能范围，实行自上而下的分权化改革，调整行政机构应用现代科技，强化社会职能增加服务供给。提出 1996—2004 年印度行政改革的影响因素有实施“第二代经济改革”，印度民众权利意识的觉醒，印度人民党的世俗化转型；行政改革的价值选择是效率优先、兼顾公平，责任和民主；行政改革的内容有放松经济性管制，收缩政府职能范围，开展公民宪章运动，增设新机构发展电子政务，加强行政责任建设，强化国防和外交职能。

第五章：2004—2014 年的印度行政改革。阐述将该时期界定为当代印度行政改革第三阶段的原因。坚持历史和逻辑相统一的原则，提出这一阶段印度行政改革的影响因素有实现包容性增长的要求，联合政府权威分散，社会对公民信息权的争取；行政改革的价值选择为效率优先、兼顾公平和民主；行政改革的内容有建立第二届行政改革委员会，放松行政管制，强化公共服务职能，加强行政责任建设。

第六章：印度行政改革历史的理性思考。分析印度行政价值选择与行政改革的互动关系，并从中推论出行政价值选择与行政改革的相互关系。归纳印度行政改革的主要影响因素，从总体上对当代印度行政改革的效果作出评价，分析其原因，总结印度行政改革历史的经验教训。

第七章：结语。总结本书的主要研究成果。

四、主要的研究方法

（一）历史分析与逻辑分析相统一

本书以行政价值选择为视角对当代印度的行政改革历史进行研究，由于行政价值选择和行政改革都是历史的产生、存在和发展着的，决定了我们必须历史地把握印度政府的价值选择和行政改革。由于行政价值选择和行政改革是学术性的概念和范畴，对当代印度政府的行政价值选择和行政改革的把握要遵循一定的逻辑。因此本书应用历史分析与逻辑分析相统一的方法，以印度独立后的政治经济社会文化发展史为基础，运用行政价值选择和行政改革的概念和范畴，梳理、呈现了印度行政改革的历史进程。

（二）规范分析与经验分析相结合

规范分析强调价值判断和逻辑推演，关注事物的应然状态，即“应该是什么”的问题，经验分析强调可观察到的事物根据和实证材料，关注事物的实然状态，即“是什么”的问题。规范分析和经验分析相结合是准确认识客观事物的保证，规范分析若缺乏实践的思维方式和实证材料的支持就容易陷入空洞，而经验分析若缺乏价值判断和逻辑思维便容易流于形式。本研究综合运用规范分析和经验分析方法，在界定行政价值选择和行政改革概念的基础上，分析了两者之间可能存在的逻辑关系，又通过对印度行政价值选择和行政改革的历史考察，确证了行政价值选择和行政改革的相互关系。

（三）行政生态分析法

行政生态理论揭示了行政系统与外部环境的互动关系，行政生态分析法是将研究对象置于一定的行政生态环境下进行分析的研究方法。行政价值选择与行政改革都属于关系范畴，都是在一定的行政生态环境下发生的。不同的政治经济社会条件，催生行政价值选择与行政改革独特的内容体系，只有从一定时期印度的政治、经济、社会、文化等生态要素出发，才能理解政府为什么会进行某种行政价值选择和行政改革，才能对印度行政改革的效果作出客观评价。因此，本研究应用行政生态分析法，立足于当代印度的发展历史，从中提炼印度政府价值选择和行政改革主要的、直接的影响因素。

第二章

印度行政价值选择与行政改革的理论阐述

概念的构造是推理过程中必不可少的步骤，它们是我们进行思考、批评、辩论、解释和分析的工具，对外部世界的认识和思考是通过建构概念来完成的[①]。对行政价值选择与行政改革问题的研究必须以对核心概念的科学把握为前提。从现有的研究情况看，学界对行政价值问题和行政改革问题的探讨往往忽略了这个关键环节，尤其是对于行政价值、行政价值选择概念的理解和使用还比较模糊，造成命题范围不明确和研究不规范等问题。因此，严格界定行政价值选择与行政改革的相关概念是本研究的逻辑前提和理论依据。在构建行政价值选择与行政改革理论框架的基础上，对印度行政改革的历史进行概述，起到总领下文的作用。

一、行政价值选择的概念

价值、行政价值、价值选择和行政价值选择，是价值哲学研究中既有联系有又有区别的几个概念。界定行政价值选择的概念，首先要了解什么是价值、行政价值和价值选择。

① 海伍德．政治学核心概念［M］．吴勇，译．北京：中国人民大学出版社，2013：4.

（一）价值

“价值”是一个古老的词汇，也是人们在日常生活中经常使用的词汇，人们似乎对它很熟悉，但如果追问“价值”究竟是什么，往往又难以准确回答。古希腊罗马的先哲们以“善”“幸福”“快乐”等概念作为“价值”的同义词，在古代中国，“仁、义、礼、智、信”等伦理观念集中体现了人们的价值意识。马克思曾考证过价值的词源①，根据他的考证，“价值”一词起源于古梵文中的wal，表示“掩盖、加固”的意思，后传入欧洲，与拉丁文中的“堤坝”融合，具有“加固、掩盖、保护”的含义。之后该词派生出“好处、益处、有用”，“喜爱、尊敬、敬仰”等意义，“价值”在这种意义上进一步形成。因此，“价值”的本意是指“对人起保护作用的，有用的、可尊重的，可珍贵的”。可见，“价值”一词本来就是“好”的意思，可用来表达“是、对、善、美、应该、重要、宝贵、有用、有意义”等极为广泛的积极意义②。“价值”作为学术用语是一个中性的概念，其中“好”对应“正价值”，“不好”或“坏”对应于“无价值”或“负价值”。首先把价值作为专业术语使用的是经济学，用于表示商品交换的社会尺度的交换价值。实际上，人类在社会生活中存在着各种各样的价值关系。在物质经济生活领域，物与人之间的关系产生了“使用价值”概念，表示物对人有用的属性。物与人的关系还形成了产品的交换价值、物品的审美价值等比使用价值更广泛的价值关系。在物质经济生活领域，还有人与人的利益关系、经济关系等比物的价值更广泛、更复杂的价值关系。在人与人的全面社会关系中，有以物质经济关系为基础的民族关系、阶级关系、政治关系等，它们都产生一定的价值观念③。

18世纪，休谟和康德先后提出了“事实知识”与“价值知识”、“实然”与“应然”的划分，“价值”开始成为一个哲学的概念，具有了形而上的意义。作为哲学范畴的“价值”，不是指某个物的使用价值，也不是指任何一种

① 马克思．马克思恩格斯全集（第3卷）［M］．北京：人民出版社，1974：327．

② 李德顺．价值论（第3版）［M］．北京：中国人民大学出版社，2013：1－3．

③ 李德顺．价值论（第3版）［M］．北京：中国人民大学出版社，2013：1－3．

特殊的价值现象或价值关系，而是对各个具体领域的特殊价值形态的理论抽象和概括。最高抽象意义上的价值“是对包括功利、道德、审美等在内的所有具体价值的概括，即各种具体价值的共性。”① 此后，西方学术界对价值问题进行了系统的探讨和论述，改革开放后价值问题也受到我国学术界，尤其是哲学社会科学界的重视，长期以来形成了不同的价值学说。从价值概念的历史起源和现实含义可以看出，价值实际上就是事物对于人（更确切地说是客体对于主体）的“意义”或“作用”。各种价值学说大体上都认同这一观点，但对于这种“意义”的存在和实质有着不同的理解②。

第一种是主体价值论或者“观念说”。这种观点将“意义”或价值视为人的主观感觉和体验，而不是客观的现实存在，认为意义取决于主体的情感、意志、态度等精神活动，是一种主观随意性的存在。弗莱堡学派代表人物文德尔班就认为“价值……决不能作为对象本身的特性，它是相对于一个低估的心灵而言的，……抽掉意志与情感，就不会有价值这个东西”③。第二种是客体价值论或者“实体说”“属性说”。客体价值论与主体价值论相对，以著名哲学大师康德为代表。在康德看来，价值是一种具有必然性的客观存在，不依人的意志为转移，是最终的或绝对的行为标准。人们对于作为客观存在的价值又有不同的理解。“实体说”认为价值是独立存在的实体或现象体系，如客观唯心主义的“价值王国说”，柏拉图的“理念世界”等，再如物质论将价值与价值物等同，譬如将糖作为甜的实体。“属性说”认为价值不是特殊的实体，而是实体所固有的或在某些情况下产生的特殊属性。进一步地，有人认为价值是客体本身所具有的属性，如美是花的属性，只要花（客体）存在其价值就是确定的；有人则认为价值是主体所固有的本性、意识等属性，人性就是价值。第三种是关系价值论或“关系说”。这种价值学说否定了以上两种价值论，认为价值既不是客观存在的实体，也不是任何实体所固有的属性，而是人和对象之间相互联系、相互作用所产生的效果和影响。价值是一

① 杨伍栓．略论价值与管理价值［J］．北京行政学院学报，2004（4）：82－86．

② 李德顺．价值论（第3版）［M］．北京：中国人民大学出版社，2013：27－29．

③ 转引自王玉梁，岩崎允胤．中日价值哲学新论［M］．西安：陕西人民教育出版社，1994：94．

个关系范畴，是人所特有的对象性关系的产物。第四种是“实践说”。“实践说”肯定和吸收了“关系说”的观点，承认价值是一种关系现象。并进一步指出价值关系的客观基础是社会实践所特有的主客体关系，价值产生于人按照主体尺度认识和改造世界的现实活动，是客体属性与人的主体尺度之间的统一。

本研究认为，“关系说”关于价值是一个关系范畴的观点，“实践说”关于价值产生于社会实践关系的观点遵循了马克思主义关于价值问题的基本认识，科学揭示了价值的本质。因此，所谓价值关系是指社会实践活动中主体需要与客体属性之间的肯定或否定关系，所谓价值就是客体对主体的积极作用和影响，是社会实践活动中客体属性对主体需要的满足。

（二）行政价值

我国的行政价值研究兴起于20世纪80年代，但对于行政价值含义的理解一直比较模糊。虽然国内学者基本上是以马克思主义价值理论为指导研究价值问题，但具体到行政价值问题，学者们在价值论上却很不统一，这是造成行政价值概念莫衷一是的根本原因。

第一，基于主体价值论的界定。张富认为“公共行政价值是指公共行政活动（客体）对人类社会（主体）的积极意义或有用性，是公共行政所追求的一种应然状态，反映了人们关于公共行政的希望和理想、信仰和依托”①。他虽然认识到行政价值是主客体之间的效用关系，但他又认为行政价值是主体的希望、理想等精神活动，是主观性的存在，实际上是一种主体行政价值观。金太军认为“作为行政主体对某种特定的行为方式或行政体系存在的理想状态的基本信仰和信念，公共行政价值（观）是公共行政主体的灵魂要件以及公共行政活动的动力源泉和理性后盾”②，他直接将行政价值等同于行政主体的价值观念，是典型的主体价值论。实际上国内不少研究都混淆了行政价值和行政价值观的概念，这可能是因为主体价值论一直

① 张富. 公共行政价值研究：一个文献述评［J］. 西南政法大学学报，2004（1）：15－18.

② 金太军. 西方公共行政价值取向的历史演变［J］. 江海学刊，2000（6）：37－41.

是西方价值哲学的主流，所以他们总是不区分价值和价值观，受此影响西方的行政价值研究基本上也不对两者做区分①。我国一些学者在研究行政价值问题时，简答地照搬了流行的西方话语和思维方式，以至于达不到马克思主义应有的高度②。

第二，基于客体价值论的界定。王伟根据康德的价值理论提出"公务人员所履行的，其直接形式来说是自在自为的价值，即行政伦理价值"③，这种伦理价值是不以人的意志为转移的客观存在，是公务人员的绝对行为标准。客体行政价值论的代表人物还有张康之教授，他认为"行政体系的价值关系是行政主体根据国家和社会公共事务管理的需要，自觉地进行价值确定、价值选择和价值追求的结果"，这似乎说明他持有的是价值关系论，但是在同一篇文章中他进一步提出"在行政体系中，价值确定是行政主体对自我生命本质的确定"，而"行政实践就是行政主体的本质"，"行政管理实践的根本性质就在于其公共性，任何违背行政实践公共性质的行政行为都是对自我生命的亵渎和践踏"④。按照他的理解，行政价值的确定实际上是一种没有选择的选择，即公共行政的基本价值就是行政公共性，这并不取决于行政人员自身的选择，行政价值是公共行政的"绝对命令"。

第三，基于马克思主义价值论的界定。这种界定是国内行政价值研究的主流，基于马克思主义价值理论的行政价值概念揭示了行政价值的本质。陈世香将行政价值界定为"行政价值主体的需要与行政价值客体的固有属性之间在行政管理实践过程中达成的一种肯定或否定——也就是一致性关系"⑤。颜佳华认为行政价值是"行政客体对行政主体需要的满足，或者说是行政客体的属性与功能可以满足行政主体的需要"⑥。可见，这些界定都大同小异。但进一步的问题在于学者们对于行政价值主客体的规定又难以统一。关于行

① 陈世香. 西方行政价值研究的历史与现状综述［J］. 政治学研究，2004（1）：115－119.

② 李德顺. 关于价值与核心价值［J］. 学术研究，2007（12）：13－16.

③ 王伟. 行政伦理学概述［M］. 北京：人民出版社，2001：52.

④ 张康之. 论公共行政领域中的价值选择［J］. 江海学刊，2000（1）：35－40.

⑤ 陈世香. 行政价值研究——以美国中央政府行政价值体系为例［M］. 北京：人民出版社，2006：9－10.

⑥ 颜佳华. 行政哲学论［M］. 长沙：湖南师范大学出版社，1998：96.

政价值主客体的界定可归纳为以下三类：一是以陈世香为代表的学者认为，行政价值的主体是人或群体，在不同的历史发展阶段，在同一阶段的不同具体情景中，行政价值主体必然不同，行政价值客体是价值的物质载体和承担者，也就是行政机构系统；二是以刘祖云①、汪辉勇②为代表的学者认为，政府的存在是为了满足社会的需要，因此社会是行政价值的当然主体，政府则是行政价值的客体；三是以颜佳华为代表的学者与以上观点不同，认为行政价值主体是“行政活动中拥有相应权力、处于支配地位的人”，行政价值客体是“社会公共事务、人、财、物、信息、组织、时间、环境等诸要素构成的有机系统”③。

本书认同颜佳华等的观点。根据马克思主义价值理论，价值关系形成于人的社会实践活动，是由作为主体的人通过实践活动创造的，其客观基础是实践活动所特有的对象性关系——主客体关系。这决定了主体与客体之间的实践关系与价值关系是基本重合的，价值关系的主体与实践活动的主体必定是同一个主体，实践活动的主体不可能成为价值关系的客体，实践活动的客体也不可能成为价值关系的主体。具体到行政价值关系，行政价值产生于行政主体的行政实践活动，是由行政主体通过行政实践活动创造的，因此行政价值主体只能是行政主体，行政价值客体只能是行政客体。将社会作为行政价值的主体，实际上说的是一种社会价值关系，即政府作为社会大系统的一部分满足整个社会及其成员的需要形成的效用关系，不应视作行政价值关系的范畴。

但是，这两种观点并不矛盾，而且具有本质上的一致性。因为现代政府是为了满足社会需要而存在的，其合法性来源于管理国家和社会公共事务，代表和实现公共利益。这决定了行政价值主体必须以社会的需要为自身的需要，以社会公共利益为自身的价值追求。因此，从根本上来说现代政府是社会公共利益的代表，现代行政管理的需要与社会的需要是一致的，所谓的对行政价值主体需要的满足实际上就是对社会需要的满足。两种观点

① 刘祖云．论我国公共行政价值的三大问题［J］．长白学刊，2005（2）：12－16．

② 汪辉勇．行政价值：概念、体系及其实现［J］．东莞理工学院学报，2013（6）：31－37．

③ 颜佳华．行政哲学论［M］．长沙：湖南师范大学出版社，1998：239．

的区别仅仅在于一种是以政府管理和服务的对象——社会为行政价值关系的主体，而另一种是以社会公共利益的代表——政府自身为行政价值关系的主体。甚至可以这样认为，政府是行政价值关系的直接主体，社会是行政价值关系的根本主体。因此，本研究主张以行政主体，准确来说是以行政主体中拥有行政权力、处于支配地位的行政人员为行政价值关系的主体，因为一般行政人员的价值观念和价值选择无法影响、代表整个或局部行政体系的价值观念和价值选择，只能是在行政体系中拥有行政权力、处于支配地位的行政人员才具有这样的能力和资格。至于行政价值关系的客体，由于行政实践活动的客体包括国家和社会公共事务等外部客体，以及行政机关内部事务和行政体系自身等内部客体两个方面，因此行政价值的客体也应该包括这两个方面。

（三）价值选择

顾名思义，价值选择就是指向价值的选择和对价值的选择。人们存在于一个复杂的价值世界中，这个价值世界对于人们的生存与发展来说，可能具有正价值，也有可能没有价值或具有负价值，这决定了我们必须对价值进行选择。从词义来说，选择主要有两层含义：一是“对是或非、善或恶、好与坏的取舍行为”，二是“哲学中对自由意志命题的一种推论，即自动地采取几种可能行动中的一种的能力或完全避免行动的能力”①；从认识论视角看，选择属于主客体关系的范畴，是主体有意识地对多种可能性的关系进行认识、评价和确定的行为；从价值论视角看，人的选择本质上是价值选择，人的所有选择都是基于一定的价值评价、价值考虑，为了满足某种需要、实现某种价值做出的。我们说人类社会的发展历程是由一个个不间断的选择构成的，而这些选择都是在价值选择的引导之下的，因此人的实践活动就是诸多价值选择连续进行的过程。人类的实践是价值选择在现实中的展示，无数次的价值选择形成了丰富多彩的现实世界。正是因为价值选择的现实性、普遍性和重要性，它才成为价值哲学的重要内容，研究价值选择就是要使人类的选择

① 姜椿芳. 简明不列颠百科全书（第8册）[M]. 北京：中国大百科全书出版社，1986：724.

更加科学合理。

国内学者基于马克思主义价值理论对价值选择的本质和内涵进行了诸多研究。关于价值选择的本质，潘正云、彭水生认为价值选择就是在主体与客体的双向作用过程中，主体根据自己的价值尺度，对客体的属性、功能及其对主体可能产生的效应进行分析、比较，以求用最小的代价取得对主体最大的价值的选择过程①。马俊峰认为价值选择是主体基于价值评价确立自己的目的，根据目的选择实现目的的手段，使价值从潜在的可能形态变成现实的状态，这既是价值创造的过程，也是价值实现的过程②。闫宏秀认为价值选择是根据客观规律、主体利益、主体需要及审美规律选择对主体有价值或最有价值的东西的过程，是客体尺度、主体尺度、审美尺度统一的价值活动过程，是实现三个尺度结合的手段，是一个动态的、开放性的系统③。以上对价值选择的界定虽然表达各有不同，但都认为价值选择是主体根据一定的尺度对客体、对各种潜在的价值进行比较和评价，在评价的基础上作出价值最大化抉择的过程。这些观点的区别在于，马俊峰、闫宏秀等认为价值选择不仅要在观念上确定价值目标，价值手段的选择和实施也是价值选择的范畴，价值选择的结果是价值的实现。潘正云等则认为价值选择就是确定观念性的价值目标，价值创造、价值实现则不属于价值选择的范畴。关于价值选择的内容，马俊峰认为价值选择首先是确定价值目标，再根据价值目标确定实现目标的手段。李连科同样认为价值选择首先是确定目标再选择手段，但还指出只有当价值主体享用和消费了新价值时，价值选择才告结束，因而价值选择的内容还包括选择的结果。王玉梁对价值选择内容的划分比较细致，包括了对价值对象、价值目标、价值环境、价值手段和选择时机的选择。闫宏秀与王玉梁观点相仿，认为价值选择包括价值目标、价值客体、价值手段、价值环境等的选择。可见各位学者都认同价值目标和价值手段是价值选择的两个主要内容。实际上，对价值客体的选择应属于价值认识的范畴，在价值活动开始时价值主体就首先要确定可能能够满足自身某种需要的客

① 潘正云，彭水生．论价值选择［J］．浙江大学学报（社会科学版），1994（4）：117－122.
② 马俊峰．马克思主义价值理论研究［M］．北京：北京师范大学出版社，2012：292－293.
③ 闫宏秀．技术进步与价值选择［D］．上海：复旦大学，2003：43－50.

体及其属性；由于价值认识、价值评价、价值选择等全部价值活动都是在一定的价值环境中进行的，因而将价值环境视为价值选择的内容并不合理；至于选择的时机，本身就不属于价值活动的范畴，更不应该视其为价值选择的内容。

综上，本研究认为价值选择是人们按照某种价值取向在价值评价的基础上对自己的价值活动进行的选择过程，它包括价值目标、价值创造、价值实现等一系列的选择①。对价值目标的选择是一种观念性的选择，价值主体根据一定的价值取向对诸多潜在的、观念性的价值关系进行评价，从中确定某种至当的价值作为价值目标。对价值创造、价值实现的选择既是观念性的又是实践性的，其中对价值目标实现手段的确定是观念性的，将手段付诸实践，使价值主体与价值客体相连接，将观念性的价值目标转化为物质性的实在则是实践性的。因此，价值选择活动是一种观念性活动和实践性活动的统一，价值选择活动的结果是价值目标的实现。

（四）行政价值选择

在行政实践活动的过程中，形成了复杂多元的行政价值关系及不同性质和内容的行政价值，各种行政价值关系和行政价值追求对公共行政发挥着或积极或消极的影响。从应然的层面看，现代公共行政是为了满足社会的需要而存在的，代表和促进公共利益的实现是现代公共行政必然的价值选择。从实然的层面看，国家产生后异化为凌驾于社会之上的独立力量，现实中政府的价值追求与社会的利益和需要并不总是一致，产生了理想行政价值与行政价值事实之间的矛盾，决定了行政价值主体必须进行行政价值选择，寻求行政价值的合理定位，为行政发展明确目标导向和意义旨归。

目前，学者们对行政价值选择的研究往往跳过了概念界定这个基础环节，或简单地将其理解为对某种行政价值或行政价值观念的选择，甚至将行政价值选择与一般的行政选择相等同，导致不少行政价值选择研究陷入自说自话、似是而非的境地。关于行政价值选择的本质，颜佳华认为“公共行政中的价

① 阮青．价值哲学［M］．北京：中共中央党校出版社，2004：117－118.

值选择主要是指行政系统的功能选择与定位，即选择与主体需求相符、与社会发展规律相适应的功能。”① 这种界定建立在关系价值论的基础上，认为价值选择是要选择能够满足主体需要的客体及属性，而公共行政中最能够满足主体需要的客体属性就是行政系统的功能。张康之认为“行政价值选择是行政主体根据一定的价值观念对行政体制、行政组织、行政关系和行政行为等加以确立和改造的行政实践活动”，“行政价值选择就是行政选择”，行政价值选择是“价值地指向行政目标和行政模式的活动”②。在他看来，行政价值选择是为了实现一定的行政目标、构建某种行政模式而进行的行政改革活动，从而更好地实现公共行政的公共性本质。本研究认为，以上对行政价值选择的认识没有充分体现马克思主义价值理论的规定，行政价值选择的对象一定是某种客体及其属性，以及它们对主体产生的效用关系，而不仅是构成某种行政价值的客体属性，更不能等同于行政改革等行政实践活动。按照概念的种属关系，行政价值选择的概念应参照价值选择的概念进行界定。因此，行政价值选择是指行政价值主体按照某种价值取向在价值评价的基础上对自己的行政价值活动进行的选择过程，包括对行政价值目标、行政价值创造、行政价值实现等一系列的选择。同样的，行政价值选择是观念性活动与实践性活动的统一，主要包括行政价值目标的选择与行政价值手段的选择两个方面。

二、行政价值选择的理论阐述

（一）行政价值选择的基本内容

由行政价值选择的概念可知，行政价值选择的内容主要包括行政价值目标的选择和行政价值手段的选择两个方面，是一个确定行政价值目标，创造和实现行政价值的过程。其中，行政价值目标的选择是观念性的活动，实现行政价值目标的手段的选择既是观念性又是实践性的。

① 颜佳华．公共行政的价值选择与观念转型——和谐社会视野中的阐释［J］．科学社会主义，2007（2）：84－87．

② 张康之．论公共行政领域中的价值选择［J］．江海学刊，2000（1）：35－40．

1. 行政价值目标选择

行政价值目标是行政价值主体根据自身的需要和对客观事物发展趋势的认识而设想的未来客体的模式或对未来的希望、要求、理想，是主体需要与客体属性的理想模型。行政价值目标是形式的主观性与内容的客观性的统一。形式的主观性表现为行政价值目标是行政价值主体的一种观念和理想追求；内容的客观性是指行政价值目标反映了行政管理的客观规律和事物发展的客观趋势。研究行政价值目标的选择问题主要是要研究行政价值主体在一定主客观条件下确定的行政价值目标的内容。

对于这个问题，本研究认为公共性是现代公共行政的本质特征，现代行政必须将公共性作为行政体系的价值基础，将促进公共利益的实现作为核心的价值目标。因为根据历史唯物主义的观点，人民群众是历史活动的主体，不仅是物质财富和精神财富的创造者，也是实现社会变革、推动人类社会发展的根本动力，决定了作为国家管理社会公共事务的主要形式的公共行政活动必须坚持以人民群众为本位，将实现人的自由全面发展作为终极的价值关怀，着力于维护、实现和增进社会长期发展与人民群众普遍、共同的利益，这也是现代公共行政合法性的根本来源。张康之提出："行政体系的价值基础是其公共性，因而政府的制度安排所要重建的价值观念就在于明确公共行政的公共性。也就是说，政府把自我存在的公共性作为至高无上的原则，政府的组织结构、行为方式、运行体制、政策规范等，都无条件地体现出其公共性，是掌握公共权力的实体，而且，这个实体却没有自己独立的利益要求和政治愿望，也不是任何一个社会集体的利益要求和政治愿望的代表，它所体现出来的是整个社会的公共利益和政治追求。①" 也正如登哈特夫妇所言，"明确地表达和实现公共利益是政府存在的主要理由之一②"。换言之，在登哈特夫妇看来代表和实现公共利益是现代民主政府的合法性来源。弗雷德里克森同样认为，公共行政的公共理念主张，普遍的公共利益大于私人利益总

① 张康之. 行政改革中的制度安排［J］. 宁夏社会科学，2000（3）：23－32.

② 珍妮特·V. 登哈特、罗伯特·B. 登哈特. 新公共服务——服务，而不是掌舵［M］. 丁煌，译. 北京：中国人民大学出版社，2004：62.

和。现代公共行政的理论认为存在着一种普遍的公共利益，公共行政所要追求的正是这样的利益①。一个国家的公共利益问题关键在于社会公平的问题，只有实现社会的均衡发展和社会不同阶层之间的协调与合作，才能实现国家和社会的长远利益。公共行政要关注公共利益的实现，更要关注少数族群和弱势群体的利益。谭九生从人性的角度解释了公共行政的公共性问题，认为人性冲突决定了公共行政的本质属性，公共行政是满足人性需要的手段，因而行政公共性是公共行政的价值取向问题，行政公共性是行政主体以“公共利益”为至善追求的价值理念②。这些理论和观点虽然在表述上有所不同，但都指向同一个结论：公共性价值是现代公共行政的目的性价值，促进公共利益的实现是现代公共行政始终的、最高的价值追求。相对而言，人们常言的效率、民主、参与、责任等现代行政价值则是一定历史时期实现公共性价值目标的工具性价值。

对公共性价值的追求贯穿于现代公共行政活动和行政发展的全过程，不同的行政环境下行政价值主体以公共性价值目标为统领做出各种具体的价值选择。马克思主义价值理论揭示了行政价值的本质是一种关系范畴，是行政实践活动中行政客体的属性对行政主体需要的满足而产生的效用关系，具有相对性、社会性和历史性，随着主体需要、客体属性和客观世界的变化而变化。因此，不同的时空环境下会形成不同的行政价值，行政价值不是一种既定的质，也就不存在关于行政价值选择的“绝对命令”。也就是说在不同的历史社会条件下，行政价值主体为实现公共利益而做出的行政价值选择是不同的，即使是选择了同一种行政价值，这种行政价值的具体含义和对公共行政的要求也是不同的。譬如，在一国或地区经济发展水平较低时，效率价值、经济增长的价值一般是政府首要的价值选择，而当经济发展到一定水平后，公平价值、公共服务的价值则往往处于行政价值选择的优先位次。当然，效率作为公共行政的永恒追求在不同时期都会成为各国政府的一个价值选择，只不过不同时期效率价值在行政价值体系中的地位不同，具体内容也

① 乔治·弗雷德里克森. 公共行政的精神［M］. 北京：中国人民大学出版社，2004：30.

② 谭九生. 公共行政的哲学基础［M］. 北京：中国社会科学出版社，2018：176－180.

不尽相同。在国民经济发展初期，效率价值主要指向经济效率，核心内容是促进经济的快速增长和经济总量的迅速增加。在国民经济发展到一定水平后，效率价值主要指向社会性效率，强调公平与效率的统一，在发展经济的同时维护社会公平正义，合理分配经济发展的成果，提高公共服务的质量和可及性。

关于行政价值体系的内容，学者们有不同的看法，代表性的有：陈世香基于对公共行政的职能划分，将公共行政的价值体系归纳为四种基本成分：① 国家安全与政治秩序价值，即公共秩序价值，是公共行政政治职能的价值所在，是公共行政维护主权独立和国家安全、政局稳定、生命与人身安全等活动产生的价值；② 经济－文化秩序维持与发展价值，是公共行政维持经济－文化秩序，或采取积极干预促成经济－文化发展的活动产生的价值；③ 社会公正（公平价值），是公共行政通过生产与提供各种公共产品和社会福利产品，确保所有公民都享有最低社会生活水平，并促成“最低水平”不断得以提高或改善的活动产生的价值；④ 行政系统整体性功能优化（效率）价值，是公共行政为了更好地达成社会性目标或维持与发展组织自身，而从事的优化行政组织内部事务管理与过程管理，提高行政系统整体效能的活动产生的价值①。芮国强、谭九生等根据政府起源的终极解释和公共行政活动的性质，从行政哲学层面将行政价值体系划分为不同的层次，其观点有异曲同工之妙。芮国强认为行政价值体系由基础性价值、扩展性价值和终极性价值三种价值构成，秩序与效率是行政的基础性价值，公平与正义是行政的扩展性价值，以人为本是行政的终极性价值②。谭九生认为公共行政价值体系包括目的性价值与工具性价值两个层次，目的性价值包括秩序、效率和公平价值，目的性价值是指人的整体发展③。

① 陈世香．行政价值研究——以美国中央政府行政价值体系为例［M］．北京：人民出版社，2006：80－84．

② 芮国强，乔耀章．行政哲学基本问题：探索与对话［M］．长春：吉林人民出版社，2006：197－207．

③ 谭九生．公共行政的哲学基础［M］．北京：中国社会科学出版社，2018：193－198．

2. 行政价值手段选择

行政价值手段是实现行政价值目标所依靠的各种活动方式、条件和过程。行政价值目标决定行政价值手段、选择行政价值手段，行政价值手段总是服务于行政价值目标。行政价值手段的选择是观念性活动和实践性活动的统一。在行政价值目标确定后，行政价值主体根据主体需要与客体属性的情况，在观念上确定最能够实现目标的物质性手段。进而将确定的物质性手段付诸实践，通过一定的实践活动将价值主体与价值客体连接起来，将观念中的价值关系转变为现实的价值关系，这也就是行政价值创造的过程。在行政价值关系中，行政实践是实现行政价值目标的根本方式。

总体上行政实践活动可分为两类：一类是行政管理活动。由于管理国家和社会公共事务、维护和增进社会公共利益是行政价值主体最基本的需要，因此行政主体依法履行政府职能，制定并实施公共政策，管理国家和社会公共事务，提供公共产品和服务等活动，是实现行政价值目标最直接、最有效的手段和方法。

另一类是行政改革活动。从行政价值视角看，行政改革是行政主体根据行政价值需要和行政价值目标的变化，对作为实现行政价值目标的载体的行政系统进行的全方位改造活动。理论上能够适应社会不断变化发展需要的政府就是最好的政府、成功的政府、善的政府。一方面人类的公共活动、公共利益及其公共选择是变化的，为了实现自身对社会的价值，政府就必须以不断的革新来满足社会的需要；另一方面，政府自身的运行规律也要求政府不断地革新自己。因为政府服务于社会的需求就要求它必须是一个活的机构，必须通过改革来革除自身的固定化与惰性①。换言之，通过适时的行政改革，建立起与满足社会公共需求相适应的政府组织体系和行政管理方式，实现行政体系自身的发展，是实现行政价值目标的内在要求。如前文所述，行政体系的属性，包括行政体制、行政职能、行政组织、行政关系、行政行为、法规制度等是开展行政活动、满足主体需要、实现行政价值目标的客观条件和手段，对行政价值主体具有重要价值。开展行政改革活动，以行政价值主体

① 刘祖云．论我国公共行政价值的三大问题［J］．长白学刊，2005（2）：12－16.

在一定时期的价值需要和价值目标为指向，优化调整政府的职能、组织结构、管理行为等属性，实现行政主体的自我发展，能够直接或间接地满足行政价值主体的需要，从而实现行政价值目标。这里的直接作用是指通过行政改革活动满足的需要就是行政价值主体的最终需要，如行政价值主体确定了提高行政组织效率的价值目标，那么精简组织机构、优化运行机制、改善领导方式等行政改革活动就能够直接实现这种行政价值目标。与之相对，这里的间接作用是指通过行政改革活动满足的需要、实现的价值只是实现更高价值目标的手段，而不是最终目的，如行政价值主体确定了增强经济活力、加快经济发展的价值目标，要求通过转变政府职能、减少经济管制的行政改革来提高政府管理经济活动的能力，那么对于这个价值目标的实现，行政改革活动只有间接的作用。在这种情况下，行政体制、行政职能、行政关系、行政方式等只是实现行政价值目标的手段，对它们进行改造也不过是为了更好地实现行政价值目标。总之，公共性是现代公共行政的价值基础，公共利益是现代公共行政的核心价值，行政改革活动本质上就是一个消弭行政管理实践中遮蔽行政公共性，造成行政公共性丧失的障碍，求证政府公共利益价值与权力合法性的过程。

(二) 行政价值选择的两大尺度

1. 合目的性与合规律性的统一

合目的性与合规律性的统一是实现正确价值选择的两大尺度。合目的性是要遵循人的需要和人的“本质力量的性质”所设定的尺度，主要是按照主体的需要去认识和改造事物；合规律性是要遵循客观世界发展规律所设定的尺度，按照客观世界的发展规律活动[①]。正确的价值选择是主体需要与客观规律的统一，是主体理智与情感、意志的统一。坚持合目的性与合规律性的统一，价值主体首先要对自己的需要有一个清醒的、理性的把握，要清楚某一阶段有哪些需要，最需要的是什么，最理想的需要是什么，还要清楚主体是否具备满足需要的能力；其次，要对价值客体的属性、功能、规律以及客观

① 阮青. 价值哲学 [M]. 北京：中共中央党校出版社，2004：126－128.

世界的发展趋势有一个清醒的、理性的把握；最后，在全面认识主体需要和客体发展规律的基础上，通过一系列的价值评价活动，选择最适当的价值目标并加以实现。这两大尺度也适用于行政价值选择，当然行政价值选择活动中的合目的性与合规律性有其特殊的内容。

2. 行政价值选择的合目的性

合目的性是指行政价值选择要遵循主体的需要、本质、能力等属性所设定的尺度，其中起决定性作用的是主体的各种需要，行政价值主体总是根据自己的需要进行价值选择。行政价值主体的需要是一种社会需要，具有客观性，是行政价值主体存在与发展的客观条件的反映，不以行政价值主体的意志为转移。它只能在一定的社会关系中得以产生，也只能在一定的社会关系中得到满足。它受一定的社会关系、社会条件、社会生产力水平和社会文化等因素的制约。从根本上来说，行政价值主体的需要是由社会历史条件决定的。由于人类社会生活的不断进步，行政事务越来越多，行政价值主体的需要也就因之而发展。在不同的社会发展阶段，行政价值主体形成了各种历史的、具体的需要，而且每个时代都有一个占据主导的价值需求。这要求行政价值主体对行政管理的需要和能力有一个清醒的、理性的把握，必须根据行政管理需要的结构和内容，找出其中最急迫要求满足的需要，放到最重要的位置给予首先考虑。为了实现这种需要，行政价值主体会主动地、有意识地去认识和改造行政客体，使行政客体的属性和功能能够满足主体的需要，当客体的属性被主体消费，主体的需要得到满足，行政价值就得以实现。总的来看，行政价值选择的第一步工作是确定行政价值目标，即将选择价值主体的需要具体化、现实化为行政价值目标，进而根据行政价值目标选择实现目标的物质性手段，即行政价值主体主动地通过自己的行政行为促成这种需要的满足。

3. 行政价值选择的合规律性

合规律性是指行政价值主体对客体的属性与功能，以及客观世界的发展规律和趋势有清醒的、理性的把握，按照客观世界的发展规律所设定的尺度进行价值选择。行政价值选择的合规律性主要体现为对政治权力合法性的追求，实质是对现代行政公共性本质的遵循。这种观点的依据在于国家的起源和目的学说，马克思主义国家理论对此做了很好的解释。关于国家（政府）的起源，马克思主义认为国家不是从来就有的，而是生产力发展、私有制出现，导致人类社会分裂为阶级时才出现的一种历史现象，正如恩格斯所指出的“在经济发展到一定阶段而必然使社会分裂为阶级时，国家就由于这种分裂而成为必要了。”[①] 也就是说当社会陷入不可调和的阶级矛盾时，在经济上居于统治地位的阶级为了把阶级冲突限制在一定的秩序内，就建立起一种表面上凌驾于社会之上的力量来缓和冲突，这种力量就是国家。国家来源于社会又居于社会之上，并日益与社会相脱离，成为统治阶级政治统治、维护阶级利益的工具。因此，阶级性是国家和政府管理的本质属性。政府管理的阶级性主要体现为执行政治统治的职能，维护和强化一定的政治关系和社会秩序。与此同时，马克思主义认为国家和政府管理还具有公共性的属性。这种公共性主要体现为代表社会各阶级的共同利益，执行社会管理的职能，满足社会的需要。马克思主义指出国家（政府）是和人民大众分离的公共权力，国家通过管理社会公共事务而成为脱离人们的实际利益的共同利益的代表[②]，对社会公共事务进行管理就使国家具有了社会管理的职能。马克思主义的社会管理职能是广义的，是除了政治统治之外的经济、公共服务、文化、生态以及其他满足社会一般需要的职能[③]。

马克思主义认为政府管理的公共性本质和对社会管理职能的履行是公共行政合法性的主要来源。这集中体现在马克思主义关于政府管理两种属性和两种职能之间的关系的观点上。恩格斯精辟地指出“政治统治到处都是以执行某种社会职能为基础，而且政治统治只有在它执行了它的这种社会职能时才能持续下去”[④]，即社会管理职能是政治统治职能的基础，履行社会管理职能是统治权力得以保持的前提。也就是说管理社会公共事务、实现社会公共利益，而不是阶级统治，才是政治权力合法性的来源。实际上在马克思主义

① 马克思，恩格斯．马克思恩格斯选集（第4卷）［M］．北京：人民出版社，1995：174.

② 龙佳解．关于国家相对独立性的几个问题［J］．湖南大学社会科学学报，1994（2）：11－16.

③ 方浩伟，颜佳华．马克思政府职能理论与新时代政府职能转变［J］．湖湘论坛，2018，31（3）：25－32.

④ 马克思，恩格斯．马克思恩格斯选集（第3卷），第2版［M］．北京：人民出版社，1995：523.

看来，政府产生的根本原因就在于管理社会公共事务的需要，政府是作为社会公共利益的代表而存在的。不同的历史时期、发展阶段和社会制度下，公共行政公共性的外部特征会呈现出不同的样态，尤其是阶级社会的政府其公共性虽然存在，但却是以维护阶级统治为目的的，无论如何，维护社会公平正义、实现公共利益是所有行政管理形态公共属性的共同内容。随着社会的发展，现代公共行政的阶级性正趋于弱化，公共性则不断增强，现代公共行政的主要职责日益趋向于公共服务，维护社会公平正义和增进公共利益，这越来越成为现代行政管理的价值所在。因此，彰显公共性、实现公共利益是现代公共行政的核心价值追求和终极目标，是政治权力合法性的来源，自然也是行政价值选择所要遵循的客观规律。

（三）行政价值选择的影响因素

行政价值主体的需要和行政价值主体的价值观念是影响行政价值选择的两大因素。其中，行政价值主体的需要是一种公共性需要，由公共行政的现实环境和客观规律决定，是行政价值选择的根本动力。行政价值主体的价值观念则通过影响行政价值主体的价值取向和价值评价来影响行政价值选择的结果。

1. 行政价值主体的需要

马克思主义认为，需要是人内在的、本质的规定性，是人的全部生命活动的动力和依据，有需要的产生才会引发人的活动。这里的“人”应理解为广义的人，不仅是“人类”“个人”这种形式，也包括人的各种社会集合形式，如群体、法人、社会组织等。因而需要也是这些社会集合形式活动的动力来源。据此可以认为，行政价值主体的需要是行政价值选择的基本依据和动因。与一般价值主体的需要不同，行政价值主体的需要不是个体或组织“私”的需要，而是一种公共的需要。具体而言，行政价值主体的需要包括行政管理的需要和行政发展的需要两个方面。

（1）行政管理的需要

如前文所述，政府是为了满足社会及其成员生存和发展的需要而产生的，必须以管理国家和社会公共事务为职责，促进社会公共利益的实现。因此，管理国家和社会公共事务、满足社会成员生存与发展的需要就是现代行政管理最基本的需要。行政价值主体必须以现代行政管理的这种需要为自身的需要，行政价值主体的责任在于正确地认识和理解行政管理的客观需要，并主动地用自己的行政行为促使这种需要得到满足。国家和社会公共事务是一定时期行政环境影响的结果，是一定时期政治、经济、社会发展情况作用的产物，具有客观性、社会性和历史性。因此，行政价值主体的需要是一种社会需要，它只能在一定的社会关系中得以产生，也只能在广义的社会关系中得到满足。它受一定的社会关系、社会条件、社会生产力水平和社会文化等因素的制约。从根本上说，行政价值主体的需要是由社会历史条件决定的。由于人类社会的不断发展，行政事务越来越多，行政价值主体的需要也就因之而发展。因此，要理解一定历史时期的行政价值选择，就要从当时的时代背景、经济社会发展情况，以及行政客体的期望去分析行政价值主体的需要，才能理解行政价值主体为什么会做出这样或那样的价值选择。

行政价值主体需要的形成主要是受行政系统外部生态环境的影响，由于主体需要是价值选择的基本依据，因此这种生态环境也就是行政价值选择的生态环境。行政价值具有社会性和历史性，决定了行政价值选择也具有社会性和历史性。行政价值主体总是存在于一定的历史环境、客观条件之中，其价值选择必然受到历史环境、客观条件的制约，也必须反映时代的特征、社会的基本情况与社会发展的基本态势。这些行政价值选择的社会历史条件构成了行政价值选择的生态环境。社会环境为行政价值选择活动提供必要的社会资源，行政价值选择也必然要反映社会环境的特征、回应社会环境的要求，并受到社会环境的制约和规定。具体而言，行政价值选择的行政生态环境主要包括行政价值选择的经济环境、政治环境、文化环境和国际环境四个方面。要指出的是，环境要素只是构成了行政价值选择的宏观条件，具体的行政价值选择都是针对一个个实在的公共问题进行的，如效率问题、公平问题、廉洁问题等。在确定问题的同时也就确定了行政价值目标，行政价值目标就是要解决这些问题，当然公共问题的确定也必须在具体的社会环境中进行。

第一，经济环境。影响行政价值选择的经济因素主要有经济发展水平、经济结构和经济体制三个方面。经济基础决定上层建筑，行政价值属于政治上层建筑的范畴，必然会受到经济基础的制约，因此经济因素对行政价值选择的影响是根本性的。其中，经济发展水平是首要的影响因素，通过作用于行政价值选择，从根本上决定了行政价值体系的规模、结构和运行方式。随着经济发展水平的提高，行政价值主体的需要不断发展，行政价值客体日益丰富，行政价值主体认识和改造行政价值客体的能力也持续提高，这使行政价值选择活动的范围越来越大、内容越来越复杂，其结果是行政价值体系的数量规模不断扩大、类型更加丰富；经济发展水平影响行政价值目标的确立，典型的情况是在社会总体生产力水平较低时，人们对提高生产力、经济发展、增加物质财富的需求会十分强烈，效率成为首选的价值，当经济发展到一定水平后，一些社会问题逐渐显露，民主、公正等社会价值就成为优先的价值选择，其结果是行政价值体系的内容、结构重心、排列组合方式会发生变化。经济发展水平还会影响行政价值手段的选择，很显然随着经济发展水平的提高，行政管理的模式日趋科学、完善，行政管理活动的方式、手段、技术也在逐渐的丰富和发展，促使行政主体认识和改造行政客体的能力不断提高，进而实现行政价值目标的手段日益增多，行政价值手段选择的范围越来越大，其结果是行政价值体系的运行（实现）方式发生改变。经济结构对行政价值选择的影响主要来源于一个国家或地区公私经济力量的比例关系和国民财富在全体国民中的分配情况。一般而言，国有经济所占比例越高，政府的价值选择更倾向于保持较大的行政职能和组织规模，并较多地干预社会经济生活，反之，政府的价值选择会更倾向于自由主义和市场价值。当一个国家或地区国民财富分配不均衡、贫富差距较大时，政府会优先选择公平正义的价值；而贫富差距较小、社会运行稳定的状态下，政府可能会偏向于效率价值。经济体制对价值选择的影响主要体现在市场经济体制和计划经济体制的差异中，更准确地说是体现在社会资源配置下的市场机制和政府调节机制作用程度的差异中。市场经济体制下或者市场机制在资源配置中占主导作用的情况下，价值选择会倾向于效率、分权、法治等价值，反之则会倾向于集权、公平等价值。

第二，政治环境。由于行政价值关系属于政治上层建筑的范畴，行政价值选择必然会受到行政体系所处政治环境的影响。影响行政价值选择的政治因素主要有政治制度、政治体制、政党制度，以及民众参与政治生活的情况等方面。首先，不同的政治制度和政治体制对行政价值选择有决定性的影响。很显然人民民主专政的社会主义国家与资产阶级专政的资本主义国家的行政价值选择有很大差别，前者以人民利益为依据进行价值选择，更注重公平、正义等价值，后者以资产阶级利益为依据进行价值选择，更偏向于市场价值和经济价值。国家政治体制决定了行政机关在国家权力体系中的地位，从而决定着整个行政价值体系的基本结构、功能、运行程序及规则，也为行政价值选择提供了基本遵循。其次，政党制度对行政价值选择有直接的影响。利益综合和利益表达是政党的基本作用之一，政党将社会民众的要求、需要进行综合并提供给行政机关，对行政机关的活动进行监督和评价，行政价值主体在进行价值选择时必须考虑民众的价值期望并通过价值选择进行回应。政党对行政价值选择最重要、最直接的作用在于其执政功能，执政党掌握行政权力后，可以用行政权力实现自己的政治主张，政党的价值理念直接体现在行政价值选择中。再次，民众参与政治生活的水平也对行政价值选择有重要影响。民众参与政治生活的渠道越通畅，参与政治生活的积极性可能就越高，参与的广度与深度也就越高。民众积极参政，通过各种渠道影响与制约行政价值选择，推动行政价值主体按照社会整体利益进行价值选择。反之，民众参与政治生活的水平不高，民众的利益需求就更加不容易传递到行政体系内，难以影响到行政价值选择。

第三，文化环境。行政价值选择的文化环境主要是指作用于行政体系的思想意识形态、宗教、道德、社会心理等因素。行政价值选择总是处于一定的文化氛围中，必须和文化环境相协调，文化环境对行政价值选择有深刻的影响。意识形态具有强烈的阶级性，是居于统治地位的阶级关于事物和社会基本问题的观点和思想，行政价值主体在一定的意识形态的指导下进行价值选择，可以说行政价值选择是一定意识形态作用的结果。宗教对于行政价值选择的作用最显著地体现在那些政教合一或者具有普遍宗教信仰的国家和地区，主要宗教的教旨、价值理念对这些国家和地区的政治生活有重要影响，也就会直接或间接地影响到行政价值的选择。社会道德为行政体系的价值选择提供了一种社会规范，行政价值选择除了要遵循基本的宪法法律规范，也不能违背基本的社会道德规范，违背社会道德规范的行政价值选择必然是错误的价值选择。社会心理是一定时期社会成员普遍的情绪、态度、情感等心理状态，针对行政体系就表现为社会成员对于政府的态度、情感和情绪，是影响社会成员对政府的认同和支持程度的重要因素。因此，行政价值选择必须尊重社会的心理状态，争取使行政价值选择能够获得社会成员的认同。总之，民族文化通过各种途径影响行政价值选择，为行政价值体系打上民族文化的烙印，是一种行政价值体系区别于其他行政价值体系的特征所在。

第四，国际环境。国际环境对一国政府的行政价值选择也有一定的影响，特别是当代国际关系愈发紧密、国际交流日益频繁的情况下，一国政府的行政价值选择往往会受到国际环境的影响。和平与发展的时代主题，经济全球化、信息化、市场化的发展潮流，对世界各国行政管理的观念、体制、模式造成了深刻影响，也要求各国政府适应时代要求做出行政价值选择，为行政改革树立正确的价值目标。开放的国际环境为文化的世界性传播提供了条件，也为行政价值观念在国家和地区之间的传播提供了条件，某些行政价值观念会传播到其他国家并被接受，从而影响其他国家的行政价值选择。如 20 世纪 80 年代的世界性行政改革浪潮，使效率、市场导向、民主等行政价值成为很多国家行政改革的价值选择。

（2）行政发展的需要

行政价值主体的另一个需要是行政发展的需要。行政发展是指各国政府为满足本国社会发展的需要而采用科学方法变革与健全行政制度体系，调整行政活动与行政关系，促进本国政治、经济、文化、社会各领域协调共进的行政活动过程①。由概念可知，政府不仅要实施积极主动的行政行为，通过管理社会公共事务和提供公共产品推动社会的发展，也要着眼于行政系统自身的不断完善，扩大行政能力、提高行政效率，调整行政活动与行政关系，通过行政发展与政治、经济、社会发展的良性互动推动整体社会的发展。这是因为行政管理活动总是在一定的环境中进行的，而行政环境总是处于不断变化之中，行政环境的变化又会带来行政管理需要的变化。为适应行政环境的

① 何颖．行政学［M］．哈尔滨：黑龙江人民出版社，2007：386.

变化和满足社会发展的需要，行政体系必须不断地发展以适应变化了的环境，否则就会成为无效的政府而失去权力的合法性。也就是说，为了保持和增进政府管理社会公共事务、促进公共利益实现的能力，维持政治权力的合法性，行政价值主体必须将促进行政系统的自我发展作为一个基本的需要。因此，行政发展的需要是服务于行政管理的需要的，对行政发展需要的满足是满足行政管理需要的必要途径。满足行政发展需要的基本路径在于行政改革，引发行政改革的直接动因是政府公共管理的现状与社会发展需求之间的矛盾或冲突。在这种情况下，行政价值主体所在的行政系统及其属性成为行政价值的客体，通过变革或调整与社会发展需求不相适应的行政体制、行政关系和行政方式等行政价值客体的属性，实现行政系统的功能更新、结构优化和制度创新，也就是实现行政价值客体的主体化，满足变化了的行政管理的需要，进而创造出行政价值。也正是因为这样行政改革成为行政价值选择的基本手段之一，这在后文还将论述。

2. 行政价值主体的价值观念

行政价值主体的价值观念是行政价值主体关于基本行政价值的信念、信仰和理想，是行政价值主体关于行政生活中什么是好、什么是坏，怎样做好、怎样做不好，以及自己追求什么、向往什么、拥护什么、反对什么等的态度、思想和理念的总和。行政价值观念一旦形成，就对行政价值主体的思想、感情、言论和行动起着普遍的整合和驱动作用，其中，最为重要的是行政价值观念构成了行政价值评价的标准。行政价值主体总是根据自己的价值观念去评价行政客体的属性是否能够满足自身的需要，以及能够在多大程度上满足自身的需要。对于同一个客体及其属性，不同主体受不同价值观念的影响会形成不同的认识和评价，甚至同一个主体由于其价值观念发生变化，在不同时期对同一客体及其属性也会形成不同的认识和评价。

行政价值观念对行政价值选择的影响正是通过行政价值评价发生作用的。因为行政价值评价本身不是目的，评价的目的是从诸多行政价值关系中选出最有可能实现的价值关系，并通过行政价值手段的选择和实施来予以实现。在这个意义上，行政价值评价是行政价值选择的依据和前提，行政价值选择与行政价值选择的变化不是凭空发生的，都是在行政价值评价的基础上进行的。因此，没有行政价值评价就没有行政价值选择，正确的行政价值评价可能会导致正确的行政价值选择，反之则可能导致错误的行政价值选择。由于行政价值评价以行政价值主体的价值观念为标准，所以行政人员，特别是行政领导者的价值观念对行政价值选择具有间接的、深刻的影响。一般而言，由于行政领导者具有特殊的行政权力和影响力，往往会成为行政价值的主体，其个人的价值观念能够比较容易地渗透到行政价值认识、行政价值评价、行政价值选择等价值活动中，直接影响行政价值活动的结果。在某些情况下，行政领导者的价值观念还可能会转变为行政体系的共同价值取向。而且当行政领导者的个人价值观念与公共行政价值取向相统一时，便会更加努力地促进公共行政价值的实现。通常情况下，如果行政领导者的知识储备完整、经验丰富，就能更好地根据经济社会发展和行政管理的实际情况来进行行政价值选择，并协调好各行政价值之间的关系，为公共行政发展提供必要的价值导向。总之，行政主体特别是行政领导者的变更及其带来的新的行政价值观念对行政价值选择具有重要影响。

三、行政改革的概念与理论阐述

行政改革是行政发展的基本途径，也是经济、政治和社会发展的重要动力，当今世界的发展变化日益加快，不断对政府的作用提出新的要求，行政改革因而成为世界各国行政实践的重要内容和行政学研究的重大课题。正确把握行政改革的概念和基本理论是认识行政价值选择与行政改革关系的前提。

（一）行政改革的含义与基本类型

1. 行政改革的含义

在我国官方和理论界，与“行政改革”相关的表述有“政府机构改革”“行政管理改革”“行政体制改革”“行政管理体制改革”等，存在着概念的不统一。但从历次改革的官方文件和学者们的研究成果看，这些概念的内涵实际上大体是一致的，都是指向行政系统诸方面的调整和变革，仅仅是在概念的外延上存在着范围大小和侧重点的差别。人们对于这几个概念的使用也没有严格的区分，这些概念在大多数情况下是可以相互替代的，其中“行政改革”的外延最为广泛，包含了“机构改革”“体制改革”“管理改革”等概念的外延，是学术研究中使用较多的概念。

关于行政改革的含义，学者们形成了一些代表性的观点。黄达强、王明光较早地界定了行政改革的概念，认为行政改革是政府行政系统随着外部生态环境的变化及行政系统内部构成要素的变化，有意识地对其自身的结构、功能和行政人员的行为方式不断进行调整和改变，使其转变为新的形态，以谋取行政系统与环境之间的动态平衡，从而实现行政效能的一种行为或过程①。夏书章等认为行政改革有狭义和广义之分，狭义的行政改革仅指政府的机构改革；广义的行政改革是指国家行政机关为适应内外环境的变化，对行政管理诸方面因素进行的调整和变革②。竺乾威等认为行政改革通常指行政系统在组织体系结构、运作功能等方面进行的变革，以使行政系统能适应变化的环境③。张康之等认为行政改革是指为了适应行政环境的变化和行政系统内部的要求而对公共行政的组织、人员、技术、制度和观念等进行的有意识地创新、发展和调整的过程④。可以看出学者们对于行政改革概念的界定较为统一。首先，学者们普遍认为行政改革是行政系统或行政机关有意识地自我调整和变革的活动；其次，学者们都认为行政系统内外部环境的变化是行政改革的动力来源，行政改革的目标是为了实现行政系统与行政环境的动态平衡；最后，学者们都认为行政改革是对行政系统各个方面的全方位改革，主要包括行政观念、行政职能、行政权力、行政组织、行政制度、行政管理方式、行政运行机制等方面的创新、调整和变革。

此外，从组织行为学的视角看，行政改革实际上是一种特殊形式的组织变革，是对行政组织各组成要素的调整与变革。一般认为组织变革是组织系统为了适应内外环境的发展与变化，对组织系统的结构、功能和管理模式进行调整，建立新的管理形态，以维系组织的生存和发展，提高组织效能的过程或行为。这种界定同样适用于行政组织的变革，因此行政改革就是对行政

① 黄达强，王明光．中国行政管理大辞典［M］．北京：中国物资出版社，1993：41.
② 夏书章．行政管理学（第3版）［M］．广州：中山大学出版社，2003：366－367.
③ 竺乾威．公共行政学（第3版）［M］．上海：复旦大学出版社，2008：360－361.
④ 张康之，李传军．公共行政学［M］．北京：北京大学出版社，2007：354.

组织的结构、功能和管理模式进行的调整和变革。其中，行政组织的结构主要是指行政组织的规模和层级、机构设置、职权划分、权力结构等要素；行政组织的功能主要是指行政组织的职能定位和范围、内部的职能配置和划分、职能实现方式等要素；行政组织的管理模式主要是指行政组织的领导制度、决策体制、管理制度、运行机制、行政方式等要素。基于以上分析，行政改革是指国家行政机关为适应政治、经济、文化等行政外部环境的变化和行政系统内部构成要素的变化，不断提高管理国家和社会公共事务的能力，有意识地对行政体制和行政管理的观念、职能、组织、人员、制度、运行和技术方法等要素进行的全方位的创新、调整和变革。

2. 行政改革的基本类型

由于行政改革是行政主体适应一定时期行政内外环境变化而进行的自我变革，因而不同国情、不同发展阶段下的行政改革会呈现不同的形态。不同国家、不同时期的行政改革按照一定的标准可以划分为多种类型，准确把握一个国家、一定时期行政改革的类型归属对于正确认识和理解行政改革具有重要意义。以改革的程度为标准大致可以分为三种类型。第一类是调适性改革，是指以发达国家为代表的，在现有经济体制、政治体制和行政体制框架下进行的改良性质的调整。第二类是转轨型改革，是一种行政体制向另一种行政体制的转轨，既包括苏联和东欧社会主义国家为代表的激进型转轨，即行政改革是作为经济体制、政治体制等社会制度全面转型的一部分而进行的，也包括以我国为代表的渐进性转轨，是指在社会主义制度下进行的，随着市场经济体制改革而进行并服务于市场经济发展的行政改革。第三种是发展型改革，是以欠发展的第三世界国家为代表的对行政体制和行政管理能力的发展和完善[①]。

以改革的方式为标准可以划分为“突变式”改革和“渐进式”改革两类。前者是指短时期内对整个行政体制进行的大规模的、从根本上解决行政体制和行政管理积弊的变革。这种方式的改革时间短、速度快、规模大，能够改变旧的行政体制和管理模式，因而影响深远。但改革面临的阻力和风险

① 周志忍. 当代国外行政改革比较研究［M］. 北京：北京大学出版社，1999：1-2.

往往较大，如果条件不成熟或者措施不得当，不仅无法达到改革目标，还可能会成为进一步发展的障碍。后者是指较长时期内朝向一定的改革目标，对行政体制各方面循序渐进地、逐步深入地调整。这种方式要求改革要有明确的目标和合理的设计，较为稳妥可控，但进程相对缓慢；以改革的范围为标准可以分为全面改革、局部改革和行业改革三类。全面改革一般是指中央和地方政府同时进行的全方位改革，规模大、覆盖面广，涉及行政体制和行政管理模式的各个方面，一般需要执政党或中央政府自上而下地集中推进；局部改革与全面改革相对，是指对行政体制和行政管理过程中一个或多个要素的调整，或者是对行政机构中某个层级的改革，如行政职能的整合、程序的优化、地方政府改革等，是行政系统的一种经常性的优化过程；行业改革主要是指行业管理体制的改革，具有显著的问题导向，如财政税收体制改革、社会管理体制改革、文化管理体制改革等。

（二）行政改革的内容与影响因素

任何行政改革都会受到行政系统内外环境诸多因素的影响，在不同因素的影响下行政改革会具有不同的内容。归纳行政改革的一般性内容与行政改革的各种影响因素，能够为我们理解和分析一定时期的行政改革提供稳定的理论框架。

1. 行政改革的内容

根据行政改革的概念，行政改革是对行政系统和行政管理诸方面要素的全方位改革，其内容应该是十分广泛的，长期以来我国学者对行政改革基本内容的认识并不一致。西方学者英格拉姆和彼得斯曾将政府部门内部的改革简单地划分为“结构性变革”和“程序、关系性变革”两类。其中，结构性变革即机构设置、权责配置、行政关系等行政体制方面的改革，程序、关系性变革可以概括为运作管理方面的改革，即通过管理的精致化提高行政的效率、效益和质量①。与此相类似，我国学者关于行政改革内容的认识大致形成了“体制中心论”和“管理中心论”两种观点，其中“体制中心论”是相对

① 周志忍．深化行政改革需要深入思考的三个问题［J］．中国行政管理，2010（1）：15-21.

主流的观点。

顾名思义，“体制中心论”认为体制问题是制约行政管理效能的根本原因，行政改革应从行政体制改革着手，主要解决行政体制存在的各种问题，以完善和建立一个适合国情和社会发展需要的行政体制。学者们一般认为行政体制改革应围绕行政权力、行政职能、行政组织机构、行政制度等方面进行。譬如，王澜明认为行政体制改革以转变政府职能为核心，主要包括职能配置、机构设置、各层级政府权责关系、人员编制、制度体系等方面的创新①。魏礼群认为行政体制改革包括对行政理念和行政思想、行政权力结构（体现为政府职能配置、行政组织结构）、行政管理制度、行政手段方式等的创新和变革②。“管理中心论”不否认行政体制对于行政管理的重要作用，认为有效的管理离不开完善和健全的体制。但是他们认为行政体制只是为行政管理活动提供了载体和工具，行政改革的最终目的不是完善或建立某种行政体制，而是为了提高行政管理的水平和效率，而且行政体制的创新和完善未必会带来行政管理效率的同步提高，有时甚至相反。因此，他们提出行政改革必须将管理改革置于首位，行政体制方面的改革也要围绕行政管理水平和效率的提高来进行③。行政管理改革主要围绕行政系统运作管理的具体环节、技术方式、运行机制、程序规则等方面展开。典型的如行政审批制度改革、许可证制度改革等放松行政管制的改革；市场化导向改革中兴起的行政职能市场化和公共服务社会化改革；设计和优化工作程序，提高政府服务水平的改革；协调机制、动力机制、考评机制、约束机制、监督机制等行政运行机制的创新；行政公开、行政参与、行政协商等民主化管理方式的实行；行政管理的法治化、制度化建设；计算机、互联网等现代信息技术以及科学决策、科学管理方法的应用，等等。

在上述争论之外，一些学者提出体制改革与管理改革是相互统一的关系，行政改革应同时包含这两个方面的内容。本书基本认同这种观点。因为行政

① 王澜明．改革开放以来我国六次集中的行政管理体制改革的回顾与思考［J］．中国行政管理，2009（10）：7－16.

② 魏礼群．中国行政体制改革的历程和经验［J］．全球化，2017（5）：5－14，134.

③ 马敬仁．行政改革论述［M］．北京：西苑出版社，1998：27－33.

体制为统治阶级行使行政权力、履行行政职能提供了载体和保障，运作管理模式直接影响各种性质和形式的行政管理活动的实现，共同决定着行政组织的绩效，决定了行政体制改革和行政管理改革必然是相辅相成、不可偏废的。体制改革属于行政改革的“硬件”部分，涉及面广，影响深远，而且制约管理改革的深度和进程；管理改革属于行政改革的“软件”部分，对政府自身素质具有决定性的影响①。事实上，“体制中心论”和“管理中心论”都没有否定对方作为行政改革内容的存在，只是对改革的重心有不同的理解，而这与我国行政改革长期以来都是以机构改革、职能转变等体制改革为核心，相对忽视运作管理的精致化变革的现实有直接关联。因此，任何行政改革都必须着眼于整体，平衡好体制改革与管理改革的关系，根据具体的行政环境确定行政改革的内容及其侧重点。

综合以上分析，不同时期行政改革的内容可以归纳为行政文化变革、行政关系调整、行政职能转变、行政机构改革、行政制度创新、运作管理改革等六个方面：

① 行政文化是行政体制的深层结构，其核心是行政价值，对于行政体制和行政管理具有潜移默化的深刻影响。一方面，行政文化变革为行政改革提供观念前提和思想先导，行政文化如何变革，行政改革就将如何开展；另一方面，行政文化变革是行政体制和行政管理其他要素变革的基础，没有行政文化的相应变革，其他要素的变革就难以充分实现。行政主体观念的转变及其对于政府责任、政府作用、管理方式、管理方法等的新认识，对行政改革具有关键作用。

② 所谓行政关系是指行政系统与社会大系统之间的关系，其中最核心的是政府与市场、政府与社会之间的关系，以及行政系统内部不同要素、层级和部门之间的关系。因而行政关系的调整主要包括：一是明确政府功能的合理定位，重新划清政府与市场、社会有效作用的范围，加强分权，放松管制，改革体制、机制，充分发挥市场和社会在资源配置、社会管理中的作用；二是调整中央政府与地方政府之间的权责关系，处理好集权与分权的关系，确

① 马敬仁. 行政改革论述［M］. 北京：西苑出版社，1998：27－33.

定合理的财权、事权关系，在维护中央政府权威的前提下保障地方各级政府的自主性，充分发挥地方各级政府的积极性；三是调整横向部门之间的权责关系，优化部门之间的职能配置、机构设置与合作机制等。

③ 行政职能表明了政府在国家和社会生活中的角色和作用，主要涉及政府管什么、怎么管的问题，在行政管理中具有基础性地位。转变行政职能，一是根据经济体制、政治体制改革和经济社会的发展状况，确定合理的职能定位，明确政府的职能重心，从整体上确定政府应该做什么、应该重点做什么，把不应该、不适合由政府管的事务交转移出去；二是根据政府职能定位、职能重心的转变相应地采用新的职能方式，在市场经济发展的大背景下应更多地采取经济手段、法律手段和市场化的职能方式；三是在确定政府总体职能定位的前提下，优化政府内部的职能配置，理顺层级之间、部门之间的职能关系，明确职责分工，解决职能交叉、政出多门的弊端。

④ 行政组织机构是行政管理活动的载体，建立集中、精简、高效的行政组织机构是当代行政改革的重要目标。加强行政机构改革，一是以行政职能的转变为依据，根据管理国家和社会事务的需要，合理确定政府组织的规模、层次和数量，加强职能部门的增设、裁撤、合并和重组，建立结构合理、功能齐全的行政机构体系；二是加强编制管理，精简人员，控制机构规模，降低行政成本。

⑤ 行政管理制度是行政系统的结构、功能、资源等要素得以稳定发挥作用的保障，行政管理的制度化是行政管理现代化程度的重要标志。一般而言，行政制度既包括宏观层面的行政制度，涉及行政体制、行政职权、公务人员管理等相关的宪法性规定与法律规定；也包括了中、微观层面的行政制度，由行政机构自身根据法定权限而颁布的涉及各种行政管理事项的法规、规则、命令、指示、规章、措施等①。因而行政制度的创新也具有多个层次，第一层次包括行政法律法规、政府决策制度、执行制度、监督制度、公务员人事制度、财政税收制度等基础性、宏观性制度的创新；第二层次包括行政审批制

① 江美塘．制度变迁与行政发展：公共行政之制度理论的比较研究［M］．天津：天津人民出版社，2004：79.

度、地方或部门法规条例、行业管理制度、行政执法制度等中观层面的制度创新；第三层次主要是机构内部日常性的规章管理制度和工作制度的创新。

⑥ 运作管理改革的内容在前文已有详细阐述，此处不再赘述。值得强调的是当代发达国家和发展中国家的行政改革都越来越重视行政方式、运作机制、管理模式、行政技术等方面的创新和变革，普遍采用市场化工具和企业管理方法推动政府管理创新，大力发展和应用现代信息技术推动电子政务发展，优化办事程序和工作机制，提供更加便捷高效的政府服务等。

2. 行政改革的影响因素

行政改革与行政价值选择都是行政主体在行政生态环境的影响下进行的观念性和实践性相统一的活动，而且行政改革离不开行政价值选择的作用，行政改革总是伴随着行政价值选择。据此，可以判断前文所述的影响行政价值选择的经济、政治、文化和国际环境因素对行政改革同样有重要的影响。因此，本部分不再重复前文所做的分析，只补充阐述行政环境因素对行政改革的具体作用。

（1）社会民众的需要与压力

满足社会民众的公共需要和期望是现代政府的基本职责之一，因而满足社会民众的需要、回应社会民众的期望及提高行政效能和公共服务水平的压力就是行政改革的主要推动力。社会民众基于自己生产、生活和发展的需要，要求政府增减某些职能，提出所需产品和服务的呼声，为执政党和政府确定行政改革目标、制定改革政策方案提供了依据和信息，能够推动行政改革的发生。符合民意取向和社会要求的行政改革活动能够得到最广泛的社会认同和拥护，形成支持行政改革的社会舆论，对反对改革或阻碍改革的势力形成社会压力，有助于克服行政改革进程中的各种阻力。

（2）政治环境的影响

行政改革是由执政党和政府领导实施的，行政体制是政治体制的组成部分，行政体制改革是在政治体制改革的框架中进行的，因而行政改革是一个政治过程，直接受到政治环境的影响。第一，政治制度的变更与发展必然导致行政制度的相应变化，苏联和东欧社会主义国家由社会主义政治制度变更为资本主义政治制度，导致了行政制度性质的根本变化；第二，不同政体下的行政体系和行政改革必然是不同的，如西方代议制政体和我国人民代表大会制度下的行政体系和行政改革有显著差别；第三，当宪法法律及政治决策的修改、变动涉及行政体系时，会引起相应的行政改革；第四，执政党、执政集团乃至最高领导人的价值选择，对改革的重视、参与或支持及其关于改革的决策和领导能力，对行政改革具有至关重要的作用。

（3）经济环境的影响

经济基础决定上层建筑，一定的经济状况需要与之适应的行政制度，经济的发展必然伴随着行政的变革，经济水平的提高推动行政的发展。经济制度的变化导致行政制度的变革，20 世纪中后期以中国和印度为代表的发展中国家纷纷由计划经济体制向市场经济体制转轨，相应地带来了市场导向和管理主义的行政改革。此外，经济政策的变化、经济结构的调整、经济增长方式的转型都会对行政体制提出新的要求。

（4）文化环境的影响

行政系统与社会系统之间总是不断地进行着文化和信息的交流，政治意识形态、社会心理、社会价值观、科学技术等社会文化因素的变动、进步，都会直接或间接地影响、制约着行政系统的文化观念、结构功能和运作过程。行政系统只有确实形成了新的行政文化和行政价值，行政改革的目标才能真正实现。

（5）国际环境的影响

在开放、互动、多元的国际环境下，一国的行政改革往往会受到各种外部的影响。经济全球化、信息化、市场化的时代浪潮对各国的行政管理形成冲击，也加剧了国际竞争的压力，要求各国加强行政改革、提高政府治理能力，增强本国参与竞争的能力。行政改革还具有国际示范效应，一国的行政改革模式和方案会传播到其他国家，对其他国家的行政改革起到直接的示范作用。

四、相关理论基础

（一）民主行政理论

民主行政理论是在批判传统官僚行政模式的基础上形成的，并试图通过理论的构建替代传统的官僚制组织模式。官僚制行政模式的基础是“政治－行政”二分法，以效率为价值追求，以规则为手段，强调科学管理。20世纪40年代美国公共行政学界出现了著名的“西蒙－沃尔多之争”，对官僚制行政模式提出质疑，使美国公共行政学陷入了身份危机。其中，沃尔多反对政治行政二分的原则，认为公共行政不应该只追求效率，而且效率也不是价值中立的，强调民主、责任等传统政治价值在公共行政中的作用。1952年沃尔多发表《民主行政理论的发展》一文，提出了民主行政的概念，集中阐述了这种观点，“早期的‘公共行政学家’……接受民主美国政治制度的核心思想和原则……民主却被后来的学者不仅看作是外在于公共行政领域的，而且是与他们视为中心原则的效率相对的。”[①] 不过，在沃尔多看来，传统公共行政中的权威主义（对控制、纪律、等级的强调，而不是效率）才是民主行政的最大阻碍，民主行政理论的核心问题是“如何调和民主与权威的关系”。

这种思想在20世纪60年代末得到集大成的继承与发展，形成了以弗雷德里克森为代表的新公共行政学派。该学派极力追求“民主行政”的典范及其落实，强调公共行政的公共性，批判了传统公共行政学“效率至上”的价值取向，提出“社会公平”是公共行政的核心价值的观点。“传统的或经典的公共行政学试图寻找下列两个问题中的任何一个问题的答案：① 我们怎样才能够利用可利用的资源提供更多的或更好的服务（效率）？② 我们怎样才能够花费更少的资金保持我们的服务水平（经济）？新公共行政学则增加了这样一个问题：这种服务是否增强了社会公平？”[②]，可见新公共行政肯定了传统公共行政对效率与经济价值的主张，但强调社会公平才是公共行政的核心价值，公共行政应通过社会性效率而不是机械性效率来实现社会公平，而且公共行政不仅仅是政策执行的价值中立的工具，应该彰显公共精神，积极回应并承担维护社会公平和改进人们生活质量的社会责任。关于“什么是社会公平”，新公共行政以罗尔斯的公平正义论为理论依据，提出“公共行政的社会公平

① Dwight Waldo. Development of Theory of Democratic Administration [J]. The American Political Science Review, 1952 (1).

② 杰伊·M. 沙夫里茨. 公共行政学经典（第5版）[M]. 北京：中国人民大学出版社，2010：322.

是要推动政治权力以及经济福利转向社会中那些缺乏政治、经济资源支持，处于劣势境地的人们”①，“致力于更合理地分配公共物品和服务……代表那些没有渠道参与公共政策过程的人……不遗余力地维护他们的权利”②，强调对于社会弱势群体的利益的代表和差别化照顾。总之，新公共行政倡导的核心价值观有“社会公平、代表性、响应、参与和社会责任感。它支持公民更多地参与公共政策及公共服务的发展、管理与评估以确保更高程度的社会公平。”③

除了在行政价值上的创新，新公共行政还对传统的官僚制模式进行改造，试图建立民主行政的模型以代替官僚制的组织形式。但新公共行政在这个方面并无建树，没有提出能够替代传统模式的理论。而几乎同一时期，理性选择制度学派的文森特·奥斯特罗姆提出的民主制行政理论为替代官僚制行政模式提供了方案。民主制行政理论的本质是“多中心”思想，奥斯特罗姆基于公共物品理论和公共选择理论，将政府视为提供公共产品和服务的工具，认为在公共物品的提供方面没有任何单一的形式的组织适合所有情形，官僚制只是其中的一种形式，而且官僚制也会存在效率低下的问题，因此解决这个问题的办法是以多组织安排来代替单一的官僚制决策制度，为公民提供多样性选择的制度。他认为美国传统的交叠管辖和权力分散的体制，能够实现对官僚制行政的彻底替代。20 世纪 80 年代的黑堡学派沿袭了新公共行政学的观点，强调公共行政对公共利益的代表和公民的积极参与，不同的是黑堡学派为官僚机构进行辩护，并提出以美国的政治体制为基础重建公共行政。民主行政理论对本研究的作用在于该理论恢复和凸显了价值理性在公共行政中的地位，提出公共性是现代公共行政的本质，主张公共行政应追求民主、社会公平、参与、多元合作等价值，这构成了本书立论的基础，本书以民主行政理论的价值取向为出发点对行政价值选择理论进行了系统研究。

① H. George Frederickson. New Public Administration [M]. The University of Alabama Press, 1980: 6 -7.

② H. 乔治·弗雷德里克森. 公共行政的精神 [M]. 张成福, 译. 北京: 中国人民大学出版社, 2013: 87.

③ 康特妮, 马克·霍哲, 张梦中. 新公共行政: 寻求社会公平与民主价值 [J]. 中国行政管理, 2001 (2): 43 -46.

（二）新公共管理理论

新公共管理并不是一个严格界定的概念或单一的理论，而是西方学者对20世纪70年代末以来西方国家行政改革实践的一种理论概括和模式总结，是由众多理论观点组成的理论集合。这场被称为新公共管理运动的行政改革浪潮以市场化为导向，以政府和市场关系的协调为核心，针对传统官僚体制出现的无法适应时代要求的危机进行了大刀阔斧的改革，不仅席卷了西方国家，也传播到发展中国家，成为当代规模空前的公共管理改革的主导方向。新公共管理在宽泛意义上，既指一种试图取代传统公共行政学的政府治理理论，又是一种不同于传统官僚制的新的公共行政模式，还指当代西方公共行政领域进行的政府改革运动①。当然，不同的机构和学者对新公共管理有不同的表述，如“管理主义”、“企业家政府”理论、“以市场为基础的公共行政”、“后官僚制模式”等。新公共管理理论是以管理主义和公共选择理论为基础的。管理主义以效率为核心的价值追求，认为管理具有相通性，公共组织和私营组织的管理在本质上是相似的，而且私营部门的管理水平比公共部门要先进、优越得多，其必然结果就是借用私营部门的管理理论、管理模式、管理原则、管理方法和技术来提高政府管理的效率和水平。因此，管理主义主张通过引进市场机制和企业管理方法来完善政府公共组织。公共选择理论关注的重心是政府与市场的关系，主张重新发现和利用市场的价值，认为没有任何经验和逻辑表明公共服务必须由官僚机构提供，而且历次行政改革也无法真正提高官僚机构的服务水平，那么最好的出路就是打破政府公共部门的垄断，建立公私机构之间的竞争，从而使公众得到自由选择的机会。

概括而言，新公共管理主张向市场机制和私营部门管理方式的回归，重塑政府与社会、市场和私营部门的关系，以效率和绩效为基本价值取向，使公共行政再次走向管理主义。核心主张包括竞争选择、绩效评估、契约合同、结果导向、民营化、战略管理、服务顾客、弹性解制、组织分化、分权授权、

① 王世雄. 西方国家新公共管理理论与实践研究［D］. 上海：复旦大学，2002：29.

文官政治化、执行机构独立化、应用信息技术等①。新公共管理对本研究的作用在于，印度20世纪90年代以来的行政改革显著地受到西方新公共管理运动的影响，很多改革举措都有西方国家行政改革的印记，因此新公共管理理论的背景、原则、内容、特征和趋势，为本书分析市场化经济改革以来印度的行政改革提供了理论指导。

（三）行政生态理论

行政生态是指公共行政所处的生态环境，行政生态研究是指对行政系统与其所处的生态环境间的相互影响关系所进行的研究。因而行政生态理论就是指运用生态学原理和方法论，从行政生态环境出发来研究行政制度及行政行为，并以公共行政与其生态环境间的相互影响关系为主要研究对象的一种公共行政学理论体系②。行政生态学兴起于20世纪四五十年代，当时由于人口剧增、环境污染、能源紧张、资源破坏等环境问题的加剧，引起了人们对生态环境问题的高度重视和普遍关注，促进了生态学的快速发展，生态学的发展热潮也波及了公共行政研究领域。生态学认为，任何一种有机体都不可能独立于生态环境而生存，都必须与周围环境进行物质和能量的交换，受此影响，1947年美国学者约翰·高斯出版《政府生态学》一书，明确指出“研究公共行政必须研究它的生态问题”③，最早将行政问题与生态环境联系起来进行研究。但是高斯的理论并没有引起重视，真正使行政生态学成为一门系统的行政学分支学科并在行政学研究史上产生重要影响的是美国学者里格斯。1957年和1961年里格斯先后发表了《比较公共行政模式》与《行政生态学》，之后又连续发表了一系列文章和专著。在这些论著中，里格斯应用生态学理论和方法，以传统和现代时期的泰国、菲律宾和美国为分析单元，分析它们各自的社会经济结构、文化、历史等环境因素与其公共行政之间的相互

① 王世雄．西方国家新公共管理理论与实践研究［D］．上海：复旦大学，2002：35.

② 陈世香．行政价值研究——以美国中央政府行政价值体系为例［M］．北京：人民出版社，2006：42－43.

③ R. J. 斯蒂尔曼．公共行政学［M］．李方，杜小敬，潘世强，等译．北京：中国社会科学出版社，1988：177.

影响，并设计了行政系统的三大模式，建立了较为系统的行政生态学理论体系。里格斯认为了解一个国家的公共行政，不应局限于行政系统本身，而是要跳出行政系统，从其所在的社会大系统、大环境考察行政，即考察行政与该国社会环境之间的相互关系，他进而提出行政生态学是研究“自然以及人类文化环境与公共政策运行之间的相互影响情形”的学科①。他指出行政生态学主要解决两方面的问题，即一国的行政生态环境如何影响，并塑造该国的公共行政，从行政系统外部解释行政行为和行政问题，并为行政的发展寻找动力；反过来要研究一国公共行政对经济社会发展的塑造作用，寻求更有效的行政模式来推动经济社会的发展。

行政生态学的一个理论要点是其关于三大行政模式的分类。里格斯将人类历史社会划分为三种基本形态：以美国等国家为代表的现代工业化国家，以古代中国和传统泰国为代表的传统农业社会，以及以菲律宾和现代泰国为代表的处于两者之间的过渡社会。他运用物理学光谱分析上的光折射理论，对三种社会形态中的行政状况进行分析，提出了融合型行政、棱柱型行政和衍射型行政三种行政模式。农业社会中，社会结构如自然光一样，一片混沌，缺乏明确的分工，未形成专业的行政机构，行政行为与政治、立法等其他社会行为混为一体，行政效率低下。工业社会中，社会结构犹如自然光经过三棱镜衍射出的不同颜色的光谱般，分工明确，行政机构独立而专业，政府职能明确而高效，行政部门之间权责明确，互不干扰。而过渡社会介于两者之间，如光线正在折射但还未折射完成的过渡状态，既具有现代工业社会行政模式的特征，又还未完全摆脱传统社会行政模式的特征，各种不同的行政制度、行为和观念并存，行政机构设置不全面且相互重叠，形式主义盛行，很多行政法令和政策得不到有效实施，一些行政制度和机构形同虚设②。

行政生态学的另一个理论要点是其关于五种主要行政生态要素的分析，里格斯认为，影响一国行政的生态要素有很多，但最主要的是经济要素、社会要素、政治构架、沟通网络和符号系统五种。经济要素是影响一国公共行

① 弗雷德·W. 里格斯. 关于发展的进一步思考［J］. 行政变革，1976，4（1）：1.

② 方浩伟. 行政文化变迁研究［D］. 湘潭：湘潭大学，2016：25－26.

政的首位要素，经济制度、经济结构、生产力发展水平基本上决定和塑造了一国的公共行政模式。社会要素主要是指各种社会组织，社会组织分为以血缘关系为纽带的自然团体，如家庭、宗族，以及以利益关系为纽带的认为团体，如政党、教会、工会等，统称为社团。在传统社会和过渡社会的行政中，家庭的作用至关重要，社团则作用不大，而代社会的行政与此相反，社团的作用是主要的。里格斯认为政治与行政应该是分离的，但行政制度、行政行为受到政治制度和政治决策的影响，政治与行政之间存在着一种“功能依存”关系，因此政治架构也是公共行政的行政生态要素。沟通网络包括社会的文化水平、适用语言的状况、社会舆论的力量，以及通信和交通的状况等使整个社会相互“沟通”的手段，一国的沟通网络是否畅通对公共行政具有重要影响①。符号系统是包括政治神话、政治准则、政治法典在内的一整套政治符号系统，政治符号系统为全社会提供了“共同意识”，“共同意识”为公共行政赋予了高度的权威②。里格斯认为这五种要素的作用是交叉的，它们彼此间也在相互作用、相互影响，因此分析一国的行政生态环境，必须要整体地、细致地去考察这些要素。行政生态学对本研究的作用在于，本书对当代印度政府的价值选择和行政改革进行研究，必然离不开对行政价值选择和行政改革的生态环境的考察，只有从一定时期印度的经济、政治、社会等生态要素出发，才能理解印度政府为什么会确立行政改革的某种价值取向，为什么会实施一定的行政改革举措，才能对行政改革的效果作出客观的评价。行政生态学关于行政生态环境与行政制度、行政行为关系的分析过程和理论观点，为本书研究印度的行政改革历史提供了理论指导。

五、印度行政改革历史概述

（一）印度行政改革的逻辑起点

1947 年印度独立后基本上承袭了英印时期的行政体制和文官系统。服务

① 丁煌. 西方行政学说史（第 2 版）[M]. 武汉：武汉大学出版社，2004：294.

② 丁煌. 西方行政学说史（第 2 版）[M]. 武汉：武汉大学出版社，2004：295－296.

于主权民主国家建设的要求，改造传统的行政体制和文官系统成为印度政府的重要任务。继承和改造英印时期的行政体系是当代印度行政改革的逻辑起点。

1．殖民地时期印度行政体制的演变

英印行政体系起源于英国在印度殖民活动的代表机构——东印度公司。1757 年普拉西战役之后东印度公司将印度征服为英国的殖民地，英国国王授权东印度公司作为殖民政权代表英王统治印度，成为一个商业和行政合二为一的机构。印度中央行政机构由总督和行政参事会组成，接受公司董事会的领导。在地方层面，东印度公司沿袭了莫卧儿帝国的行省制，任命省督和省行政参事会代表总督统一领导地方行政活动。随着公司性质的变化，公司职员开始履行税收、民事等行政职权，既开展商业活动又从事行政活动。官员由董事会任命，总督和省督等高级职位必须由董事会举荐。公司还保留了莫卧儿帝国的部分官吏为自己服务。在东印度公司的官僚机构中，税收官的地位十分突出，不仅负责税收，还负责行政和司法事务。之后，经过瓦伦·哈斯丁斯与康沃利斯两任总督的改革，东印度公司的行政权、商业权、税收权和司法权实现分离，行政机构的职能更加明确。这次改革还提出行政人员的“欧洲化”，逐渐排除印度人担任高级职位。1833 年《特许状法》彻底取消了东印度公司的贸易特权，公司成为英王领导下的纯粹的行政机构，并保留了任命文官的权力。随着总督权力的扩大，印度总督参事会成为实际上的高度集权的英印中央政府。1853 年《特权法案》取消了公司董事会直接任命文官的权力，开始实行考试任用制。1855 年公司在印度举行了第一次文官考试，标志着英印现代文官制度的形成。这个阶段的改革还使印度人在名义上获得了担任一切文官职位的机会，但由于各种条件的限制，文官“印度人化”的进程十分艰难，随着民族独立运动的发展才逐渐得以实现。1858 年《印度政府法》结束了东印度公司在印度的统治，英国政府开始直接统治印度，设立印度事务大臣接管董事会和议会监督局的权力，印度总督在其领导下开展工作。1861 年《印度参事会法》规定在中央和行省实行政府部长制，每个参事分别主管内政、外交、财政、税务、法律、军事等部门的工作，英印政府开始具备现代政府的形态，大大提高了行政效率。该阶段还进行了文官系统的法制化建设，制定了文官录用、考核、管理的系列法规，明确划分文官的职责范围，要求文官必须按照等级职责及办事程序开展行政工作，这使得文官机构的运转更加稳定有序。随着印度民族运动和政治改革的深入，逐渐建立了总督领导下的责任制内阁，形成了一种总督专制和民主政府并存的混合体制或称双头政权，部分行政权力由民选的议会部长掌握，同时大部分行政权力仍然由总督控制。1919 年《印度政府法》设立“公职委员会”负责文官的录用工作，将文官分为全印文官、中央文官和省文官三类。全印文官由印度文官和印度警察官组成，中央文官由森林文官、农业文官等诸多专业性文官组成，省文官由各省负责管理。1935 年《印度政府法》规定实行省自治，在省一级基本上实现了责任政府制，在中央仍然保持双头政权，直到 1945 年最终建立了完全由印度人自治的临时中央政府。

2. 对旧行政体制和文官机构的继承及其原因分析

英印时期的行政体系具有三个显著特征：第一，集权化的行政体制。在中央和地方的行政关系，以及行政体系的运转方面，中央集权都是基本的原则，公共财政、法律和司法、教育、健康、公共工程等几乎所有政策领域的公共决策都是集权化的，全印文官受中央政府控制，是中央政府在地方的代理人。第二，文官机构是行政体系的核心结构。文官机构受中央政府的单一控制，精英化、通才性的印度文官占据了印度中央和省级政府的高层职位，正如马克思所言，英国对印度的殖民统治实际上是由文官进行的，文官机构是英印行政体系运转的基础，被称为英印政权的“钢铁架构”。第三，高度法制化的运行机制。为保证行政机构的有序运作，英国人设计了精细的行政制度和程序规则，强调法律和纪律的监督作用，这使得英印行政机构在印度独立运动的复杂环境中保持了稳定运行。英印行政机构和文官系统一流的工作，在独立运动中展现的维持社会稳定的能力，给独立运动的领导人们留下了深刻印象。

1947 年自治领政府成立后，独立运动的领导人们选择了继承英印政权的行政体制和文官机构。深入分析其中的原因，主要是：第一，独立初期印度各地发生了大量的骚乱和暴动，社会、政治和社区动荡兴起，印巴分治导致印度教徒和穆斯林爆发了大规模的冲突和暴力仇杀活动，对新生政权造成严重挑战。领导人们意识到要想保持新生国家的统一，消除全国各地的混乱局面，离不开成熟稳定的行政体系的作用，因此继承英印政权遍布全国的行政网络是印度新政府控制局面，恢复社会秩序的现实选择。第二，印度历史上缺乏民族主义的传统，长期处于分裂状态，至独立时仍然有几百个土邦林立其中，当时印巴分治的灾难性后果使印度的领导人们决心创造一种新的民族主义，培育单一的民族国家认同，他们认为这需要一个中央集权的行政体制和中央统一控制的行政机构来实现。第三，民主政权成立后，印度确定了经济增长与社会公平并重的经济社会发展目标，并设计了高度集中的经济社会发展模式，中央政府在制定发展计划、配置资源、为人民的总体福利负责的过程中起关键作用，英印行政体制的中央集权特征恰好符合这个要求，于是政治家们有意识地利用旧行政体制来承担民主政府的发展职能。因此，虽然印度领导人充分了解这种行政体制和文官机构是殖民统治的遗产及其弊端，“（行政体制）的专制主义不应保留……因此似乎只有印度文官全部消失我们才能在一个新的秩序下开展工作”①，但出于现实原因他们被迫接受了这种体制，甚至没有对其进行大的改变，原有的行政体制和文官队伍不仅得以保留，1950 年《印度宪法》第 311 条赋予这种行政体制和文官机构以宪法确认和保障。

3. 旧体制的不适应和改革的开始

独立之初，英印行政体制和文官机构保证了自治领政府的正常运转，维持了社会秩序的基本稳定。但独立后印度的经济、政治和社会状况发生了巨大变化，传统的行政体系很快就表现出不适应，大量新生的公共事务要求印度政府重新对行政机构进行定位和设计，产生了行政改革的迫切要求。社会环境方面，独立前在英国长期的殖民统治下，印度作为英国重要的原材料供应地和出口市场，已经开始了工业化和现代化的初步进程，但总体上仍然是一个贫穷落后的半自给的农业社会，贫困问题和失业问题十分严重，而且种姓制度、宗教冲突造成了严重的社会分层和不公正。新生的民主政府必须迅速开展工业化和农业现代化建设，推动印度由半自给的农业社会向现代工业

① Nehru Jawaharlal. An Autobiography [M]. Oxford: Oxford University Press, 1953: 8.

社会转型，解决贫困问题和失业问题，加强社会整合，开展社会革命，推进以社会公正为导向的社会进步。英印行政体系是服务于殖民统治的，在社会管理方面，主要是维持稳定和秩序，无法适应推动社会转型发展的要求，必须对其进行变革和调整。经济环境方面，独立之初印度工农业发展落后，民生极端困苦，经济秩序混乱，通货膨胀严重，要求新生政权迅速恢复经济秩序，大力发展生产，改善民众的收入和生活水平。在这种情况下，印度政府确定了经济增长、社会公平和自力更生三者并重的经济发展目标，确立了优先发展重工业和基础工业，实行混合经济结构和计划经济体制的战略。为此印度政府必然要承担起主导经济发展、广泛干预经济社会生活的职能。原有行政体系的规模、结构、程序和官僚主义倾向的文官机构无法承担这些发展导向的职能，必须按照计划管理体制的要求对行政体系进行改造，提高政府推动经济增长、改善民生、维护社会公平正义的能力。政治环境方面，19 世纪以来在印度民族资产阶级和人民的要求与斗争下，殖民当局逐步对英印政权进行政治改革，特别是 1919 年和 1935 年的两部印度政府法，在中央建立了两级议会模式和总督领导下的责任制内阁，规定实行联邦制与联邦和各邦的分权原则，在形式上建立起越来越接近议会民主制的政治体制。但是独立前的责任政府制度只在邦一级实行，中央和省级立法机关的权力受到英国总督和省督的限制，也没有实现普遍的选举，因而是缺乏主权和十分有限的民主制。1950 年《印度宪法》规定印度为主权的民主共和国，在原有政治体制的基础上建立了议会民主制度，实现了政府性质和政治体制的根本转变。由殖民地政权转变为民主政权要求印度新政府必须代表和维护社会公共利益，承担更加广泛的社会管理和公共服务等民主职责，这必然涉及行政体系的相应调整。由殖民地体制转变为主权的议会民主体制，一方面本就包含了行政体制转型的内容，另一方面也要求印度政府对原有的行政体系进行改革使之能够有效地维护民主体制的运转，促进民主的增长。此外，实行集权性的联邦体制要求强化中央集权的行政体制以加强对地方的控制，因而必须对原有行政体制进行改革以突出中央政府的权威。总之，独立后印度政府基于对现实环境的考量，继承了英印时期的行政体系，这种行政体系虽然集中、稳定、高效，但服务于殖民统治的性质决定其无法应对大规模的发展问题、民主问题和其他独立后产生的新任务，因此印度的领导人们很快就开始对行政体制进行变革。

（二）印度行政改革历史的主要阶段

当代印度行政改革的基本原则是推动政治上层建筑适应经济基础的变化，促进生产力和生产关系的发展，解决经济社会发展中的突出矛盾和问题。当代印度行政改革总的价值目标是提高效率、扩大民主和增进公平，同时不同时期的行政改革有其具体的价值选择。表 2.1 为印度 1947—2014 年政府更迭情况。按照印度的历史发展和行政改革的内容特征，可以将 1947—2014 年以来印度的行政改革历史划分为三个阶段。

表 2.1　印度 1947—2014 年政府更迭情况

总理	执政时间	执政党
尼赫鲁	1947. 08. 15—1964. 05. 27	国大党
南达（代）	1964. 05. 27—1964. 06. 09	国大党
夏斯特里	1964. 06. 09—1966. 01. 11	国大党
南达（代）	1966. 01. 11—1966. 01. 24	国大党
英迪拉·甘地	1966. 01. 24—1977. 03. 24	国大党
德赛	1977. 03. 24—1979. 07. 28	人民党
查兰·辛格	1979. 07. 28—1980. 01. 24	人民党，看守内阁
英迪拉·甘地	1980. 01. 14—1984. 10. 31	国大党
拉吉夫·甘地	1984. 10. 31—1989. 12. 02	国大党
维·普·辛格	1989. 12. 02—1990. 11. 10	以人民党为首的全国阵线
谢卡尔	1990. 11. 10—1991. 06. 21	人民党（社会主义者）
拉奥	1991. 06. 21—1996. 05. 16	国大党
瓦杰帕伊	1996. 05. 16—1996. 06. 01	印度人民党
高达	1996. 06. 01—1997. 04. 21	以人民党为首的联合阵线
古杰拉尔	1997. 04. 21—1998. 03. 19	以人民党为首的联合阵线
瓦杰帕伊	1998. 03. 19—2004. 05. 22	以印度人民党为首的全国民主联盟
曼莫汉·辛格	2004. 05. 22—2014. 05. 26	以国大党为首的团结进步联盟

第一阶段：1947—1989 年的行政改革。独立后尼赫鲁领导印度走上了一条政治上实行资本主义民主政治制度，经济上实行苏联式的计划经济体制的中间发展道路[①]。在这种发展模式下，20 世纪 90 年代前历届国大党政府都以坚持经济增长和社会公平并重，自力更生，建设福利国家，消除贫困，缩小贫富差距为指导思想。从该阶段印度的经济制度安排、经济政策和社会政策看，公平是印度政府的核心价值选择，尤其是 20 世纪 80 年代之前，印度政府在制定各方面的政策时，对社会公平的考虑都要多于对效率的考虑。独立之初，印度领导人为了创造新的民族主义，建立单一的民族国家认同，维护新生国家的统一，建立了中央集权的政治体制；为了迅速发展经济，维护社会公平正义，建立了公私经济并存、公营经济占主导的混合经济结构和计划管理体制，确定了优先发展重工业的战略。在此背景下，该阶段的各届政府以公平为核心价值选择，围绕中央集权的政治体制、混合经济结构和计划管理体制的建立与调整进行了长期的行政改革。印度政府继承了英印时期中央集权的行政体制，并对其进行巩固和改造，逐步建立起中央集权、运作稳定、职能广泛的行政体系。1966 年后印度政府实行更加激进的经济政策[②]，强化原有经济发展模式，进一步扩大公营成分的比重，并对私营经济实施更加严格的控制，走上了民粹主义道路。相应的这一时期印度政府的职能和机构规模迅速扩张，对微观经济活动的干预更加广泛，承担了更多的社会福利责任，并大为加强了对地方的控制。进入 20 世纪 80 年代印度政府开始反思经济政策，初步实施了一些自由化的经济改革措施。1984 年后印度政府继续推进自由化经济改革，更加强调经济效率，经济改革和政策调整将自由化经济改革推进了一大步。但这些改革都是在混合经济结构和计划管理体制的框架内进行的，存在诸多局限性。印度政府适应经济政策调整的要求，初步放松了政府对经济活动的干预和管制，实施了提高行政效率、转变工作作风、缓和中

---

① 尼赫鲁提出印度要走一条介于社会主义和资本主义之间的中间道路，即经济上不改变资本主义生产资料私有制，但是由国家控制主要的生产资料并实行公平分配；政治上实行西方资本主义民主政治制度。其实质是对资本主义制度的改良，与科学社会主义有本质的不同。

② 更加激进的经济政策是指进一步实施主要生产资料的国有化，提高公营成分比例，加强国家对经济的管制。

央地方关系等一系列行政改革措施。

第二阶段：1991—2004 年的行政改革。20 世纪 90 年代后，提高经济效率、加快经济发展成为印度领导人的主要追求，但考虑到民粹主义政治的传统[①]，该阶段印度政府确立了增长优先、兼顾公平的价值取向，效率是印度政府的核心价值选择。在效率取向的影响下，该阶段印度的行政改革是经济调试型的，紧紧围绕经济改革和发展这一中心任务进行，以市场为导向，具有管理主义的特征。印度政府根据市场经济体制改革、加强市场机制调节作用、加快经济和社会发展的迫切需要实施了一系列的行政改革。1991 年开始，印度政府以化解严重的财政危机、国际收支危机和经济危机为契机，实行“自由化、市场化、全球化”的经济改革，强化市场机制和私营部门的作用，扩大对外开放。1998 年印度政府开始推行“第二代经济改革”，大力培育市场机制，初步建立起自由化的市场经济体制。这个阶段的经济改革使印度摆脱了经济的长期缓慢增长，促进了社会分化和民众物质文化需求的日益增长。在这样的时代背景下，印度政府积极构建与自由化市场经济体制相适应的行政管理体制，更好地发挥政府的经济管理作用，同时也比较重视维护公民权利，改善公共服务。具体地说，该阶段印度的行政改革主要是放松经济性管制，弱化政府对微观经济活动的干预，加强政府的宏观调控职能；转变政府与公务人员的角色，由管制者、审批者和公共服务垄断者向监管者、协调者和公共服务供给者转变；压缩政府规模，更新行政方式，提高行政效率；强化行政分权，增强地方自主权力；回应社会需求，保障公民权利，强化行政责任。

第三阶段：2004—2014 年的行政改革。20 世纪 80 年代后期开始，印度历届政府坚持以经济增长为中心，逐步推进市场经济体制改革，实施增长导向的经济政策，使印度经济保持了较快速度的增长。在此过程中相对忽视了社会公平和社会发展，广大下层民众基本没有从经济改革和经济增长中获益，社会贫富差距不断拉大，教育、医疗卫生、环境、文化以及社会福利水平提

① 英迪拉·甘地开启了印度政治的民粹主义传统，由于农民和下层民众占据印度人口的绝大部分，各政党为了在竞选中获胜，都主动或被动地通过民粹主义的口号和经济社会政策来争取他们的支持。在后文有详细阐述。

高滞缓，加剧了印度的经济社会矛盾。这种情况违背了印度的民粹主义政治传统，大力推行经济改革的两任政府都因此在改革顺利推进、经济增长显著加快的情况下黯然下台。2004 年胜选的国大党政府汲取了这种经验教训，在坚持深化经济改革、完善市场经济体制、追求更高经济增速的同时，将促进机会平等、使更多人分享经济增长的成果和消除贫困摆在更加重要的位置，追求更快、更包容、可持续的发展，推动印度进入包容性发展的新阶段。该阶段印度政府更加重视经济社会的协调发展，强调“依靠每个人发展、为了每个人发展”。因此，这个时期印度政府的价值选择是多元的，效率、民主、责任、公平等多元价值取向并存。在多元行政价值取向的影响下，该阶段印度的行政改革是社会回应型的，根据深化经济改革、健全市场经济体制、促进经济社会协调发展的要求进行，积极回应社会需要和社会矛盾。印度政府继续放松经济性管制，突出公民权导向，强化公共服务职能，扩大行政参与，加强行政责任建设。

第三章
1947—1989年的印度行政改革

1947 年 8 月—1989 年 12 月是印度国大党连续执政时期[①]，其间主要经历了尼赫鲁（1947 年 8 月—1964 年 5 月）、英迪拉·甘地（1966 年 1 月—1977 年 3 月，1980 年 1 月—1984 年 10 月）、拉吉夫·甘地（1984 年 10 月—1989 年 12 月）三任政府。将该时期界定为当代印度行政改革的第一个阶段，主要是因为：印度独立后建立了公私经济并存、公营成分占主导的混合经济结构和高度集中的计划管理体制，这导致了印度的国家行动主义，经济和社会发展规划、工业生产、基础设施建设、健康、教育和社会福利等都由政府主导、控制和提供，政府的行政职能大大增加，促使印度的领导人们在殖民时期官僚体制的基础上建立起一个广泛的政府架构。该阶段，印度政府坚持了上述发展模式，并一度实行更加激进的经济政策，进一步强化国家干预主义。20 世纪 80 年代后，印度开始进行初步的自由化经济改革。印度政府根据经济发展模式及其调整的要求进行了一系列的行政改革。

① 期间仅 1977 年 3 月—1980 年 1 月为非国大党政府。

一、1947—1964 年的行政改革

1947—1964 年期间印度建立了议会民主制的政治体制，确立了混合经济结构和计划管理体制，确定了优先发展重工业和基础工业的经济战略，奠定了印度现代化的发展道路。这期间印度政府实施了 3 个五年计划，推行世俗化的社会改革，开展土地改革和乡村建设，推动了印度经济社会的全面发展。这些构成了印度政府行政改革的基本环境。

（一）行政改革的影响因素

1. 独立后印度社会的主要矛盾

独立后印度社会矛盾重重[①]。第一，提高人民生活水平同落后的社会生产力之间的矛盾。殖民统治开启了印度的现代化进程，但英国人出于殖民剥削的需要，人为制造了各种障碍限制印度现代化的全面展开，刻意维护落后的生产关系和经济制度，使印度社会生产力的发展受到严重阻碍。到独立前，工业只占印度国民生产总值的 10% 强，工业体系残缺不全，只有几个发展很弱的部门；独立时农业人口占全国总人口的 70% 以上，但农业发展极其落后，农业生产特别是粮食生产长期处于停滞状态，绝大多数农民和城市贫民处于极端贫困状态。取得独立后，运用政治上层建筑的力量，进行必要的制度创新，设计实现现代化的战略、体制和政策，促进生产力的快速增长，提高人民的物质文化生活水平，是新政权面临的长期的根本性任务。第二，土邦林立与行政整合之间的矛盾。殖民统治时期，英国人奉行分而治之政策，将印度分为英属印度与土邦印度两部分，土邦保留了封建专制的王公政体，其经济社会发展较英属印度各省更加落后。独立后，绝大部分土邦都加入了印度自治领，如何在行政体制上实现土邦与原英属印度地区的整合，是新政府的一个迫切任务。第三，有限民主与政治民主化之间的矛盾。19 世纪中期后，在印度民族资产阶级和民族独立力量的争取下，英国人在印度进行了长期的政治改革，逐渐将英国式的议会民主制移植到印度。但这是一种很有限的民

① 林承节．印度独立后的政治经济社会发展史［M］．北京：昆仑出版社，2003：41 -44.

主，选民范围极其狭小，立法权和行政权仍由英国人控制。独立后，印度民族政权必须赋予广大民众真正的参政权利，建立起对人民负责的民主政治体制，促进政治民主化的发展。第四，分裂结构与社会整合之间的矛盾。宗教、种姓、阶级和基于地区种族－文化的分裂构成了印度多元的社会结构①。多元的社会结构将印度社会划分成无数个小集团，这些集团之间存在着相互冲突和分裂的倾向。历史上印度的宗教冲突长期存在，殖民统治者蓄意挑拨和利用印度教与伊斯兰教教派主义的矛盾，造成了印度的分裂，随之而起的大规模人口迁徙和流血冲突导致近60万人死亡，严重破坏了印度的经济社会秩序；低等种姓在政治、经济、社会权利方面处于弱势地位，高等种姓对于低等种姓的剥削和迫害造成了严重的社会不公；印度各种族聚居在不同地区，形成了各自独特的语言和文化，存在着地区主义的风险；印度长期存在着严重的男女不平等问题，女性处于弱势和受歧视的地位。这些都是影响印度社会稳定的不安定因素。印度独立后的经济建设和社会发展离不开稳定的社会环境，要求新政府加强社会整合，消弭宗教、种姓冲突和性别歧视。

面对独立后印度社会的主要矛盾，印度政府确定了追求民族整合、政治民主、经济发展和社会公正的多重价值目标。多重价值目标的实现离不开集中、有效的行政结构和行政体制的关键作用，决定了印度政府必须根据化解社会主要矛盾的要求，改造旧行政体制和官僚机构，通过必要的制度创新提高政府的治理能力。

2. 主权民主共和国的建立

1950年1月26日《印度宪法》正式生效，规定印度为主权的民主共和国②。政治体制方面，宪法规定总统为国家元首，但是虚位元首，享有名义上的最高立法、行政、司法和军事权力。实行联邦和邦的两级联邦制。联邦立法机关由总统、人民院和联邦院组成，其中人民院负责制定法律和修改宪法，控制和调整联邦政府的收入和支出，对联邦政府提出不信任案，并有权弹劾

① 陈金英. 社会结构与政党制度：印度独大型政党制度的演变［D］. 上海：复旦大学，2007.

② 1976年《印度宪法》第42修正案将此修订为“主权的、社会主义的、世俗的和民主的共和国”。

总统等，是主要的立法机构①。联邦的行政权力由总统及协助他的部长会议行使，但实际的最高行政机关是以总理为首的部长会议。联邦最高司法机关是最高法院，由印度首席法官一人及其他法官七人组成，但议会可以法律规定增加其他法官的人数，法官由总统委任，负责司法审查、执行议会法律、审判案件和裁决联邦与各邦的争议问题等。印度总检察长由总统任命，负责为印度政府提供法律咨询和建议，执行总统指定的法律事务，履行宪法和法律规定的监察权。实行成人普选权基础上的议会民主制和责任内阁制。联邦政府由人民院选举中获得多数席位的政党组成，由总统任命多数党领袖为总理，总理在总统的授权下组成部长会议。部长会议集体对人民院负责②。

印度宪法对公民的基本权利做了广泛的规定，主要包括法律面前人人平等，享有言论和表达、集会、结社、迁徙、在国内任何地方定居和居住、取得、保有与处理财政、自由选择职业的权利；禁止基于宗教、种族、种姓、性别、出生地的任何歧视；废除贱民制；公民受聘公职机会平等；宪法还特别规定 10 年内为表列种姓和表列部落保留一定的议会席位。基本权利体现了保护资产阶级私有财产权的原则，体现了自由、平等的原则。印度宪法还规定了国家政策的指导原则，不具有司法强制性质，但政府在制定法律和政策时有贯彻此原则的义务。主要包括国家应保障社会秩序以增进人民福利，以社会、经济与政治正义贯穿国民生活；缩小社会群体在收入、地位、设施和机会方面的不平等；经济制度的运行不应造成财富与生产资料的集中而损害公众利益；司法平等与免费给予法律帮助；工作权、受教育权和一定条件的享有公共补助的权利；组织农村潘查亚特，使之具有自治单位的功能。指导原则体现了公平正义的原则，指明了国家为实现社会公平应做的努力。

民主政治体制的建立、宪法对公民基本权利和国家政策指导原则的规定，要求印度政府在议会民主制的框架下对行政体制和官僚机构进行改革，发展民主价值，在中央集权的行政体制下进行适当的行政分权，扩大政治行政参与，维护民主体制的正常运转；促使官僚机构对人民负责，履行建设福利国

① 杨冬云．印度经济改革与发展的制度分析［D］．上海：华东师范大学，2005：12.

② 林承节．印度现代化的发展道路［M］．北京：北京大学出版社，2001：255.

家、进行更加广泛的社会管理和公共服务，以及增进社会公共利益的民主职责；确立维护社会公平正义的价值取向，并以此指导公共政策与行政改革。

3. 实行混合经济结构和计划经济体制

独立后印度逐步建立了混合经济结构和计划经济体制，保留了财产私有制，同时将基本的、主要的工业国有化。1948 年和 1956 年印度政府先后制定了两个《工业政策协议》，基本建立了混合经济结构的制度框架：公营成分与私营成分并存；公营经济占领国民经济的制高点，由国家控制重工业、基础工业、战略性工业和公益工业，其他重工业部门也主要由国家新建；为私营经济保留较大的领域，私营经济接受国家管理，在国家的指导下按照国家的计划目标充分发展。受苏联计划经济体制影响，1950 年 3 月印度建立了以总理为主席的国家计划委员会，在国家经济的计划发展中发挥关键作用，标志着印度计划经济原则的确立和落实。

经济基础决定上层建筑，经济制度的创新要求行政制度的相应变革。实行混合经济结构和经济的计划管理体制，客观上要求有一个强力的、中央集权的行政结构，对印度的经济发展和经济资源进行统一的安排与配置，承担经济计划、经济调节、基础设施建设、管理公营企业、举办公共事业等广泛责任，重工业优先发展的经济战略则进一步强化了对政府垄断资源配置权力的要求。这些都决定了印度必须对政府的职能、机构、人事进行调整和变革，建立起广泛的政府架构，扩大政府规模和行政范围，提高政府的经济社会管理能力。在这种经济结构和管理体制下，印度政府先后编制和实施了 3 个国民经济发展的五年计划，在此过程中根据印度经济社会的发展情况、面临的主要问题矛盾及政府公共管理的需要，对行政体制和官僚机构进行了适应性的调整和变革。

（二）行政改革的价值选择

1. 公平价值

尼赫鲁等国大党左翼奉行所谓的民主社会主义，即经济上不改变资本主义生产资料私有制，而只强调国家掌握主要的生产手段，不实行全面的国有化而是控制经济战略要点；政治上不主张用暴力推翻现有的社会制度，而是在民主框架下稳步前进，实行多党竞选的议会民主制；强调社会公平，主张提供充分的就业机会，实行社会福利政策，消除贫困，缩小贫富差距的所谓中间道路。核心思想是国家控制主要的生产资料及维护社会公平的思想。因此，在当时公平是印度政府指导思想的基本价值取向，也是印度政府行政改革的核心价值选择。

一般认为，根据罗尔斯“作为公平的正义”思想所确定的“平等自由原则”与“机会的公正平等原则和差别原则”，公共行政中的公平价值应包括机会公平与结果公平两个方面。机会公平是指社会为每个成员提供均等的生存、发展和享受机会；结果公平是指对满足人类生存、发展以及享受需要的物质生活资料的公平分配。当时印度行政改革的公平价值取向正是机会公平与结果公平的集合体。第一，坚持经济增长与社会公平并重，追求分配公平。早在独立之前，国大党左翼就提出，印度经济落后，大多数人口处于极端贫困之中，必须迅速发展经济，追赶世界潮流，同时必须确保经济发展不会导致财富越来越集中于少数人手中，相反应缩小贫富差距，使下层人民的生活得到改善。1948 年他们再次强调为了建立一个正义的社会制度，必须实现收入和财产的公平分配，防止工业化进展拉大贫富差距。为了实现社会公平，国家必须控制主要的生产资料和生产手段，使公营经济占据主导，并通过国家计划和政策调节缩小贫富差距。第二，建设福利国家，提供无差别的公共产品和服务。1955 年印度政府提出“我们全民的任务是要建立福利国家和社会主义的经济”，为广大人民提供基本的教育、医疗、社会保障等福利，不断改善人民的生活，并强调公共福利的获得不应由于宗教、种族、种姓、性别、出生地而有任何差别。第三，维护社会群体之间的公平，扶植弱势群体。印度低种姓尤其是表列部落、女性等群体长期处于被压迫、被歧视的弱势地位。印度政府提出要维护社会群体之间在机会、地位、收入等方面的公平，对于弱势群体应给予特别的扶植和优待，缩小他们与其他群体之间的差距。

2. 秩序价值

秩序是公共行政的基础性价值之一。因为秩序是人类社会存在和发展的基础，为人类的实践活动提供了稳定环境，人只有通过社会秩序及其规定的社会关系才能获得真实存在感和自我认同感，才能获得对他人（包括国家）行为的合理预期，而人的安全感正是在行为预期中产生的，而且人的价值的实现也要在秩序中进行，只有在可持续的秩序中才能形成对人的行动意义的评价标准，人的自我价值和社会价值才能得到实现和尊重，没有秩序人类将进入一种混沌无序的状态。虽然秩序如此重要，但并不意味着人们就会自觉地服从秩序、维护秩序，或者说秩序就能自发地形成并一直存在。政府的产生首先就是因为维护社会秩序的需要，人们总是把社会的秩序寄托在行使公共权力的政府身上，自然地，“秩序”就成为公共行政所要追求的价值，并且是作为其他行政价值的前提的基础性价值。

西方学术界对秩序进行了系统的研究，哈耶克将秩序分为两类：生成的秩序和人造的秩序，前者是自由主体之间互动过程中自发地、必然地产生的秩序，后者是指人为构建的秩序，是理性和逻辑的产物①。由于秉持自由主义理念，西方学者极度推崇生成的秩序。但实际上生成的秩序和人造的秩序并不存在泾渭分明的界线，它们所蕴含的自发性和人为性是社会秩序的两个方面，它们是有机统一的整体。人是社会关系的存在，由于自然资源和社会资源的稀缺性以及人们对利益的永恒追求，人与自然、人与社会、人与人之间必然会产生利益的竞争、矛盾和冲突。虽然人类社会存在一定的自发秩序，特别是市场机制的契约关系为人们提供了行为的标准，但是这种秩序是有限度的。当人们的冲突、对抗超出自发秩序所能承受的限度时，秩序便有可能被打破，导致社会的混乱和社会结构的瓦解，因此自发秩序的作用离不开人造秩序供给的支持。而社会群体之间的利益冲突和对抗远不是个人或一般组织的力量所能解决的，必须由掌握公共权力的政府来承担维护社会秩序的责任。公共行政所要建构和维护的秩序，从内容上看，包括经济、政治、社会、法律秩序等社会平行要素的协调，以及类与群体、群体与个体之间等宏观秩序和微观秩序的协调②；从手段上看，一种是通过国家机器的暴力潜能强制性地实现公共秩序，另一种是通过增强政权的合法性认同，民主地使社会成员

① 转引自芮国强，乔耀章．行政哲学基本问题：探索与对话［M］．长春：吉林人民出版社，2006：197 – 199.

② 谭九生．公共行政的哲学基础［M］．北京：中国社会科学出版社，2018：193 – 194.

更加自觉地服从政治秩序的安排；从过程上看，公共行政的秩序价值包括对现有秩序的维持或发展两个维度，是一个动态的过程。

秩序价值是这一时期印度政府行政改革的重要价值选择。政治秩序方面，通过兼并土邦实现国家的行政整合，建立民主的责任制政府增强新生政权的合法性，实行中央集权的联邦体制维护国家的统一，扩充文官机构、改革文官制度以维护政局稳定，按语言建邦协调中央和各邦的关系，并防范地方分离主义的潜在威胁；经济秩序方面，明确划分公营经济和私营经济的领域，实行中央统筹安排的计划控制，对经济活动进行广泛干预，使公营经济和私营经济的活动都在国家计划的安排下有序开展，以避免盲目无序的竞争，实现经济增长和社会公平的目标；社会秩序方面，坚持世俗化原则，通过立法和政策手段解决教派主义冲突和种姓冲突问题，建立社会福利制度，扶植弱势群体，改善下层人民的生活，协调不同社会阶层和群体之间的关系。

3. 民主价值

“民主”是一个古老的政治学概念。在古希腊，民主的概念来源于“公民大会”这个人民统治形式的直接民主实践，意为“人民的统治或权力”。到近代西欧的启蒙思想家们重新光大了古希腊的民主含义，认为民主就是人民的统治。洛克提出了社会契约论，证明政府是根据多数人的意志组成的，根据人民的同意来实现人民的统治。18 世纪卢梭把洛克的思想发展到极致，认为人民的同意是在共同意志的基础上形成的，从而提出了“人民主权”思想。在卢梭这里，民主是一种一致同意的直接民主，绝对多数是人民统治的原则。密尔、麦迪逊等继承和发扬了洛克、卢梭等的“古典民主理论”，提出“代议制政府”是实现人民统治的最好形式。到 19 世纪末 20 世纪初，代议制政府在实践中暴露出各种弊端，人们开始批判代议制，并重新审视“人民的权力”这一民主概念，反思“‘人民’是谁?”“什么是统治和权力?”“人民如何成为实际的权力行使者?”等问题。在此基础上，理论家们提出民主的核心不在于谁来统治，而是人民能够有效地控制统治者的权力的一种制度，“民主是制度和程序的民主理论”应运而生并流行起来。马克思主义民主理论在很大程度上继承了古典民主主义、特别是卢梭的人民主权思想，回答了应该由谁来统治的问题，揭示了民主的本质。马克思主义民主理论认为，第一，民主就是“人民主权”，其基本含义是“人民的权力”，在阶级社会中人民自然就是统治阶级，因此民主实际上就是一种阶级统治形式，那么实现民主的过程就必然需要“专政”的保障，即民主的实行要以暴力为后盾，但是统治阶级为了更好地实现统治，应该彰显的是民主而不是暴力；第二，民主是一种国家形式，即作为政体的“民主制”，民主制是要由人民掌握权力；第三，公民的平等和参政的权利是保障“人民的统治”的基本途径，但是为了保障“人民的统治”，又要使多数人的权力受到限制，而这需要通过健全民主制度和政治程序来实现，人民的统治和权力需要通过他们意志的代表来实现①。综上所述，在政治学意义上民主价值包含了人民主权、代表和实现人民意志、平等的政治参与等基本含义。民主行政理论将民主价值作为公共行政的核心价值，认为公共行政不应该只追求机械的效率，而是要对政府的服务对象——人民负责，代表和实现社会公共利益；维护社会公平，强调所有公民平等的政治和社会机会；提供公民和行政人员在公共事务中的广泛参与；增强社会责任感，回应社会需要，承担公共服务的道德和民事责任②。在民主价值取向的导引下，印度政府对继承的殖民地时期的行政体制和行政结构进行改造，初步建立了与民主政治体制相适应的行政体制和行政结构。

（三）行政改革的内容

1. 统一行政建制，实现行政体制的整合

土邦林立及由此造成的行政建制和行政体制的不统一，是印度独立初期面临的迫切问题。土邦是对英国殖民地时期印度保存的土著王公领地的总称。英国殖民统治时期，对印度领土上存在的约 562 个土邦采取不同的政策，部分土邦被直接并入英属印度，只保留名义上的君主制，由英属印度政府直接管辖；部分土邦接受英属印度政府的控制，但继续作为独立的封建专制政治实体，在立法、财政、税收、司法上有较大的主权，面积较大的土邦拥有自

① 杨光斌. 政治学导论（第三版）[M]. 北京：中国人民大学出版社，2007：335－343.

② 康特尼，马克·霍哲，张梦中. 新公共行政：寻求社会公平与民主价值 [J]. 中国行政管理，2001（2）：43－46.

己的邮政体系、货币、铁路，以及以地方语言为主的教育系统。1947 年 8 月 14 日和 8 月 15 日，根据英国议会制定的《印度独立法》，分别成立了巴基斯坦自治领和印度自治领，关于土邦的归属问题，该法案规定由土邦自由选择加入印度自治领或巴基斯坦自治领，或成为独立的国家。经过两年多的博弈、妥协和军事斗争，558 个土邦加入了印度自治领，查谟－克什米尔土邦由印度和巴基斯坦共同控制，基本解决了土邦的归属问题，实现了国家领土的统一。

由于土邦是拥有独立主权的政治实体，加入印度自治领后，与原英属印度联邦结构下的行省建制难以统一，而且土邦实行封建专制体制，与印度自治领其他行省的议会制政府体制也不统一，就造成了独立后印度行政体制的割裂。只有尽快铲除土邦制度，统一全国的行政建制和行政体制，才能保证中央政府行使集中有效的管理，扫除印度民主化、现代化发展的障碍。这项改革分三步完成①。第一步是进行土邦的合并，以打乱或取消土邦的建制。合并的结果是，保留迈索尔、海德巴拉和查谟－克什米尔 3 个特大土邦，各自成立立法会议和政府；278 个中等以下规模土邦组成 5 个土邦联盟，每个土邦联盟作为一个行政单位，建立立法会议和政府；216 个小土邦并入邻近省；61 个土邦归入中央直辖区，由中央派专员管理。第二步是取消所有土邦的制宪权，使全部土邦承诺接受正在制定中的印度统一宪法，但特别保留了查谟－克什米尔的制宪权。第三步是通过《印度宪法》取消土邦的行政建制和行政体制。1950 年 1 月 26 日《印度宪法》正式生效，规定印度实行联邦制，建立联邦和邦的两级政府体制，原印度行省、中央直辖区、3 个特大土邦、5 个土邦联盟都在原地域的基础上改为邦，统一成为印度联邦结构的行政单位，各邦在建立选举产生的立法会议和民主政府后，土邦原有的行政体制自动取消，最终实现全国行政建制的统一和行政体制的整合。这项改革极大地扩展了印度行政管理的范围，为中央集权的行政体制和经济社会的计划发展模式的运行奠定了基础。

---

① 林承节．印度独立后的政治经济社会发展史［M］．北京：昆仑出版社，2003：14－19．

1956 年印度政府根据各地区建立语言邦[1]的强烈要求，对邦一级的行政建制进行了一次大调整。1956 年印度人民院通过了《邦改组法》，规定从 1956 年 11 月 1 日起，全国按主要语言分布重新划为 14 个邦和 6 个直辖区。14 个邦分别为安德拉邦、比哈尔邦、孟买邦、阿萨姆邦、中央邦、喀拉拉邦、迈索尔邦、马德拉斯邦、旁遮普帮、奥里萨邦、北方邦、西孟加拉邦、拉贾斯坦邦和查谟 - 克什米尔邦。6 个直辖区为德里、曼尼普尔、喜马偕尔、特里普拉、安达曼 - 尼克巴岛和拉凯迪夫 - 米利考 - 阿敏迪夫群岛。各邦以该邦主要语言为官方语言。这次改革维护了国家的安定团结，有利于发挥地方的积极性，促进地区经济文化的发展，而且由于新邦与原土邦已没有任何关系，就附带彻底消除了土邦制的残余。印度政府为了防止按语言建邦可能造成的地方分裂主义抬头，在全印建立了北、东、中、西、南五个大区，每区包括几个邦。每区成立一个由各邦首席部长及一些负责官员组成的咨询性机构，讨论本地区经济、文化发展的问题，加强各邦之间的联系和协调。

2. 建立议会民主制的行政结构

1950 年《印度宪法》规定印度实行议会民主制，详细规定了联邦政府的行政结构。联邦设总统、副总统各一人，总统是印度的国家元首，任期 5 年，“联邦行政权属于总统”，但“部长会议辅佐总统提出建议……部长会议以总理为首，协助总理并向其提出建议，总统在行使其职权时根据部长会议的建议行事”，因此，总统的行政权力只是名义上的，以总理为首的部长会议实际掌握行政权力，是印度联邦政府实际上的最高行政机关。总理是印度的政府首脑，由总统任命人民院的多数党领袖担任，任期 5 年，其职责为向总统通报情况，将部长会议有关联邦事务管理与立法建议的一切决定通报总统；向总统提供有关联邦事务管理与立法建议；对于已由一阁员做出决定而未经部长会议讨论之任何事项，经总统提出要求后，提交部长会议讨论。总理拥有组织和领导联邦政府的权力，部长会议的全部成员都由总理提名，总统任命，

① 印度是一个多语种的国家，1961 年普查有 1549 种语言被列为母语，宪法承认的语言有 14 种。历史上不同语言的地区逐渐形成了不同的文化，形成了一定地区的凝聚力。英国殖民时期实行分而治之的政策，同一语言地区被分割得四分五裂。因此，早在民族运动期间各地区领导人就提出要按语言分布调整行政区划。印度独立后，这种要求愈演愈烈，成为国家稳定的威胁。

总理可以随时建议总统免去部长们的职务，甚至彻底改组政府，部长会议的一切重大决策都必须在总理的领导下进行。设有总理办公室作为总理的日常办事机构，是协助总理工作的秘书机构，实际工作中很多重要的决策都由这里做出。部长会议由总理和各部部长、国务部长、副部长组成，部长由总统根据总理建议任命，部长任职时间视总统意向而定，其人数由总理根据政府的工作而定。部长会议在总理的领导下以总统的名义行使行政权力，对人民院集体负责。部长通常负责财政、内政、外交、国防等联邦政府的关键部门，部长与国务部长、副部长的区别在于，部长不仅领导本部门的工作，还参与政府的各种活动，有时还会兼管几个部门，而国务部长、副部长则只负责本部门的工作。虽然部长会议是宪法规定的最高政府机关，但实际上部长会议很少召开，部长会议的职权更多是由范围更小的内阁行使。内阁由总理和各部长组成，国务部长和副部长不参加，设内阁秘书厅为日常办事机构，人数较少，负责重大问题的决策。内阁设有若干委员会，如政治委员会、经济委员会、人事任命委员会等，协助内阁研究和处理重大问题。在以上由印度宪法规定的行政机构之外，印度宪法还特设了一些具有行政职能的独立机构：选举委员会，主管一些立法机构和联邦、各邦所有新岗位的选举工作；财政委员会，负责中央政府和地方政府的收入分配；审计总长办公室，负责审计联邦和各邦的财务；表列种姓和表列种族委员会，负责处理有关表列种姓和表列种族事务，增进他们的教育和经济利益，保护他们免受不公正待遇。

印度政府在行政领导机关之下设置了众多的职能性部委，主管政府某一方面的工作。随着计划经济原则的确立，1950 年成立了国家计划委员会，由总理担任主席。作为政府的咨询机构，负责制定国家的发展计划和编制各个五年计划。虽然国家计划委员会只具有咨询性质，但由于委员会主席由总理兼任，由内阁重要成员参与，实际上在确定发展指标、发展重点、资源配置和评估执行等方面具有很大的权力，有“印度的经济内阁”之称。国家计划委员会的成立标志着计划经济体制的确立。与此同时，几乎所有中央政府的部委和机构都设立了计划小组，以协助制定各具体领域的计划项目和目标。由于国家计划委员会没有各邦的参与，1952 年根据计划委员会的建议成立了国家发展委员会，由总理任主席，由计划委员会成员和各邦首席部长组成，旨在加强中央与地方在计划制定和执行过程中的协调合作。

在各职能部门内部，部长是部门首脑，多数部门设有国务部长，有的还设有副部长，协助部长处理部门事务，某些情况下国务部长可单独领导一个部门，他们都属于政务官员，对内阁和议会负责，与内阁共进退。各部门日常工作由政府秘书负责，自政府秘书以下都是常任文官。部门内部的机构一般分为局、处、科、股等层级。各部门还通常设有一些直属机构和附属机构，由于实行混合经济体制，经济产业相关部门通常还下辖了联邦政府设立的公营企业。1952—1964 年，三届印度政府的主要职能部门（非全部）设置如表 3.1 所示。可以看出，除内务部、外交部、财政部等核心部门没有经历过调整外，联邦政府的机构设置经历了增设、更名、撤销、重组、拆分等形式的调整，这反映了印度政府根据印度经济社会发展和行政管理的需要不断进行改革的努力。典型的如 1956 年印度确定了优先发展重工业和基础工业的经济方针，第二届政府就相应地增设了钢铁和燃料部进行专门的管理。

表 3.1　1952—1964 年三届印度政府主要职能部门

届别	职能部门
第一届政府	外交部，教育、自然资源和科学研究部，财政部，国防部，劳工部，生产部，内务部，交通部，运输和铁道部，粮食和农业部，计划、灌溉、能源部，工商业部，法律和少数派事务部，工程、住房和供应部，卫生部
第二届政府	外交部，教育部，财政部，工商业部，劳工和就业部，工程和住房部，内务部，铁道部，交通运输部，粮食和农业部，灌溉和能源部，国防部，钢铁和燃料部
第三届政府	外交部，教育部，财政部，经济和国防合作部，交通运输部，计划、劳工、就业部，内务部，粮食和农业部，钢铁和重工业部

3. 实行中央集权的联邦制政府结构

第一，建立联邦和邦的两级政府体制。印度是一个多种族、多语言、多宗教、地域广泛的国家，独立初期各地区之间的发展很不平衡。印度领导人认为联邦制能够包容印度社会的多元性，有利于协调各地区之间的关系，发挥地方的积极性，维护新生国家的统一，加快国家建设。1950 年《印度宪法》规定印度实行联邦制，建立了联邦和邦的两级政府体制。此外，为了加强对地方和基层的管理，保证发展计划的有效执行，在邦政府之下设置了区（县）、乡、村等层级构成的地方政府组织。中央与地方之间的权力分配是联邦制的本质所在，中央与地方之间的权力关系是联邦制顺利运行和保持国家稳定的关键。印度独立后，印度领导人认为为了创造一种新的民族主义，防止国家的再次分裂，保证混合经济体制和计划经济体制的顺利推行，必须建立一个强力的中央政府。因此，印度宪法对各项权力在中央和地方之间的划分，联邦政府都高于邦政府，使印度的联邦制具有强烈的中央集权倾向。而且印度宪法规定印度实行统一的宪法、单一的国籍、单一的司法体系、统一的文官体系、中央在改变邦界时的决定权，这些单一制国家的特征使印度的联邦制成为“带有单一制色彩的联邦制”。

第二，联邦行政权高于各邦。这种强烈的中央化倾向在印度中央与地方的行政关系上有显著体现。印度宪法规定：“各邦行使行政权时，不得妨碍或影响联邦行使行政权，联邦行使行政权时应注意向各邦下达印度政府认为必要的指示。”联邦发布行政指示的项目包括：其一，紧急状态下各邦行政权的行使事宜，“联邦认为具有全国意义或军事意义的交通线的建设和维护问题”，“保护本邦境内铁路的措施”，增进邦“表列种姓”“表列部落”的福利，以及少数语种集团的教育。这决定了印度联邦行政权高于邦行政权，各邦的行政并不完全自主，邦行政权的行使受到联邦政府的制约和影响。其二，印度宪法规定联邦在某些情况下可向邦授受行政权，委托该邦政府及其官员对联邦行政权范围以内的事项行使职权，邦在某些情况下亦可向联邦委托行政权，委托联邦政府及其他官员就本邦行政权限范围内的事项行使职权。这表明联邦在行政事权的分配上处于主导地位，各邦不仅要管理邦权限范围内的事项，还必须根据联邦政府的要求行使额外的职责。其三，印度宪法规定各邦设邦长一名，作为各邦的名义元首，但邦长由总统直接委任，实际上是中央在各邦的代表，代表中央协调、监督各邦的议会和行政工作。其四，印度宪法规定了“总统治理”的条款，当总统认为邦政府存在违宪行为或已无法依照宪法继续工作，可由总统直接接管邦政府的全部或任何权力。其五，由于全印文官和中央警察部队由联邦招聘和管理，联邦还能通过他们在邦一级行使某些特定的职能。虽然宪法规定中央行政权高于各邦，但尼赫鲁具有很强的民主价值取向和包容意识，在他任总理期间中央和各邦的行政关系总体较为协调、稳定，联邦制两级政府体制获得巩固和发展。

第三，健全基层行政结构。印度宪法只规定了联邦和邦的两级政府体制，对于农村基层政权没作具体规定。但宪法在国家政策指导原则中则规定，各邦有义务采取措施组织农村潘查亚特①，作为地方自治单位发挥作用，使之担负起农村的行政机构职能。印度政府强调潘查亚特是农村的领导核心，对于促进基层民主、推动农村开发工作、分散邦的管理职责有重要意义。在中央政府的要求下，各邦开始指导农村地区建立健全潘查亚特体制。由于乡村发展计划执行不力，1959 年印度政府对潘查亚特制度进行改革，建立县、区、村三级结构的潘查亚特体制，使印度潘查亚特制度进入新的发展阶段。三级潘查亚特是自治组织，行使县以下基层政权在发展建设方面的职能，其中区潘查亚特最为重要，具有负责区一级计划和开发工作的行政权。1959—1962 年，各邦都按照这种模式和原则进行了改革，但潘查亚特体制的具体形式并不完全一致，避免了模式的僵化。三级潘查亚特体制的建立是印度行政体制的一次重要改革，一方面，在印度农村建立起了有代表性的地方民主结构，有利于激发农村群众参与建设发展的积极性；另一方面，县一级自治机构建立了邦和广大农村基层组织的连接纽带，弥补了邦以下行政结构的缺陷，使国家发展计划能够得到自上而下的贯彻②。

4. 扩充文官队伍，改革文官制度

英国人在长达近 200 年的殖民统治中，在印度逐渐建立起了一套现代化的文官制度和稳定的文官机构。印度独立时，为了保证自治领政权的正常运转，迅速稳定社会秩序，印度保留了英属印度的文官机构，几乎所有的文官包括英籍文官都被留任。但独立运动的领导人们清醒地认识到旧文官机构和文官制度存在很多弊端，无法适应独立印度的管理要求。一方面，旧文官机构服务于英国殖民统治，秉持精英主义，是凌驾于民众之上的特权阶层，且高级文官和专业性技术性强的文官多为英国人，不符合民主政治的要求，也

① 潘查亚特是印度农村长期存在的一种村民自治组织。

② 林承节. 印度独立后的政治经济社会发展史 [M]. 北京：昆仑出版社，2003：103-106.

不可能真正地为独立印度的发展服务；另一方面，旧文官机构的职能范围较小，主要是维护殖民统治、维持法律和秩序及税收，文官队伍规模偏小，且文官多由通才型的人才担任，专业性和技术性人才较少，官僚主义严重，因循守旧，无法胜任独立印度大规模经济社会建设、计划发展和内政外交的要求。因此，印度政府立即着手调整、扩充和改革文官机构与文官制度。

第一，更换和扩充文官队伍。由英国人继续担任独立政权的高级职位引起政治家和民众的普遍不满，因此，印度政府很快就开始推进文官逐步印度人化的进程。首先，更换了除外交部门以外的英籍文官，再逐渐更换外交部门的文官，到 1949 年留任的英籍文官仍有 743 人，20 世纪 50 年代中期实现文官的全面印度人化。同时，为了扩充文官队伍规模，1947 年开办印度行政官训练学校；1948 年开办印度警官训练学校和中央秘书人员训练学校；1957 年开办印度行政官学校，1959 年该学校与印度行政官训练学校合并为印度行政学院，专司文官后备人才培养，并为文官提供培训；1948 年建立“特别任用委员会”，在“公职委员会”举办的竞争考试选拔外，紧急选拔和提升了一大批具有高等学历、专业技术的年轻知识分子进入文官队伍；1950 年后在国家计划委员会的建议下，又在大学、金融部门和各大实业公司选拔了一批经济、科技、管理方面的专业人才担任高级文官。1956 年“一五”计划结束时，印度的各类文官已达 80 万人，新培养和选拔的文官逐渐代替了旧文官。

第二，调整文官结构。横向上，将“印度文官机构”（ICS）更名为“印度行政官机构”（IAS），保留“印度警察官机构”，并先后建立了印度外交官、印度经济官员等 20 多种专业性文官机构；纵向上，将文官结构分为全印文官、中央文官和邦文官三类。全印文官由联邦公职委员会统一选拔，通常担任联邦和各邦政府的重要职务。中央文官在联邦政府部门任职，分为科技性官员和非科技性官员两种。邦文官由各邦单独或联合招收、使用和管理，通常担任区一级的行政和税收官员。

第三，健全文官管理法规。1950 年《印度宪法》第 311 条款赋予文官宪法保护，规定不经调查和正当听证程序不得随意解雇文官。1951 年颁布《全印文官法》，随后制定了关于印度行政官和警察官考试、任用、提拔、奖惩、纪律、薪资年金等方面的条例和规则。1956 重新颁布《全印文官法》和关于全印文官的管理规定。一些邦政府也为邦文官制定了法规。1961 年制定“印度政府事务（分配）规程”和“印度政府事务（处理）规程”，以立法的形式明确印度政府各部门和各级文官之间的权责关系。

第四，稳定文官队伍。为了建立一支稳定有序的文官队伍，印度政府给予了文官很高的政治地位、优厚的经济待遇和福利政策，吸引了大批青年加入文官队伍。这个时期的文官制度改革，建立了一套基本适应独立印度行政管理要求的文官制度，保证了建国初期印度文官机构相对的廉洁、责任和有效，使五年计划和经济社会发展项目得以比较顺利地进行①。

5. 转变经济管理职能

独立之初印度自治领政府就制定了经济增长、社会公平和自力更生并重的经济发展总目标。为了实现这个目标，印度确定了以工业化为核心，实行混合经济结构、计划管理体制和进口替代战略的经济发展模式。从殖民地政权继承而来的官僚机构以维持社会稳定和税收为主要职能，缺少组织经济建设的能力和经验，印度政府根据经济发展的基本原则加强政府的经济管理职能，发挥中央政府在经济发展中的主导作用。

第一，建立混合经济结构。从自治领时期开始，印度政府的重要经济职能之一就是落实该共识，制定混合经济体制的政策框架。1948 年根据自治领政府的提议，制宪会议通过了《工业政策决议》。第一次划分了公私营经济的经营范围，明确规定国家要在工业发展中起主导作用，重工业和基础工业主要由国家经营；为私营经济留下广大领域，国家对私营经济予以控制，引导其在国家的计划目标下发展。1948 年的决议是印度实行混合经济体制的第一个里程碑。1956 年印度政府制定了《1956 年工业政策决议》，在 1948 年决议的基础上进一步明确了公私营经济的经营范围，总体原则是扩大公营经济经营范围、提高公营成分的比重，规定国家有责任在更大领域内建立新的工业企业和交通设施，促进工业的更快发展，所有基础工业、战略性工业、公益工业都必须由国家控制；私营经济在许可的范围内充分发展，但必须接受国

① 吴永年. 论印度特色的公务员制度［J］. 深圳大学学报（人文社会科学版），2008（5）：15-19.

家的管理，与国家计划目标保持一致。自此，印度政府确定了混合经济体制的政策框架，经过“二五”“三五”计划时期的建设，印度的公营经济比重不断提高，重工业和基础工业蓬勃发展，到20世纪60年代中期印度大体上建立起了混合经济的制度框架，确立了公营部门在国民经济中的制高点地位，奠定了20世纪90年代前印度经济的发展道路。

第二，编制和实施国民经济的五年计划。1950—1965年，印度政府先后编制和实施了3个五年计划，统筹规划印度经济的发展。“一五”计划并没有明确的指导思想，主要是为了解决当时紧迫的粮食、工业原料和消费品短缺问题，抑制通货膨胀，扩大就业，恢复经济，而采取的一些应急措施的综合。“二五”“三五”计划则是根据优先发展重工业和公营经济，使公营工业尽快占据国民经济制高点，实行进口替代方针的经济发展战略编制和实施的。对公营成分的投资大幅增加，其中重工业和基础工业投资增长最为迅速，新建了一批规模较大的重工业和基础工业公营企业。政府对农业、轻工业投资较少，主要由私营经济投资。3个五年计划取得了显著成绩，印度经济得到了较快的恢复和发展，重工业和基础工业迅速发展，基本上建立起了完整的工业体系。然而，农业和轻工业由于投资较少而发展缓慢，粮食仍然需要进口，消费品生产不足，失业问题也未得到解决，民众的生活水平没有明显改善。

第三，计划和市场机制并存，广泛干预经济。由于维护社会公平需要发挥政府的资源配置作用，印度政府将基本经济职能定位于对经济实行直接的管制。实行经济的计划管理体制是国大党在独立前就确定的原则，但由于印度实行的是公、私营并存的混合经济结构，因而印度的计划经济不是无所不包的全盘计划，而是在计划经济框架下保留了一个有限的市场经济，市场机制仍有广泛的作用空间。政府采取指令性计划、指导性计划、市场调节及国家干预等多种方式对公私营经济进行管理①。对于公营部门，国家计划是指令性的，公营企业隶属于有关政府部门，直接受政府的领导。对于私营部门，国家计划则是指导性的，政府在行政控制之下通过价格、利率、税率、汇率

① 文富德. 论印度的经济计划与市场调节相结合［J］. 南亚研究，2006（1）：32－38.

等市场机制对其进行调节。对于个体农业经济和个人消费，印度政府也都是通过计划和市场调节相结合的方式进行管理。为了贯彻进口替代方针，政府对外资投资的领域、规模和程序进行了严格限制，将商品分为禁止进口品、限制进口品和由政府部门经营的进口品三类，实行严格的进口限制政策和进口许可证制度。总之，政府通过发布行政命令、决议、规定、指示等方式，并通过对公私营经济的控制、许可证控制、进出口审批、外汇供应控制、价格控制和信贷控制等行政手段实施广泛的经济干预，确保国家计划得以贯彻执行①。

6. 加强社会服务职能

独立后印度政府确立了建设福利国家、增加就业、消除贫困、缩小贫富差距、维护社会公平正义的社会发展目标。根据这个目标，印度政府加强了社会管理和公共服务职能，着力进行社会建设，促进社会发展。

第一，开展土地改革和乡村建设②。经过长期的殖民统治，印度独立时农业凋敝不堪，粮食生产处于停滞状态，农民生活极端贫困，农村发展十分落后。针对这种情况，政府制定了增加农业产量，增加就业机会，转移剩余劳动力，缩小农村地区的收入差距，促进农村政治、经济和社会生活的综合发展的农业农村发展目标。为了实现这个目标，政府主要从土地改革、发展生产和服务型合作社、实施乡村发展计划三个方面着手推动发展。土地改革以制度改革战略为核心，通过废除中间人地主制度、规范租佃制和实行土地最高限额制，消除地主阶级对佃农的剥削，为小农和边际农分配土地；政府计划通过土地改革使农民获得土地所有权后，组织生产合作社，把分散的土地资源其中起来，发挥规模效应。但是这种设想被国大党右翼、各邦执政者和地主富农认为会破坏土地私有制，而一般农民土地资源较少，因而这项改革没有得到实际的推进。信贷和销售合作社受到的阻力较小，情况相对较好。1952 年在美国的援助下，印度政府开始自上而下地实施一项乡村发展计划，包括实现充分就业、普及科学知识、培训技术人员、举办公益事业、建立福

① 杨文武. 印度经济发展模式研究［M］. 北京：时事出版社，2013：222.

② 林承节. 印度独立后的政治经济社会发展史［M］. 北京：昆仑出版社，2003：92 - 106.

利设施、推广合作运动等，旨在配合土改发展农业生产，加强乡村建设，向农村传播科学知识和文明，改变农村贫穷落后的面貌。从最终的结果来看，政府的农村发展职能效果并不理想，没有显著改善印度农村和农民的生活状况。

第二，扶助女性和弱势群体。历史上印度的女性、表列种姓和表列部落长期处于被压迫、被歧视的弱势地位，为了加强社会公正，印度政府积极地以立法和其他援助手段改善这些群体的地位和境遇，推行“社会革命”。改善女性地位主要是通过多项立法，废除印度教教规对女性的歧视和压迫进行的。印度教人口占印度人口的大多数，因而要改善印度妇女的地位就要从解决印度教内的女性歧视和压迫着手。为此，1949 年自治领政府制定了《印度教徒婚姻确认法》，取消婚姻的种姓限制；1954—1961 年政府又先后制定了《特别婚姻法》《印度教徒婚姻法》《印度教未成年人监护法》《印度教徒收养法》《印度教徒继承法》《禁止妆奁法》[①]，这些法规共同构成了印度教个人法法典，较为彻底地废除了印度教内压迫妇女的规定。此外，政府还积极鼓励女童入学，通过改善女性的教育状况根本性地提高女性的地位。20 世纪 50 年代开始有较多女童接受了初等和中等教育。表列种姓和表列部落处于印度农村的最下层，是印度最贫困落后的群体，1951 年约占印度总人口的 20%。印度宪法废除了贱民制，并对改变表列种姓和表列部落的地位作了各种规定。按照宪法规定，第一届大选后政府为他们在政府部门保留了一定比例的公职，并规定公营企业和学校的奖学金名额也为他们做一定比例的保留，3 个五年计划都安排了专款和专项计划，用以改善这两个群体的经济状况。针对歧视和迫害表列种姓的问题，1955 年政府颁布了《不可接触制（犯罪）法》，明确规定对表列种姓的任何歧视都是犯罪行为，并大力进行宣传教育。表列部落群体多居住于山区和森林地带，经济文化落后，联邦政府为他们制定了众多扶植政策，鼓励部落民众参与发展，担任公职，在部落地区发展教育，使部落民众的状况得到改善。

---

① 这些法典规定了印度教的结婚年龄；禁止童婚，允许离婚，禁止一夫多妻；规定父亲为未成年子女第一监护人，母亲为第二监护人，但对 5 岁以下幼儿有优先权；规定丈夫收养子女需妻子同意；规定男女在财产继承方面权力平等。

第三，加强基本公共服务供给职能。秉持福利国家理念，印度政府利用有限的财政资源加强教育、医疗卫生、社会保障等公共服务的供给。这个时期，教育支出占国内生产总值的比重连年增加，3 个五年计划中都有发展教育的内容，先后成立多个委员会对高等教育、中等教育及整个教育体制进行调研，解决教育发展中存在的问题。此外，政府通过政策指令、专项经费、非正规教育等手段加大了对落后地区、表列种姓、女童等群体的教育发展的扶持力度①。该阶段虽然没有实现教育体制的根本性改革，但各级学校数量和入学人数大幅增长，女性受教育情况也显著改善。医疗卫生方面，根据印度宪法“全民免费医疗”的规定，印度政府基本建立起了一套公共医疗卫生系统。1951 年发起“社区发展规划”，兴建了大量公共医疗基础设施；在农村地区建立了由保健站、初级卫生中心和社区卫生中心组成的三级医疗服务网络，服务水平虽然不高，但为农村人口提供了最基本的医疗保障；在城镇地区建立了由城镇家庭福利中心、卫生站、医院（地区医院、全国性医院和医学院）三级医疗机构体系。政府还积极扶持印度传统医学，鼓励使用草药，大幅降低了医疗费用②。社会保障方面，政府建立了公务员养老金制度，制定了一系列退休、工伤、医疗方面的社会保险法案，如 1948 年通过《雇员国家保险法》，是亚洲第一个医疗保险计划，涵盖医疗、工伤、失业保障项目的综合性计划，也为死亡工人提供抚恤金、殓葬费。1952 年颁布《雇员公积金和综合福利法》，建立了雇员公积金计划等，奠定了印度社会保障制度的基础③。

二、1966—1984 年的行政改革

1966—1984 年，经济上，印度坚持混合经济体制和计划体制，一度实施更加激进的经济政策，但后期调整了经济战略和政策，开启了印度经济改革的序幕；政治上，领导人独断专权，作风强势，为维护本人和国大党的执政地位进行了长期的政治斗争，但始终能坚持议会民主制和民主选举制度，政

① 张媛，任翠英. 为了更加公平的教育——由印度的基础教育改革历程着眼［J］. 外国教育研究，2008，35（5）：33－37.

② 许建芹. 综论印度社会保障制度［J］. 社会保障研究，2011（2）：167－189.

③ 高静. 印度社会保障的政治理念及设计路径［J］. 南亚研究，2014（4）：139－153.

治方面的考虑对领导人的很多决策有决定性影响；社会发展上，政府将维护社会公平作为指导思想，寻求改善农村和下层民众的生活，推动了印度社会的发展进步。这些构成了该阶段印度政府价值选择与行政改革的主要影响因素。

（一）行政改革的影响因素

1. *左右翼矛盾加深与国大党垄断地位被打破*

复杂的政治形势和政治斗争深刻影响了主要领导人的价值取向和经济政治决策，进而影响了行政体制和行政管理的变革。

第一，国大党内部权力斗争白热化。当时国大党内部形成了一个试图控制中央权力的地方实力派集团——辛迪加派。辛迪加派先后推举夏斯特里和英迪拉·甘地担任总理，主要是考虑他们资历较浅，缺乏经验，便于操控。但是英迪拉·甘地具有坚强的政治决心，不愿意被控制，领导党内左翼与辛迪加派和党内右翼进行了激烈的权力斗争。她将权力斗争上升为发展方向和道路的分歧，实行更加激进的以社会公平为导向的政策，以获取广大党员和下层群众的支持，增强了与辛迪加派斗争的政治资本。1969 年印度总统选举，英迪拉·甘地推选的候选人获胜，激化了双方的矛盾，最终导致国大党分裂为英迪拉·甘地领导的国大党（执政派）与辛迪加派领导的国大党（组织派）。党内权力斗争以国大党的分裂而结束，英迪拉·甘地确立了自己在党内的中心地位，使她能够从容地实施预定的激进化政策，也造成了她的集权主义倾向，这些都影响了印度之后的行政改革。

第二，国内左、右翼矛盾加深。由于经济发展缓慢，广大下层群众的生活水平急剧下降，对国大党政府的不满增多，国内右翼政党对此加以利用，对群众的影响力日益增强，与此同时国大党内的左、右翼分野也日益加深。国内右翼政党和党内右翼对优先发展重工业和使公营经济在国民经济中占主导地位的方针发起攻击。出于维护路线和巩固执政权的考虑，印度政府坚决抵制右翼势力的压力，强化工业化政策，甚至走向极端，只要是对经济政策的不同意见和质疑都被视作对路线的反对，即使是正确的改革建议也统统被拒绝，这对政府经济职能的转变产生重要影响。

第三，国大党一党独大的地位被打破。1967 年第四届人民院选举和邦立法院选举，国大党虽然获得胜利，但遭遇重大挫折，在人民院的席位数减少了 20%，只在全国 17 个邦中的 9 个邦掌权，国大党一党独大、垄断全国邦政权的局面从此不复存在。虽然说这是印度经济、社会、文化发展导致的政党多元化、地方政治势力发展的必然趋势，也是国大党经济政策长期难以有效改善人民生活水平的结果，但作为国大党政府领袖的英迪拉·甘地对此十分不满，竭力维护国大党和她本人的执政地位。她认为重新赢得人民的信任和支持，关键是要实行以社会公平为导向的激进政策，尽快改善下层人民的生活。1971 年第五届大选，由于激进化政策深入人心，以及印巴战争的胜利，国大党（执政派）在人民院和各邦都大获全胜，这更加坚定了她实行激进化政策的决心，也助长了她的自信、独裁和对各邦政府的强硬姿态。但是，激进化政策放大了工业化过程中的问题，很快就出现了严重的财政危机和经济危机，这影响到了政治形势，反对党在全国各地组织反对英迪拉·甘地的政治运动。她拒绝辞职，并于 1975 年 6 月宣布实行紧急状态，这严重破坏了印度的民主政治，也导致她失去了人民的支持。1977 年第六届大选人民党获胜，国大党自印度独立以来首次丢失了在联邦的执政权，这促使她开始反思发展战略和政策。1980 年第七届大选获胜后，她开始调整经济政策。总之，争取、维护国大党和她本人的执政权是她各方面工作的核心考量，选举的成功或失败直接影响了她个人的作风和经济政治决策，间接地影响了行政体制的改革。

2. 经济增长缓慢和严重的财政经济危机

20 世纪 50—70 年代，印度长期优先发展重工业，对轻工业和农业投入严重不足，而且印度公营企业效率低下，民主政治体制下计划管理体制难以发挥应有效用，导致印度经济整体增长缓慢，年均 3.5% 的增长率被称为“印度教徒式的增长率”，以重工业为主的经济结构使民众的收入水平提高滞缓。尤其严重的是，“二五”“三五”期间印度的农业生产仅增长 14%，粮食供应不足引致饥荒频发，贫苦农民和下层人民难以解决温饱问题，生活水平长期得不到改善。面对这样的经济状况，印度政府实施了 3 个年度的调整计划（1966—1969 年），主要是紧缩工业部门投资，增加农业和灌溉工程投资，重点解决农业滞后的问题。1969 年开始实施“四五”计划，计划前两年农业大幅度增产，带动了工业增长。但 1972 年印度遭受严重旱灾，粮食产量下降，数百万人陷入半饥饿状态。当时粮食价格上涨，带动物价全面上涨和市场萎缩，小企业、小商店、手工业者大量破产倒闭，出现了失业浪潮。印巴战争导致财政负担迅速增加，政府压缩计划投资、滥发纸币引起通货膨胀，出现了严重的经费短缺。实行激进化的经济政策，一大批企业被国有化，不仅没有使其经营得到改善，反而出现产量的下降。1973 年经济形势骤然恶化，出现了严重的财政危机和经济危机，导致“四五”计划的很多指标都未完成，有两个年度人均收入出现了负增长。恶劣的经济状况影响了政治形势。广大下层人民对激进化政策和“消除贫困”的口号抱有极大的期望，但政策执行的结果不是贫困的消除，而是生活境遇依旧难以改善，甚至更加困难。广大下层人民对此十分失望和不满，政府逐渐失去民心，最终导致了英迪拉·甘地在第六届大选时的失败。1980 年英迪拉·甘地重新当选后，她才真正开始反思长期以来的发展模式和经济政策，并进行了一系列的调整。经济增长缓慢、广大贫苦农民和下层民众的生活难以改善，以及严重的财政危机和经济危机与复杂的政治形势相交织，促使她在维护社会公平与促进经济增长之间进行选择和平衡，直接影响了政府经济职能和社会职能的重心及其调整，国有化政策的实施、公营企业的大量增加则造成印度政府规模的膨胀。

（二）行政改革的价值选择

1. 公平优先，兼顾效率

公平价值取向包括机会公平和分配公平两个方面。1977 年国大党在第六届人民院选举中失败，国大党受挫的原因主要是“二五”“三五”计划的执行出现问题，使占人口大部分的下层民众长期无法解决温饱问题，失业问题加重，社会两极分化加剧，而政府没有采取有效措施实现公平分配的目标，导致下层民众提高生活水平、公平分配的期望落空，对政府失望不满进而转投其他政党。1967 年大选胜利后，英迪拉·甘地更加强调必须将社会公平摆在更加突出的位置，采取激进化的政策措施缩小贫富差距，缓解广大下层民众对国大党的失望情绪。在她看来，如果下层民众没有从经济发展政策中得到实实在在的好处，就不可能重新赢得民心，此后为了维护国大党的群众基础，维护社会公平日益成为她的主要考虑，后期甚至超过了对经济发展的考虑。1971 年大选她打出“消灭贫困”的口号，极大地收获了民心。此次大选英迪拉·甘地大获全胜，她决定利用大好的政治形势进一步实施以社会公平为取向的激进化政策，此时在她看来，维护社会公平、缩小贫富差距、改善下层人民的生活是最重要的，经济增长的效率则完全不用考虑。为此，政府实行了一系列以再分配为导向的改革。1977 年选举的失败，她开始反思自己的指导思想和价值选择。1980 年再次胜选后，她逐渐回归到经济增长与社会公平并重的原则上来。

公平优先、兼顾效率的价值取向对印度政府的行政改革有重要影响。经济职能方面，继续实行混合经济结构和计划管理体制，实行国有化措施，进一步扩大公营成分比例，加强对私营经济和外资的管制；社会职能方面，建设福利国家，提高公共事业发展水平，实施农业绿色革命，扶植弱势群体，加强扶贫措施，努力满足国民在食品、住房、教育和健康方面的最低限度的需要；组织机构方面，随着激进化政策的实施，印度政府的职能范围不断扩大，相应地造成了政府规模的扩张。

2. 专制主义倾向

所谓专制，与独裁同义，是一种由单独的个人不受限制地掌握绝对权力的政体，而专制主义则是为专制政体辩护的理论。当然，印度独立后实行的是议会民主制的共和政体，这里所称的专制主义价值取向中的“专制”不表达政体的含义，而仅指统治者在决策和行使权力时具有的随意性和专断性特征。英迪拉·甘地的专制主义倾向表现为乐于争夺和控制政治权力，将自己置于党组织和政府之上，独断专权，这破坏了议会民主制和联邦制的稳定。这种价值取向最早形成于她与辛迪加派的权力斗争中，她认为自己不具备老一代领导人的权威，只有依靠个人的强势和积极斗争才能巩固自己和国大党的执政地位。作为一个缺乏政治经验和资历的领导人，她不愿意自己的执政受到其他势力的干扰和掣肘，也不准备与别人分享权力，于是实行了激进化政策，巧妙地将权力斗争上升为发展路线之争，成功推举本派别的人选担任总统。在党内左翼的支持下，坚决抵制辛迪加派和右翼的攻击，并不惜以分裂国大党为代价确立自己在党内的领袖地位。国大党分裂后，国大党（执政派）实际上成了她的拥护者的组织。这段经历使她更加坚信为了防止地位和权威再次受到损害必须集中权力，之后她逐渐控制内阁、国大党主席、国大党工作委员会、议会局和中央委员会等关键机构，并撤换了在与辛迪加派斗争中立场不坚定的邦领导人。1971—1972年的人民院选举和邦立法院选举，国大党（执政派）在中央和各邦都获得了重大胜利，加上不久之后第三次印巴战争的胜利和巴基斯坦的肢解，她在印度获得了史无前例的权力，这使她错误地认为是她个人为国大党带来了这一切，没有她就不会有这样的胜利。自此她越来越倾向于专制独裁，将党组织视为她个人的附属物，随意破坏党的组织原则和规章制度，滥用总理职权和中央权力，插手邦的事务，部长和首席部长都由她直接任命，所有重大决策都由她自行决定，基本不听取不同的意见，随时撤换违背她意愿的部长，而忠诚于她、取悦于她的人则获得重任。这败坏了党和政府的组织风气，造成了严重的腐败，导致国大党和政府逐渐脱离人民群众。1975年，当反对她的浪潮难以控制时，她仍然拒绝下台，并实施了长达2年4个月的紧急状态，以威权主义的方式维持自己的执政地位，暂停政党活动和宪法规定的公民权利，严重威胁了印度的议会民主制度。1977年丢失政权后她不仅没有吸取经验教训，个人独裁的倾向反而更加严重，为了维护专制权力再次分裂了国大党。专制主义的倾向对印度行政改革产生了严重的负面影响，破坏了印度行政体制的制度化、法制化传统，加剧了印度行政机构的腐败和非道德化。

（三）行政改革的内容

“二五”“三五”计划虽然取得了显著成就，但总体而言计划执行的效率偏低、效果较差，不少预定的指标未能完成。政治家们认为缺乏有效的行政机构是计划执行不佳的主要原因，开始将行政机构视为印度经济社会发展的阻碍。实际上这是由印度行政体制的特点决定的。20世纪60年代，阿尔巴比等西方学者在考察印度的行政体制后指出，印度的行政体制深受殖民时期行政传统的影响，行政机构严重的官僚主义倾向和经验取向与发展取向的计划目标不符，无法高效地执行发展计划，影响了计划项目实施的速度；秉持政治中立的原则妨碍了文官机构落实对人民群众承诺的发展目标，缺乏执行发展计划的责任意识；发展计划的制定和执行具有较强的专业性和技术性，而文官机构通才主义的传统决定了专业人才在政府中的等级较低，导致政府对复杂发展项目和公营企业的管理比较业余、效益偏低。夏斯特里继任总理后于 1966 年成立了行政改革委员会，负责全面诊断印度的行政体制并提出改革建议。但由于夏斯特里突然去世，这项工作也就无疾而终了。1966 年英迪拉·甘地继任总理，但她忙于政治斗争和处理经济危机而无暇顾及行政改革。1971 年当行政改革委员会的工作结束时，印度正面临第三次印巴战争，不久之后又陷入国家紧急状态的混乱局面。因此，虽然行政改革委员会先后提出了 581 条行政改革建议，但没有产生什么影响，也没有任何建议被政府接受①。该阶段的印度政府基本上没有自觉主动地对行政体制实施任何显著的改革。但英迪拉·甘地的一些行为活动客观上起到了行政改革的效果，总结这些活动也可以一窥这个时期印度行政体制的变化情况。

1. 强化经济性管制职能

在政府的经济职能方面，继续实行混合经济结构和计划管理体制，出于政治斗争的需要实施社会公平导向的激进化经济政策，推行国有化措施，进一步扩大公营经济成分，加强对私营经济和外资的管制以获取下层民众的支持。

1967 年大选受挫后，印度政府实行了初步的激进化政策。为缩小贫富差距，1967 年 5 月，国大党工作委员会提出了“10 点计划”，包括对银行实行社会控制，遏制垄断和经济权力的集中，国营公司逐步接管私营进出口贸易等措施。颁布《关于经济政策的决议书》，再次强调实行激进化政策的迫切性，进一步提出对大银行实行国有化，禁止大企业进入为小企业保留的消费品工业领域等意见。1969 年 7 月，政府宣布对全国 14 家最大的私人银行实行

① Kuldeep Mathur, Navdeep Mathur. Assessing Administrative Reform in India [J]. Chinese Political Science Review, 2017, 2 (1): 40-55.

国有化。1969 年 12 月国大党（执政派）通过《关于经济政策的决议》，提出进一步发展公营经济在工业领域的成分，主要农产品由国营批发贸易，停止向王公支付年金等措施。根据这个决议，议会通过了《垄断和限制性贸易行为法》，限制大财团的经济活动，防止经济权力过于集中，遏制垄断和寡头势力。1970 年 4 月议会通过法令取消经理行制度，进一步打击寡头垄断势力①。

1971 年大选的重大胜利激励政府进一步实施更加激进化的经济政策。政府先后对普通保险业、煤炭业、印度钢铁公司、铜矿和耐溶金属矿业、棉纺织业实施了国有化改造。1974 年 4 月，政府开始实行小麦批发贸易国营，由国家粮食公司负责经营。在国有化浪潮后，印度政府开始加强对外资的控制，1973 年颁布了《外汇管理法》，规定外资在印度办企业必须与印度人合营，其所持股份一般不得超过 40%，外资必须转让技术，并允许印方作横向转让，一切合作项目都必须包括培养印度技术人员的条款②。

这些激进化经济政策主要是出于政治原因。只考虑扩大公营成分，使公营经济占领制高点，对经济效应则较少考虑，其中有些改革是必要的、合理的，而更多的措施则是片面的，甚至是违反经济发展规律的，如接管病态企业、强化经济管制等，最终造成了严重的财政危机和经济危机。1974 年小麦批发贸易国营的终止标志着激进化政策时期的结束，英迪拉·甘地本人和国大党最终也因此而下台。1980 年重新执政后，她吸取了错误经济政策的教训，形成了效率优先、兼顾公平的价值取向，对经济体制、战略和政策进行调整，不再强调公营经济的制高点地位，放松对私营经济的管制，放宽进出口贸易限制，开启了印度经济改革的序幕。

2. 加强对官僚机构的控制

对于政治和行政的关系，英迪拉·甘地提出她需要的是“一个能干事的政府”和“服从的官僚（机构）”，1969 年国大党（执政派）公开宣称政治中立的文官机构无法实现发展计划的目标，之后她无限制地强化了总理个人

① 林承节. 印度独立后的政治经济社会发展史 [M]. 北京：昆仑出版社，2003：331 - 334.

② 林承节. 印度独立后的政治经济社会发展史 [M]. 北京：昆仑出版社，2003：363 - 374.

的作用，希望以此加强对官僚机构的控制，打破高级官僚的支配地位，提高政府的领导能力。

第一，调整行政决策机制。根据印度宪法的规定，总理领导下的部长会议是印度的最高行政机构，但部长会议不经常召开，以总理为首的内阁会议是事实上的最高行政决策机构。尼赫鲁倾向于与内阁成员协商共识、民主决策，执政期间在内阁设置了众多的常设委员会和专门委员会，常设委员会由总理任主席，由内阁部长组成，专门委员会则针对专门问题临时设置。建立内阁委员会的目的是加强内阁分工，各委员会专门就某领域的问题进行研究，有利于迅速、科学的决策。委员会的决策结果有的需要提交内阁会议审议，有的则不需要再审议。实际上形成了行政的内阁制和内阁委员制，重大事项提交内阁及内阁委员会讨论、决策成为不成文的规定。而此时印度政府的决策权高度集中于总理，1971 年大选后总理开始在内阁中支配一切，所有重要决策都由总理个人作出，基本不与内阁部长们商议，内阁成员只是附和总理的旨意。这一时期印度的内阁制几乎成为总统制，总理仅仅将政务官员视为政策执行的工具，通过文官机构执行政治行政决策。总理更多地依靠总理秘书处向她提供建议。成立政治事务委员会，就内政、外交、国防方面的重大事务进行协调，该委员会在决策上的重要性仅次于总理本人。还建立了经济政策委员会，负责指导经济政策。

第二，控制高级官员的任免。印度宪法规定了联邦和邦的组织原则，部长、邦长、邦首席部长和高级政府官员的选拔、产生、任免都有一套稳定的制度和机制。但该阶段这些制度和机制被打破，高级官员甚至部长和首席部长的任免完全由总理本人决定，国大党控制的各邦，其邦长和首席部长也由总理指定或认可，违反总理意愿的官员随时被撤换，一切以是否顺从总理为标准。这种做法违背了印度宪法和国大党的组织原则，因而没有产生制度化的结果，但从这时开始，根据政治领导人的要求调整高级文官，以及高级文官的政治化成为印度政治的传统。

第三，去行政制度化。由于领导人独断专权和任人唯亲，尤其是实行紧急状态的做法，使印度国家的政治制度和国家机构的自主的、专业的标准和程序受到严重侵蚀，印度官僚机构长期以来形成的制度化、法治化的传统被破坏，逐渐发展为一种强制性的行政管理模式。这是印度官僚机构腐败、不道德、非制度化的开端，官僚机构成了失控的和不负责任的权力中心，之后历届政府的行政改革都不得不着重解决这个问题。

3. 强化公平导向的社会职能

国大党以维护社会公平和“消灭贫困”为旗帜争取广大贫苦农民和下层民众的支持，走上了民粹主义的道路，并以此为指导加强了以公平为导向的社会职能。

第一，高度重视农村和农业发展问题。政府采取调整措施，紧缩工业部门投资，重点解决农业滞后问题，实施绿色革命，以引进、培育和推广高产良种为核心，同时加大水利工程、化肥、农药、农业机械等的投入，提高农业生产率，提高农作物的单位面积产量。政府首先在旁遮普邦、哈里亚纳邦和北方邦西部地区等灌溉条件较好的地区开展试点，试点地区的粮食生产率和产量显著提高。之后，政府推动绿色革命向东部地区和干旱地区扩展，这些原来农业生产发展落后的地区，粮食增长也有很大起色。除了加强农业技术投入，政府还深化了土地制度改革，以期将更多的剩余土地分配给无地和少地的农民。1972 年 7 月政府制定了实行土地持有最高限额立法的指导纲要，随后各邦根据纲要修改了原先的最高限额法，普遍降低了限额标准，征收和分配剩余土地工作有了新的进展。同时，针对驱逐佃农、收回土地自耕的浪潮，政府要求各邦认真进行租佃改革，修改或制定新的租佃法，保障佃农利益。由于政府重视和加大投资，印度终于改变了农业滞后的局面，解决了长期存在的缺粮问题。

第二，实施再分配性的扶贫措施。政府认为印度农民和城市下层人民的贫困问题已经十分迫切，只有采取直接有效的消除贫困的措施才能解决问题。为了发展农业经济，政府加强了农村金融建设，为农民信贷提供便利。为了减少农村贫困，政府实施了众多开发性的再分配项目，为贫苦农民创造就业机会，改善他们的生活环境。“六五”计划确定的扶贫目标是把处在贫困线以下的人口比重降到 30%，为此政府实施了农村综合发展计划、全国农村就业计划和最低需要计划。虽然没有兑现消除贫困的承诺，但政府的扶贫工作确实取得了显著的成绩，“六五”计划结束时，印度的贫困人口比例已从

48.3%降至 35.0%。

第三，大力扶助弱势群体。在政治、经济、社会地位上扶助弱势群体是印度宪法规定的指导原则，也是彰显社会公平、获取下层人民支持的必然选择。这个时期的印度政府坚持世俗化方针，为扶助表列种姓和表列部落、提高女性地位做了很多努力。政府继续为表列种姓和表列部落保留公职和议会席位。加大投入解决表列种姓和表列部落的贫困问题，在各种扶贫计划中向表列种姓倾斜，帮助表列种姓组织合作社，开展针对表列种姓的扶贫项目。在改善妇女地位方面，政府大力发展教育事业，提高女性的文化水平。1968 年政府制定了《国家教育政策》，这是独立后印度第一个教育方面的纲领性文件，针对独立以来教育发展存在的问题，对教育体制、结构、内容、学制等方面做了原则规定。该时期印度各级教育的入学率有较大提高，尤其是高等教育获得较大发展，印度的高级技术人才数量已跃居世界第三位。更多的女性接受了初等和高等教育，女性知识分子开始活跃于科研、教学等各个工作领域，经济社会地位大大提高。

4. 加强中央对地方的干预

独立后印度宪法规定了一个强中央化倾向的联邦体制，中央在立法、行政、财政权力关系上都高于地方。中央集权的计划经济体制加剧了这种关系，中央在制定发展计划、配置资源等经济发展权力方面居于主导地位，邦依附于中央，缺少经济社会发展的自主权。20 世纪 60 年代，印度的经济社会发展进入正常轨道，邦政府承担的事务日益增多，他们要求中央下放权限，加强地方自治，获得更多的发展自主权和财政经济资源。同一时期，由于地方经济社会的发展，地方政党逐渐兴起，他们以地方利益的代表自居，与中央进行斗争，要求同中央分享权力。从理论上来说，加强地方权力，改变中央权力过分压制邦权力的局面是当时印度经济社会发展的大势所趋，中央政府应采取灵活和妥协的态度回应邦的正当合理要求，并顺势作出调整。然而，领导人专制主义的倾向驱使中央政府无限加强对地方的控制，大量干涉地方事务，压制地方的正当合理要求，希望以此加强国家整合，维护国大党和个人的执政地位。

印度宪法明确划分了联邦与邦的权力范围，但该阶段中央政府滥用联邦权力，侵害地方的自主权。由于这个时期印度大部分邦都处于国大党的掌控之下，总理随意干预邦事务，破坏宪法关于联邦体制的分权规定。对于由本党掌控的邦，其邦长、首席部长的任免都由总理直接决定而不经过法定程序，首席部长一旦违背了总理的意愿就随时会被撤换。对于非本党掌控的邦则区别对待，如减少财政拨款，拖延批准邦议会通过的法案等，甚至滥用总统治理解散议会占多数席位的邦政府或解散邦议会重新选举等方式推翻邦政权，极力包揽所有的邦政权。印度宪法中规定了“总统治理”条款，规定当各邦出现严重社会动乱和政府危机时，总统可解散该邦政府，接管邦政权。这对于维护国家统一和政局稳定具有重要作用，但领导人滥用总理权力，将这个条款作为推翻邦政权的工具，严重破坏了中央和地方之间的平衡关系。她还通过滥用邦长职权来控制地方，宪法规定邦长由总统根据总理的提名任命，邦长既是邦的首脑，也是联邦的代表，既要维护邦的利益也要代表中央监督各邦。但她将邦长变成了贯彻个人旨意的工具，所有邦长都必须服从她个人，代表她监督和控制邦政权，甚至要配合她颠覆邦政权。此外，中央政府还滥用中央向邦派驻武装力量的权力，寻找借口向地方派驻武装力量以控制地方。中央政府试图以这些极端化的措施来促进国家整合和巩固政权，却破坏了中央和邦的政治行政平衡，将中央对地方的控制推向极点，激化了中央和地方的矛盾。此后的几届政府对此进行调整，使印度中央与邦的关系逐渐走向协调和平衡。

5. 扩大组织和人员规模

官僚制行政结构下，行政组织的机构和人员规模一般会随着行政职能的增加而扩张。这一时期印度政府对经济社会事务的管制进一步扩大和强化，造成政府职能大量增加，政府不断进行机构和人事调整，扩大了联邦政府的机构和人员规模。印度政府不仅大量兴办新企业，从 1969 年开始还大规模地对私营银行业、保险业、部分工业及纺织业等行业实施国有化改造。1951 年时属于联邦政府的公营企业只有 5 家，资本总额仅为 2.9 亿卢比，1966 年属于联邦政府的公营企业有 85 家，资本总额为 390.2 亿，至 1984 年属于联邦政府的公营企业已达到 214 家，资本总额达到 3541.1 亿卢比。公营企业不仅垄断了印度的铁路、航空、海运、邮电、军工、石油、电力、保险等国民经济的重要部门，而且在钢铁、化工、机械、食品等工业部门也占据主导地位，1987 年在公营部门就业的职工人数已占全印度有组织部门就业职工总数的 67%[①]。公营企业实行行政化的管理体制，高级管理人员均由政府任命，主要负责执行计划和上级指示，根据政府的指令进行管理，是印度公共部门的重要组成部分。公营企业的快速发展表明印度国家对经济社会活动的干预范围不断扩大，又由于这个时期印度人口迅速增长、工业化和城市化加快发展，反映在政府的机构设置上就是主管经济社会事务的职能部门不断增多，如旅游和民航部、新闻广播部、石油化工和肥料部等。此外随着现代科学技术的发展，政府增设了一些科学技术管理部门，如原子能部、航天部、电子部。1952 年第一届联邦政府只有 21 个职能部门，到 1980 年第七届政府时已设有 31 个职能部门和 4 个委员会。伴随行政机构扩张的是联邦政府行政人员的迅速增加，1981 年印度中央政府的职工总数为 300 多万人，其中包括了 150 万铁路职工。中央政府的职工总数中，股级和助理官员以上的官员只占 3%，办事员和勤杂人员等雇员占到了 97%[②]。同时，政府职能增加和机构扩张又带来各类行政规制的泛滥和行政程序的烦琐化，横向部门之间的协调更加困难，纵向机构之间的等级越来越森严。这些变化带来了机构臃肿、人浮于事、效率低下等负效应。

三、1984—1989 年的行政改革

1984 年 10 月 31 日，英迪拉·甘地的长子拉吉夫·甘地就任总理，他对当时印度严峻的形势有较为清醒的认识，对印度落后的经济、腐败的政治、低效的行政深感不满，决心进行改革。拉吉夫·甘地富有改革精神，直面现实问题，对印度的经济体制、国大党组织建设、行政体制等诸多方面进行了改革，为印度 20 世纪 90 年代的进一步改革和高速发展奠定了基础。

① 黄子都，陈峰君．印度政府机构设置与行政官制度（二）［J］．南亚研究，1985（3）：71－85．

② 黄子都，陈峰君．印度政府机构设置与行政官制度（二）［J］．南亚研究，1985（3）：71－85．

（一）行政改革的影响因素

1. 经济好转但体制性问题未解决

1980年印度政府开始实行增长取向的经济政策调整。经济政策调整主要通过“六五”计划进行，不再强调公营经济的制高点地位和优先发展公营重工业，首次承认公营部门效益低下的问题，要求在现有生产能力的基础上进行技术和设备更新，提高生产效益。更加重视私营经济的作用，放松对私营经济的限制和管制，鼓励竞争和技术更新。扩大进出口规模，加强技术引进，鼓励出口创汇。农业方面继续扩大绿色革命的范围，扩大水利灌溉设施，提高粮食产量。“六五”计划的执行结果总体较为突出，国民收入年增长率达到5.4%，人均收入年增长率为3.2%，较之前有新的提高，国家经济状况得到改善。经济政策调整迈出了印度经济改革的第一步，但改革主要是应急性的调整，根深蒂固的经济理念和复杂的政治因素限制了英迪拉·甘地的改革力度。很多深层次的体制性问题远未解决，半管制性的经济体制基本未受触动，对私营经济和外资的管制仍然过多；公营企业的效益没有多少提高，多数企业仍处于亏损状态，依靠国家财政维持；仍然将自力更生等同于自给自足，继续对进出口实行严格的控制；经济增长速度较亚洲其他国家仍然缓慢。但无论如何，印度经济改革的历程已经启动，在当时的时代环境下这个历程是不可逆转的，之后的政府必须将经济改革作为核心任务，推动印度经济的跨越式发展。新政府必须接过深化经济改革的重任。拉吉夫·甘地具有开阔的国际视野，了解什么是先进理念、先进制度和先进水平，对印度经济体制和发展模式存在的问题有比较深刻的认识，促使印度政府更加重视效率问题，将经济增长摆在第一位，继续推进经济体制改革，并根据经济改革和经济发展的要求实施行政改革。

2. 政治形势得到稳定但面临挑战

1984年10月31日英迪拉·甘地遇刺身亡，执政党国大党（英）需要立即选出新的总理人选。国大党的中央议会局认为维护国大党的团结稳定，赢得即将到来的人民院选举是当前的首要任务，他们决定推举拉吉夫·甘地为总理候选人。英迪拉·甘地遇刺身亡当日下午，拉吉夫·甘地在宰尔·辛格总统的主持下宣誓就职总理，11 月 2 日又被选为国大党（英）的议会党团领袖。拉吉夫·甘地上台后面临的第一个考验是英迪拉·甘地遇刺当晚德里及附近地区爆发的针对锡克人的报复活动。拉吉夫·甘地就任后立即着手平息骚乱，要求军方随时准备派遣军队，命令英迪拉·甘地逝世后来到德里的各邦领导赶回本邦稳定局势。他联合其他政党领导人发表宣言，公开谴责宗教狂热分子，呼吁各教派人民团结一致完成英迪拉·甘地未竟的事业。他出动军队在多个城市实行戒严，撤换行动不力的政府官员，指示军警加强对局势的控制，亲自视察骚乱地区，要求做好受难群众的抚恤工作。在新政府的果断应对下，终于在几天内稳定了局势。拉吉夫·甘地在此次事件中的表现，打消了很多人对他的顾虑和不信任，受到民众的欢迎。印度第八届人民院选举，拉吉夫·甘地高举英迪拉·甘地的旗帜，强调维护国家团结安定，以“廉洁先生”的形象进行宣传造势。人民群众把对英迪拉·甘地的尊重和同情化为对拉吉夫·甘地的支持，希望这位年轻有为的政治新星能够带领国家保持统一安定，加快经济发展，改善下层民众的生活。大选的结果也不意外，国大党（英）取得了人民院 78.59% 的席位，这是国大党历次选举中的最好成绩[①]。

但是稳定的局面下也暗藏诸多挑战。虽然国大党（英）取得了选举的绝对胜利，但一些反对党的快速成长引人瞩目，如安德拉邦的泰卢固之乡党作为一个地方性政党，成立不到 3 年就取得了 30 个席位，成为人民院中最大的反对党。国大党（英）必须加强自身建设，警惕这些党派的挑战。国大党先后两次发生分裂，组织制度和纪律原则形同虚设，党内腐败成风，基层组织严重失去活力和战斗力，已经到了不得不加以整顿的程度。与此同时印度政府的腐败已深入肌理，设租寻租、以权谋私、贪污受贿等问题普遍存在。腐败的政府必然是低效的政府，印度政府效率低下、管理方式落后，已经成为印度经济社会发展的阻碍。大选获胜使政治局势得到稳定，拉吉夫·甘地的

① 林承节. 印度近二十年的发展历程——从拉吉夫·甘地执政到曼莫汉·辛格政府的建立[M]. 北京：北京大学出版社，2012：1-6.

执政地位也得以巩固，印度政治存在的这些问题要求他必须利用稳定的局势迅速实施政治和行政改革。

3. 领导人的改革决心

拉吉夫·甘地1944年8月出生于印度孟买，由于没有经历过民族独立斗争，较少受到历史和传统的影响。但他的外祖父和母亲长期担任总理，长期与他们生活在一起又使他不可避免地形成了浓厚的国家民族意识。1960年拉吉夫·甘地前往英国留学，先是在伦敦皇家学院学习2年，后转入剑桥三一学院学习机械工程，并开始学习飞行技术。这时他开始对飞行产生了极大的兴趣，决定以此为将来的职业。在英国的学习经历极大地开阔了他的视野，培养了他自由开放的思想与对科学技术的崇尚之情。1965年拉吉夫·甘地回国，考入飞行俱乐部接受系统正规的飞行训练，1968年正式担任印度航空国内航线飞行员，并于1972年升为机长。长期的科技教育和飞行经历加深了他对科学技术的热爱，使他立志以飞行员为终身事业。1980年贾桑伊·甘地[①]坠机身亡，英迪拉·甘地立即决定将拉吉夫·甘地召回身边培养。1981年6月他当选为人民院议员，英迪拉·甘地安排他代表自己从事各种政治活动，让他能够快速地熟悉政务和人事，积累政治经验。1983年他被任命为国大党（英）五位总书记之一，负责党务工作。1984年10月英迪拉·甘地遇刺身亡，总统和国大党领导人们遵从英迪拉·甘地遗愿，推举他担任总理，11月他又被国大党（英）工作委员会选为党主席，拉吉夫·甘地就这样带有偶然性地接过了重担。

拉吉夫·甘地是一位技术主义者，年轻富有朝气，思想开放，富有现代化意识，对世界科技和经济发展潮流比较熟悉，而且受印度政治文化和政治传统的束缚较少，也很少受到他母亲强硬作风的影响，这使他能够更加务实，可以比较客观地认识印度政治、经济、社会发展存在的问题，为印度政坛带来一股强劲活力。他十分不满国大党内和政府内贪污成风、吏治腐败的问题，立志要加强党组织建设和打击腐败；他痛感印度在经济现代化的进程中已经落伍，不仅远远落后于西方国家，与周边的亚洲国家相比其发展速度也较缓

① 贾桑伊·甘地是英迪拉·甘地的次子，长期被作为政治接班人培养。

慢，他决心通过经济政策的调整加快经济发展。拉吉夫·甘地还对印度政府的低效、人浮于事、不负责任深感不满，强调政府要有效率，官员和公务人员要负起责任。他崇尚科学技术，锐意进取，提出要用现代技术将印度带进21 世纪，强调要以先进的科学技术推动经济的跨越式发展，独特的技术背景使他富有改革精神，形成了他推行政治经济改革的信念。

（二）行政改革的价值选择

1. 效率优先兼顾公平

效率作为公共行政的基础性价值，始终是公共行政的不懈追求。正是因为行政管理实践效率低下才产生了公共行政学，公共行政学从诞生之日起就负有提高行政效率的重任。效率价值之所以如此重要，一方面是因为人的需求的无限性和资源的稀缺性之间的矛盾。人的需求是多元的，人们为了满足需求必然要消耗各种资源，但物质资源是有限的，相对于人口的不断增长，物质资源是稀缺的。公共行政的作用就在于利用自己的公共权威地位，整合全社会力量，挖掘和运用可支配的资源，寻求合理配置资源、减少资源浪费以提高效率的最佳生产方式，满足人们日益增长的多元需求。另一方面是因为行政效率指向人的需求的满足、个人生活质量的提高和社会的发展进步，体现了公共行政的公共性本质和伦理道德底蕴，进而影响着政府的合法性地位，现代政府必须不断追求行政效率的提高以满足个人和社会的发展需求，维护自身的合法性①。根据效率价值的起源，公共行政的效率一般体现为组织取向和结果取向两个方面，前者是组织效率，后者是管理效率。组织效率强调政府组织自身的效率问题，是政府组织通过内部管理和内部资源配置而实现的效率，即通过人、财、物等资源的合理配置实现更少投入更多产出的目的。管理效率注重公共行政活动的外部结果，以公共行政活动对个人生活质量、人类社会发展能力的改善程度为核心内容。两种取向的效率相辅相成，组织效率为政府提供更高质量的公共产品和服务创造了可能性，没有组织效

① 芮国强，乔耀章．行政哲学基本问题：探索与对话［M］．长春：吉林人民出版社，2006：197－207.

率，人的生存和发展所需的物质资料就难以得到保障；管理效率为组织效率提供价值依归，没有人的生活质量的提高和人类社会的发展，组织效率就会失去其工具性价值和提升的意义。

组织效率方面，领导人深知印度行政系统机构臃肿、人浮于事、贪污腐败、效率低下等问题，认为建立一个强大繁荣的印度必须首先建立一个“干事和有效率的政府”。这种价值取向促使政府做了很多提高行政效率的努力，优化组织结构，简化办事程序，任用专业人才和管理人才，引进信息技术推行办公自动化，一定程度上提高了行政系统的运作效率。在管理效率方面，领导人主要关注经济增长的效率，着力转变政府的经济管理职能，调整经济政策，推动经济快速发展，认为只有将经济增长摆在首位，提高生产力水平，增加社会财富，才能有足够的财力实现社会公平，但在增长的过程中也要兼顾公平，因为这是维护社会稳定和经济改革秩序的保障。

2. 廉政价值

廉政是指从事公共政务和事务的主体在行使公共权力的过程中奉公守法、清明廉洁、勤俭节约的政治行为和政治现象①。一般而言，廉政具有三层含义：一是国家公务人员要树立正确的权力观，敬畏权力、管好权力、慎用权力，不得以公权力谋取私利；二是国家公务人员要廉洁自律，奉公守法，勤俭节约，保持良好的道德品质；三是国家机关和公务人员要坚决反对贪污腐败行为，坚决消灭贪污腐败、以权谋私等现象。因此，廉政价值取向就是国家公务人员廉洁从政，依法行使公共权力，反对贪污腐败、以权谋私行为，廉洁为民办事的价值取向。

印度的腐败问题在印度独立早期就已经屡见不鲜，国大党内不少成员争权夺利，追求高官厚禄，利用权力谋取各种利益。半管制性的经济体制下，政府官员权力集中，很多官员利用权力进行权钱交易、以权谋私等活动。尽管印度领导人强调官员要廉洁自律、奉公守法，但由于防止腐败的法制和机构建设不健全，也由于国大党疏于组织建设，腐败的趋势有增无减。到 20 世纪 70 年代，印度的腐败问题进入爆发期。政府实行激进化的经济政策，强化

① 田志闻．当代中国廉政文化建设研究［D］．大连：大连理工大学，2012：32 - 36.

政府对经济活动的控制，使政府的主导性作用进一步加强。政府制定何种政策、如何分配社会资源，直接影响到社会各阶层、各集团的利益，这导致印度政治腐败的土壤更加深厚，各级官员以政府权力“寻租”的现象普遍存在，以权钱交易为核心的腐败问题不断加剧。印度实行选举政治，政党或个人要想赢得多数选票，离不开大量资金的支持。一般来说，为政党提供选票和竞选经费的是政党的外围组织，这些组织具有独立性，有自身的利益诉求，通过为政党提供政治资金使政党在赢得选举后能够代表和实现自己的利益，而候选人当选后也不遗余力地提供各种回报。领导人任人唯亲，选拔官员不是以实绩为依据，而是看其是否顺从自己，甚至因为政治需要而庇护腐败官员。这种用人导向导致各级官员对上阿谀奉承，对民众漠不关心，造成吏治腐败、权力滥用盛行。这一时期国大党遭受两次分裂，导致党的组织系统残缺不全，党的纪律形同虚设，一批政治投机分子趁机进入党内，结果是国大党干部和政府官员肆意妄为，政坛贪污受贿成风。

拉吉夫·甘地进入印度政坛的时间短，受印度政治腐败风气的影响较小，对国大党和政府的腐败深感不满。他认识到腐败的政府必然是低效的政府，要想实现印度经济的快速发展，就必须整治印度政府严重的腐败问题。他强调官员和公务人员要遵守纪律，认真为民办事，决心要整顿国大党、打击腐败、肃清吏治，实施了一系列加强反腐败法制建设的改革举措，其本人因此获得了“廉洁先生”的美誉。

3. 崇尚科学技术

拉吉夫·甘地自幼对机械技术兴趣浓厚，在英国学习机械工程的经历加深了他对科学技术的热爱。他目睹了西方国家日新月异的科技发展，也清楚地认识到科技进步对提高发达国家生产力水平有至关重要的作用。这些使他形成了崇尚科学技术的价值取向，担任总理后这种价值取向深刻地影响了他的经济理念和发展政策。他将科技发展与实现印度的现代化紧密联系起来，强调印度要实现现代化必须全面引进新技术。思考“如何促进经济增长”的问题时，崇尚科学技术的价值取向促使他将发展和应用新科技作为第一选择。他认为印度经济要想追赶世界先进水平，必须以提高生产率为着力点，把引进、研究、应用和发展新科技摆在首要地位。当时世界的科技发展速度十分迅速，印度的科技发展不能按部就班，而是要发挥后发效应，瞄准世界科技前沿，引进和利用先进成果，实现跨越式发展。要做到这点，就要敏锐地把握世界经济发展趋势和科技发展状况，根据印度的实际情况大力引进和应用新科技，优先发展一些最具潜力的高科技产业，形成对经济全局的拉动效应。

他认为政府必须在发展先进科技促进经济增长的过程中发挥关键作用。政府要围绕使高科技成为经济发展的推动力的要求，实行经济体制变革，破除经济体制对高科技发展的束缚。而引进、发展高科技对人力、资金和技术设备的要求较高，无论是公营企业还是私营企业都难以负担这个任务，政府在鼓励企业加强科技研发的同时，应承担起科技引进、研发、开发、转化的主要责任。他强调要优先开展应用性研究，将技术研发转化为经济产业。在发展高科技产业方面，他最寄予厚望的是信息技术产业，认为信息技术不仅可以作为一个产业，还能够带动其他产业的信息化和现代化，为此他提出了“用信息技术将印度带进21 世纪”的愿景。他将计算机和软件产业确定为印度发展高科技产业的一个支柱产业，制定了发展计算机和软件产业的长远战略和促进政策，使该产业获得了蓬勃发展，在世界市场占有了一席之地。除了主张将高科技应用于经济发展，他也非常重视科学技术对提高行政管理效率的作用，大力引进计算机技术，推广办公自动化，奠定了印度电子政务发展的基础。

（三）行政改革的内容

1. 转变经济管理职能

政府进一步调整经济战略和经济政策，将已经开启的增长取向的经济改革推向深入，放松政府对微观经济活动的干预，提高公私营经济效益，扩大进出口规模，努力实现经济的快速增长和现代化①。

第一，扩大私营经济经营领域，放松对私营经济的管制。1985 年政府取

① 林承节. 印度近二十年的发展历程——从拉吉夫·甘地执政到曼莫汉·辛格政府的建立[M]. 北京：北京大学出版社，2012：24－31.

消了公营经济对电信、发电、石油开采等27种高投资、高技术部门的垄断，允许私人参与投资经营。对私营经济管制的放宽主要通过改革工业许可证制度进行。1985年宣布特种钢、电力设备等25种工业的新建、扩建免除许可证。对一批工业采取大归类办法，规定任何企业只要申请到某类工业品种的一种产品的生产许可证，就可以生产该类工业品中的其他产品，而无须申请许可证。政府还将可免除许可证的小型工业的资产上限由100万卢比提高到350万卢比，辅助性小型企业的资产上限由150万卢比上调到450万卢比，使更多的中小型企业享受免除申请许可证的优惠。1988年政府进一步规定除27种工业外其他所有工业都免于申请许可证。1985年将受《垄断和限制性贸易法》管束的大企业资产下限由2亿卢比提高到10亿卢比，使受管束的大企业减少了1/3，放宽了对大企业的管制。政府还根据某些工业的特殊需要制定了一些单项激励政策。

第二，放宽进出口限制，大力引进外资和外国先进技术。1985年政府规定201种严格限制进口的资本品可按公开许可证进口，资本品的进口税率从105%降低到45%，免除计算机、电子工业设备、化肥等进口元部件的进口税。制定三年期的进出口政策，逐步扩大自由进口商品的范围。为鼓励出口，政府对面向出口的企业，在许可证适应、税收、进口设备、外汇提留上都给予优惠。1985年政府开放了电子、计算机、汽车、港口建设等多个部门，鼓励外资进入，简化外资投资审批手续，降低合资企业税率，特别鼓励外资投资高科技部门和落后地区。1984年政府发表关于技术进步的白皮书，强调要大力引进国外最新技术。

第三，改革公营企业，提高公营企业效益。鉴于左翼对改革公营企业的意见较大，政府将改革的目标聚焦于提高公营企业的效益。改革公营企业管理体制，扭转过度行政化的现象，规定除财政部官员外，政府官员不得再兼任公营企业董事长或董事，聘请专业人才担任企业负责人，任期延长至5年。扩大企业自主权，实行企业负责人与政府签订谅解备忘录制度，规定了企业的权益和企业负责人的职责和义务。政府不再为病态企业兜底，而是对病态企业实行改造，1985年议会专门为此出台了《工业企业病态（特别条例）法》，对病态企业进行了界定。1987年联邦政府建立工业和金融复兴局，负责帮助病态企业通过改善管理、改组、合并、转让、出租等方式以求振兴，对无法救助的企业实行关闭。

第四，大力发展高科技产业。政府高度重视科学技术对经济发展的重要作用，主张直接引进对经济发展影响最大的世界前沿科技，建立高科技产业部门，促成高科技产业的超常规增长，形成对全局经济增长的拉动效应。1984 年联邦政府成立了科学技术部，承担高科技引进、研究、开发、转化工作的管理职能。政府确定的高科技产业部门有信息技术、生物技术、核电、石油开发等，其中信息技术产业尤其受到重视，在政府的推动之下信息技术产业很快发展为印度的国民经济支柱产业。

2. 优化组织结构，改进管理方式

深化经济改革、加快经济发展需要以行政管理效率的提高为保障。领导人认为，印度政府的效率过低，机构臃肿、程序僵化、办事拖沓、设备陈旧、反应缓慢，已经无法适应日新月异的经济发展形势的要求。领导人为政府确定了“目标明确，讲究效率，注重效果，以实绩论赏罚”的工作准则，着眼于行政管理效率的提高，从组织结构和管理方式两个方面进行调整。

第一，优化联邦政府组织机构。机构是行政管理活动的载体，经济社会的发展要求政府承担新职能、解决新问题，为此就需要对组织机构实施相应的优化改组。政府对联邦政府机构进行了较大幅度的调整，包括职能部门的增设、撤销、合并、拆分、重组等。① 新增职能部门或在原职能部门增加新职能。为了解决印度广大农村地区的食品和饮用水问题，政府新成立了食品加工部、水资源管理部和项目执行部。新设工业和金融复兴局，为病态公营企业的改组提供指导帮助。为了提高国防科技自主研发能力，在国防部下增设了研发局专司国防科技研发职能。② 合并部分机构。为大力发展教育，培养大量科技人才，充分发挥印度人力资源的优势，1985 年政府将原教育、青年、文化、体育、妇女等部门合并，组成了人力资源发展部。③ 撤销职能重叠的机构。为推动科学技术的发展，政府成立了专门的科学技术部，为避免职能重叠撤销了科学和工业部。④ 拆分、重组部分机构。政府对一些日益重要的部门进行了拆分和重组。为了加快电信事业发展，将电信业务从政府的邮政和电报职能中剥离，成立了专门的电讯部。为加强环境环保，拆分了原农业部，增设了专门的环境和森林管理部。

第二，恢复内阁决策机制。前任政府弱化了内阁集体决策机制，所有重大事项都由总理本人在总理秘书处的协助下做出决定，再到内阁通过。内阁秘书处承担了总理顾问的职能，逐渐掌握了实权成为政府的中枢机构。政府恢复了内阁决策机制，使总理秘书处恢复秘书功能，以提高决策的科学性、民主性。

第三，任用专业人才，转变工作作风。领导人对联邦政府高级官员能力不足、官僚作风、不求实绩的问题十分不满。政府以政绩为主要依据，大量启用具有真才实学、锐意进取的专业人士和管理人才担任政府部长、副部长和其他领导岗位，而不是看重政治经验，替换了一些重要职能部门的领导人。政府还频繁地改组内阁，撤换不称职的部长，使部长们不得不兢兢业业、小心行事。

第四，推广办公自动化。领导人要求政府简化办事程序，破除烦琐的环节，提高办事效率。为简化行政流程，政府强制性地在联邦政府内推广办公自动化，要求各机构和单位使用计算机办公，建立数据系统，加强对各部部长的培训力度，领导人还亲自通过网络系统监督各部部长的工作。在高层的督促下联邦政府机关出现了注重效率的新风气。

3. 承担更加广泛的社会职能

随着印度经济社会的发展，民众的物质需求和精神需求日益增长，促使政府承担起更加广泛的社会职能。

第一，大力发展教育事业。领导人为印度制定了以科技进步推动经济发展的战略，而科技进步需要依靠教育培养出大量的科技人才，因而教育是发展的基础和前提，必须大力发展教育事业，开发印度丰富的人力资源。政府以科技与教育紧密结合的思路，大幅度增加教育投资，并于 1986 年出台了新的全国教育政策，作为新时期教育改革的纲领性文件。新政策规定在全国实行统一的“10 +2 +3”学制。“10”为小学 5 年，初中 3 年，高中 2 年；“2”为中等职业教育或预科教育 2 年；“3”为高等教育 3 年。新政策重视发展农村教育，规定在中等教育体系的基础上，在每个县新建一所重点中学，配备高质量教师和设备，为农村最优秀的学生提供优质教育。鉴于经济建设需要大量技术人员和技术工人，新政策强调发展职业教育，提出要在各级学校增加劳动技能课程，使各级教学毕业生都能较快地适应就业要求。1988 年 12 月政府又制定了一项推广职业中学的计划。新政策的一个特色是重视女性教育，规定了学生中女生的最低比例，还提出了增加女教师、发展女子技术学校、加强年轻妇女的扫盲等措施。新计划特别强调加强基础教育，发起了“黑板行动”计划，包括提供免费午餐，保证校舍、教学设备和器材的供给等内容。此外，政府还要求尽快推广计算机等现代化教学手段①。

第二，开展大规模的扶贫工作。与之前的扶贫措施不同，政府将现代科技作为扶贫手段，制定了六项“技术使命”工程的规划和安排，包括建立电视和广播接收网，用视听节目帮助开展扫盲运动；利用卫星遥感和地质勘探技术探测水源，为农村地区提供安全饮用水；广泛宣传卫生知识，加强妇幼保健等。政府的另一项重大扶贫措施是实施贾瓦拉哈尔就业计划，目标是为每个农村贫困家庭的至少 1 名成员提供每年 50 ~ 100 个工作日，所需经费由联邦政府承担 80%，邦政府承担 20%，是印度独立以来规模最大、覆盖面最广、所需经费最多的扶贫计划。

第三，加强环境保护。由于数十年的工农业发展和人口增长，印度的环境问题逐渐显露。政府开始重视环境保护，增设环境和森林管理部专司环境保护职能。议会制定了《环境保护法》，对环境保护的各个方面作出规定。

4. 缓和央地关系，加强基层民主

在中央与地方关系的处理上，前任政府滥用中央权力和总理权力，压制地方的正当合理要求，破坏了联邦制的分权原则，导致中央与地方关系扭曲、矛盾激化。中央政府决心纠正错误政策，缓和中央与地方的关系。在最严重的旁遮普邦和阿萨姆邦问题上，中央政府改变了强硬态度，反对使用武力手段解决问题，主动采取谈判和妥协政策，接受了两个邦的某些要求，承诺给予他们一定的优惠条件，分别与阿卡利党温和派和阿萨姆人民联盟达成了解

---

① 林承节. 印度近二十年的发展历程——从拉吉夫·甘地执政到曼莫汉·辛格政府的建立[M]. 北京：北京大学出版社，2012：37－39.

决问题的协议。联邦政府的努力使旁遮普问题朝向解决推进了一大步，持续了 5 年的阿萨姆动乱终于结束。

领导人认为旁遮普邦和阿萨姆邦的动乱问题只是多年来印度中央与地方政府扭曲关系的极端化表现，这些动乱问题的深层原因在于国大党（英）和人民党政府为了党派利益所实行的中央强权政策。中央随意干预邦事务，通过倒戈[①]等不正当手段颠覆邦政权，压制邦的合理要求，违反了民主原则和宪法规定，破坏了中央和地方的正常关系。为了实现中央和地方关系的正常化，中央政府主动摒弃了这些错误政策。1984 年大选，国大党（英）在议会取得空前的优势地位，当时一些邦的政权掌握在反对党手中，但领导人没有解散任何反对党的邦政权。在 5 年的执政期内，领导人对总统治理条款的使用十分谨慎，总共只实行过两次。他不仅没有对反对党实行倒戈，还在 1985 年 1 月使议会通过《反倒戈法》，通过立法手段杜绝这个问题，自此印度政坛的倒戈现象大大减少。领导人反对因为政党私利而区别对待反对党执政的邦政府，提出对于邦的要求只要符合宪法的规定、有利于国家政治经济的发展都可以谈判，中央应尽可能地让步、妥协、宽容，寻求政治解决。领导人以宪法对中央和地方政府的权限划分为依据，尽量减少对邦事务的干预，在任命邦的领导人时小心谨慎，避免按个人意愿塑造邦政权。

尼赫鲁时期，印度建立了县、区、村的三级潘查亚特体制。但很多邦对潘查亚特机构的作用并不重视，不愿意向其放权。潘查亚特机构普遍缺乏足够的活动资金，只能依赖于政府。很多地区的潘查亚特机构被地方势力所把持，多年不进行选举或改选，已处于瘫痪状态。政府对加强基层民主建设十分重视，同时由于贾瓦哈拉尔计划[②]执行效果不理想，总理决定对潘查亚特体制进行改革，提高基层自治能力。1989 年 5 月 15 日，政府向议会提交了健全潘查亚特体制的宪法修正案，即《第 64 次宪法修正案》。修正案规定各邦必须建立三级潘查亚特体制，并保证其选举的正常举行，各级潘查亚特机构要为表列种姓、表列部落和妇女保留一定的名额，邦政府要向潘查亚特机构授

① 当邦政府和联邦政府执政党不一致时，联邦政府领导人拉拢、劝说邦政府执政党成员，使他们撤销对邦政府的支持，从而使邦政府垮台的现象。

② 印度一项大型的扶贫和农村开发计划。

权并给予财政支持等。修正案的主要目的是赋予三级潘查亚特体制宪法地位，提高各邦对潘查亚特的重视程度。但是，当时修正案在国大党（英）不占多数的联邦院未能通过，直到 1992 年才获得通过，成为《第 73 次宪法修正案》。在改革农村基层自治机构的同时，政府也考虑了改革城市自治机构的问题。市政自治局机构与农村潘查亚特机构存在着类似的问题，修正案的精神也适用于城市自治机构，但是由于任期将满没有提出相关议案。

5．加强反腐败法制建设

政府针对印度严重的腐败问题采取了诸多改革措施，打击腐败活动，加强反腐败法制建设，健全反腐败工作机制。

第一，制定《反倒戈法》。前任政府难以容忍其他政党执掌邦政权，经常对其他政党执掌的邦政权实行倒戈，瓦解反对党的邦政府。20 世纪七八十年代印度政坛倒戈之风盛行，加剧了政府的腐败。通过倒戈建立的政府，其领导人的注意力集中于扩大本人和小集团的政治影响力，以权谋私，捞取好处，不会注重廉洁和效率。政府决定以整治倒戈行为为突破口来建设廉洁政府。1985 年政府议会通过《反倒戈法》，规定如果一个政党的议员在任期内脱党，则自动失去议员身份，无党派议员加入任何政党，则丧失议员身份。该法案的通过震撼了印度政坛，倒戈行为立即锐减，使总理获得了“廉洁先生”的称号。

第二，提出人民代表法案。各政党为了在激烈的选举中获胜，在提名人民院和邦立法院候选人时，只考虑是否能获得更多选票，而不考虑候选人的品德，一些品质恶劣甚至是违法乱纪的人也能当选，这些人进入议会和政府成了潜在的腐败源，也败坏了政府的作风和形象。1988 年政府提出人民代表法案，规定有违法行为的人不得被提名为议员候选人，即使提名也没有当选资格。虽然仅凭一条法令无法根治这种问题，但确实是向解决问题的方向前进了一步。

第三，打击“黑钱”，遏制权钱交易。在印度的计划经济体制下，政府对私人经济活动实行广泛干预，无所不在的许可证制度赋予了政府官员极大的权力，他们在行政审批事务上拥有很大的裁量权，形成了巨大的寻租空间。很多商人向审批部门官员行贿、向执政党“捐赠”，通过权钱交易求得回报。

在印度权钱交易的资金被称为“黑钱”。政府任命专门委员会研究遏制“黑钱”的办法，1985 年指派财政部长严厉查处偷税漏税和国外非法存款等行为，引起巨大震动。政府还使议会立法允许工商业家向政党公开捐赠。

第四，制定《1988 年防止腐败法》。这一时期印度政府的腐败已经比较严重，许多领域滋生了新的腐败形式，已有的反腐败法规无法适应反腐败斗争的要求。为了打击腐败，1988 年 9 月政府使议会通过了《1988 年防止腐败法》，统一并修正了印度已有的防止腐败法和相关法规。该法案的一大创举是将防止贪污贿赂的对象界定为广义的公务员，将所有执行与国家、社会和团体有利害关系职务的人员都纳入其中，不论其是否由政府任命皆适用本法①。

① 金泽刚，康均心. 论印度反腐败的法制历程及其启迪［J］. 中央检察官管理学院报，1998(04)：59－65.

第四章

1991—2004年的印度行政改革

拉奥于1991年6月—1996年5月担任印度总理，瓦杰帕伊于1996年5月16日—6月1日、1998年3月—1999年4月、1999年10月—2004年5月三度当选印度总理①。将这两任政府界定为当代印度行政改革的第二个阶段，主要是因为：拉奥政府的经济改革实现了印度经济发展模式向市场化、自由化、全球化导向的模式的转型，紧接着瓦杰帕伊政府深化经济改革，推动新经济模式进一步走向成熟。市场经济体制改革和经济发展模式的转型必然要求行政体制的变革，因为如果没有适当的行政体制和有效的行政机构，任何经济改革政策都无法得到有效执行。20世纪90年代后的印度行政改革旨在重新设计行政体制以实现市场经济的目标，具有显著的市场导向和管理主义特征，核心内容是重新界定政府角色，减少政府对经济社会活动的规制，加强市场机制的作用，压缩政府规模，提高行政效率，改善公共服务质量等。

---

① 第一次执政为印度人民党政府，第二、三次执政为全国民主联盟政府，1999年4月至1999年10月为看守内阁总理。

一、1991—1996 年的行政改革

1991 年 5 月印度第 10 届人民院选举，国大党获得最多的票数和席位，但也没有超过议会席位的半数。总统授权国大党组织政府，建立了以拉奥为总理的联合政府。这一时期在印度的现代化发展进程中具有突出地位，以经济增长为优先，适应世界经济发展潮流，将印度 20 世纪 80 年代艰难进行的经济改革推向深入，实现了混合经济结构、计划管理体制和半封闭政策向市场化、自由化、全球化模式的转型，推动印度经济步入快速发展的道路。传统经济模式下，印度形成了以庞大的公共部门、高投入责任，以及以干预主义政策为特征的行政模式，不符合新经济发展模式的内在要求。1991 年政府要求行政机构承担风险，支持经济改革，实施自我变革，联邦行政机构给予了积极回应。这一阶段印度政府的行政改革是市场导向的，追求效率、经济、民主等价值目标，根据市场经济和外向型经济的要求转变政府职能，调整行政机构，更新行政技术方式。由于政府是少数派政府，这一时期的行政改革只能在反对党、高级官员和一般行政人员的博弈和妥协中进行，基本没有触及文官制度的基本结构，改革只在行政组织的执行层面进行，对行政决策层面基本没有影响，很多改革措施也没有得到邦和地方行政机构的支持，但总体上政府的改革仍然使印度的行政体制发生了积极的变化。

（一）行政改革的影响因素

1. 经济改革的深化

1991 年印度处于严重的外汇危机、财政危机、通货膨胀和经济滑坡之中。1990—1991 年，印度的财政赤字达到国内生产总值的 8.4%，创历史最高纪录。政府大规模增发货币，导致通货膨胀率接近 15%。对外贸易逆差不断增加，1991 年印度外债达到 643 亿美元，居世界第三位，外汇储备减少到仅剩 10 多亿美元。新政府成立时，印度国家财政和国际收支已完全失衡，陷入了独立后最为严重的财政危机和外汇危机之中。不仅如此，由于政府经济政策失误和管理混乱，1991—1992 年度印度的经济发展也出现了大滑坡，国内生产总值增长率降低到 1.1%，工业、农业都出现了负增长，印度出现了独立后

前所未有的经济危机。新政府为了化解这些危机，立即采取了一系列稳定财政、降低通货膨胀率、增加外汇的紧急措施，很快取得实效，使印度摆脱了危机①。

但印度的领导人们并不满足于化解此次危机，他们认为财政和国际收支危机一再发生的根本原因在于印度发展战略和经济结构的缺陷，公营经济规模过大但效率低下，对私营经济管制过死，过于强调自力更生，对引进外资和技术控制过严，政府负担的公共福利和农业补贴支出过重，是造成危机的政策和制度根源。为了根治危机、加快经济发展，决心深化自由化经济改革，探索新的经济现代化模式。他们意识到市场化、全球化已经成为世界经济发展的潮流，周边的中国、韩国、新加坡等国家和地区已经通过这种改革实现了快速发展，印度也必须加入这个潮流。他们决定在原有的政策框架内进行改革：坚持多元发展目标，但强调增长第一、兼顾公平；保留混合经济结构，但不再强调公营经济的主导作用，而是大力发展私营经济，提高经济效益；取消半管制的经济体制，充分发挥市场机制的作用，强调市场机制和计划机制的有效结合；积极参与全球化进程，发展外向型经济，大力发展高科技产业。印度政府实施了大刀阔斧的自由化、市场化、全球化导向的改革措施，取消对私营经济的半管制体制，改革公营企业，大力引进外资和外国先进技术，放宽进口限制和鼓励出口，改革金融财税体制。

经过一系列的改革，印度终于突破了已经不合时宜的传统经济模式，开创了印度经济社会发展的新阶段。经济基础决定上层建筑，经济体制改革的深化必然要求行政体制的相应变革。当时，印度的行政机构已经被视为深化经济改革的掣肘，政府开始以市场经济为方向，重新界定政府角色，理顺政府与市场、社会的关系，提高行政效率，为经济改革和市场经济发展创造更大空间。

2. 世界性政府改革潮流的影响

在经济全球化、民主化、信息化快速发展的时代背景下，20 世纪 80 年代

① 林承节. 印度近二十年的发展历程——从拉吉夫·甘地执政到曼莫汉·辛格政府的建立[M]. 北京：北京大学出版社，2012：122－124.

新公共管理改革运动已经成为一个世界性的潮流和趋势，不仅席卷了发达资本主义国家，许多第三世界国家也进行了类似的改革。第二次世界大战后，西方国家开始普遍地建设福利国家，政府广泛干预经济社会生活，导致公共部门的职能和规模不断膨胀，财政支出日益增长，到 20 世纪 70 年代末时出现了机构臃肿、效率低下、人浮于事、财政赤字等严重的“政府失灵”问题，无法适应经济社会发展的需要，遭到了广泛的批判。在这种情况下新自由主义和管理主义理论重新占据上风，西方各国政府都积极地推进行政改革，形成了新的政府改革模式，理论家们将这种模式概括为新公共管理、政府再造、重塑政府等概念，其中新公共管理是最公认的说法。

新公共管理改革的典型做法有：第一，转变政府职能。压缩社会福利项目，减轻政府财政负担。放松政府规制，减少政府对社会和企业的直接干预。压缩国有企业规模，实施国有企业民营化改革。将部分经济社会职能推向社会和市场，引入竞争机制，充分利用各种社会力量提供公共产品和服务，主要做法有合同出租、以私补公和授权社区等。第二，加强行政结构分权。一是中央向地方下放事权、财权、项目管理权、法规制定权，赋予地方政府更大的权力和自主性。二是政府内部层级之间分权，将中下级组织转变为执行机构，实现决策权与执行权的分离。第三，压缩政府规模、精简政府人员。针对传统科层组织制度暴露的弊端，各国以建立精干、合理、高效的政府机构为目标，积极调整行政机构，在合理划分政府职能的基础上调整合并政府部门，减少中间管理层次，简化内部规章制度，将政府部门的一些机构成建制地转移出政府。加强政府定员管理，紧缩编制，裁减冗员。第四，创新政府管理方式。简化行政程序，废除过时的法规条例，缩小行政审批事项范围，简化行政审批手续程序。采用市场化工具和企业管理方法推动政府管理创新，加强信息技术的应用，大力发展电子政务，推行政府绩效评估和管理。

20 世纪 80 年代以来，许多第三世界国家为了得到急需的贷款和外援，接受了西方国家和国际组织的政府改革方案和建议，借鉴西方行政改革模式实施行政改革，逐渐形成了新公共管理运动的国际潮流①。印度 20 世纪 90 年代

① 周志忍. 当代国外行政改革比较研究 [M]. 北京：国家行政学院出版社，1999.

的行政改革也受到了这种世界性政府改革潮流的直接影响。为了化解严重的财政危机和外汇危机，印度政府向国际货币基金组织和世界银行申请贷款，这两个组织则将实施市场经济改革和公共部门改革作为批准贷款的条件。为了获得贷款，印度政府部分接受了改革的建议，着手对公共部门进行新公共管理模式的改革。

3．坚定的改革意志

拉奥具有坚定的改革意志，时任财政部长曼莫汉·辛格则是政府改革的主设计师和执行者，在两人的通力合作下，印度的经济改革取得了很大的成功，在此过程中也对印度的行政体制进行了必要的变革。拉奥是国大党的资深政治家，印度独立后先后担任了安德拉邦国大党副主席、部长和首席部长等职务。之后进入中央政府，先后担任过外交部长、国防部长、内务部长和人力资源发展部长，长期以来都是印度政府的重要决策人员之一。虽然具有丰富的政治经验，但他并没有沾染当时印度高级官员普遍存在的官僚作风，相反他作风稳健，实事求是，追求实效，对印度行政体制和官僚机构的形成、发展过程比较了解，对印度行政管理存在的问题有深刻认识。因而经济改革开始后，能够有针对性地对行政体制和政府管理中与经济改革要求不相适应的部分和领域进行改革。他积极启用专业人士担任政府重要职务，其中最为重要的人物是财政部长曼莫汉·辛格。曼莫汉·辛格是一位杰出的经济学家，曾先后在剑桥大学和牛津大学深造，思想上倾向于改革开放。

20 世纪 70 年代后曼莫汉·辛格开始从政，先后担任印度国家银行行长、国家计划委员会副主席、总理经济顾问等重要职务，具有丰富的经济管理经验，对印度经济体制和经济运行中存在的问题有深刻认识。更为重要的是他曾在国际货币基金组织任职，频繁参与国家金融和经贸会议，与不少西方经济学家有密切联系，深受自由化理论和趋势的影响，坚信自由化、市场化、全球化是世界经济发展的潮流，以他为首的总理智囊团为经济改革提出的口号正是自由化、市场化、全球化。为了复兴经济，他提出政府要将经济发展作为首要职能，取消已经过时的、对私人经济活动进行限制的法令和管制措施，其实质是要实施一种市场导向的行政改革。两位政治家目光远大，有魄力，为改革提供了坚强领导，制定了不少正确可行的措施，并能够稳妥的实施。他们在国大党和印度政府中根底深厚，富有威望，作风民主，改革过程中善于争取各方面的共识和支持，为行政改革创造了良好环境。

（二）行政改革的价值选择

1. 效率优先兼顾公平

在效率与公平关系的处理上，印度政府着眼于世界经济发展的潮流，总结以往历届政府在发展目标和政策取向上的不足，第一次明确提出增长优先、兼顾公平的发展目标和政策原则，将经济增长放在首位，在促进经济增长的前提下兼顾社会公平。政府强调实现经济的持续高速增长是消除贫困、提高人民生活水平的基础前提。曼莫汉·辛格说得很直接，“如果国家能够以更快的速度创造财富……也就能够得到更多的社会资本投资于教育、扫贫和卫生等社会部门，所以政府应把创造财富放在至高无上的重要地位”①。但政府也清楚地认识到经济改革和增长取向的经济政策必然会拉大社会贫富差距和地区差距，使经济地位脆弱的贫困阶层利益受损，而且“在一个贫穷而民主的国家，发展是非常重要的，但发展的质量也是重要的，如果发展是各种各样的痛苦的发展，如果发展伤害了穷人并且没有创造大量新的就业机会，政府就会有麻烦”②。为了减轻改革对下层群众的影响，获得广泛的社会和政治支持，就必须兼顾社会公平，采取切实的措施使各阶层和群体都能从改革中获益。

这个时期印度政府的行政改革归根结底是根据自由化经济改革和加快经济发展的要求进行的，也必然要在这种价值选择的指导下进行。在政府职能方面，领导人认为“政府对经济活动的种种限制和控制已超出了其应有的作用，它扼杀了我们人民的创造力和创新力”③，据此，政府将转变政府的经济管理职能作为改革的核心内容，试图将市场机制和计划机制结合起来，减少政府对私人经济活动的管制和对经济运行的直接干预，提高经济管理效率，

---

① Manmohan Singh. Reforms Vital for Unity [N]. Hindu, 1994-10-22.

② V. N. Balasubramanyam. Conversations with Indian Economists [M]. Palgrave, 2001: 85.

③ Philip Oldenburg. India Briefing, 1992 [M]. Boulder, Westview Press, 1992: 53.

加快经济增长。同时，为了兼顾社会公平，政府也注重加强政府的社会服务职能，特别是照顾下层群众和弱势群体，逐年增加扶贫支出，实施了众多规模庞大的扶贫计划，大量增加生产性就业机会。在公共政策方面，政府各项政策倾斜的重点都转向了促进经济增长方面，以构建国家经济主要领域的新政策框架，如工业政策、进出口政策、农业政策、银行政策、外国直接投资政策等。政策变革的总体取向是自由化，即减少国家对这些领域的干预和管制，通过培育市场机制、引进私人和外国投资来促进这些部门和行业的发展。这些政策框架为各级政府和行政官员提供了一套指示，使他们根据这些政策的主旨采取行动。在提高组织效率方面，政府受管理主义思想的影响，针对印度公共部门机构臃肿、人浮于事、支出庞大、效率严重不足的问题，实施了压缩政府规模、公营企业私有化改革、公共服务社会化供给、应用信息技术、简化行政规制和程序等改革措施。

2. 民主价值

政治学和行政学中的民主价值含义在前文已有论述，此处不再赘述。拉奥接受过西方民主政治思想的教育，经历了争取民族独立的斗争，对政治民主有深刻认同，形成了稳定的民主价值取向。同时，对自由市场经济的推崇也促使他对行政体制进行民主化的改革。印度领导人认为自由化、市场化和全球化是世界经济发展的潮流，也是印度经济改革的方向，因而将经济改革的目标确定为建立适应市场需要的外向型经济。一般认为，经济民主是建立市场经济的基础，没有经济民主就没有经济主体之间的公平竞争，也就无法保障人们的经济权利和经济自由，因此市场经济天然地体现着一种民主的价值取向。对自由市场经济的推崇和建立市场经济的改革，进一步强化了政府改革的民主价值取向。领导人认为民主政府必须以代表和实现社会的公共利益为责任，仍然坚持经济增长、社会公平、消除贫困、照顾弱势群体等多元发展目标。但是，他们同时认为经济的持续快速增长才是实现社会公共利益的基础，只有社会物质财富大量积累才能实现公平导向的再分配，因而将政策和资金的重点向经济增长方面倾斜。为了减少经济快速增长对下层群众和弱势群体利益的损害，政府也将大量资金投向扶贫、社会福利等领域。政府重视维护不同群体，尤其是弱势群体和贫困阶层的平等的政治、社会机会，将为表列种姓和表列部落保留公职和奖学金的制度扩大到“其他落后阶级”，即为低级种姓中社会和教育状况落后的群体保留公职和奖学金份额的27%，使整个保留份额提高到49.5%，希望以此进一步消除种姓歧视、增进社会公平。政府注重基层民主建设，希望发挥基层自治组织在地方经济社会发展中的作用，促使前任政府提出的潘查亚特制度改革法案获得通过，使基层民众民主选举、民主参与、民主监督的权利正式得到宪法保护，扩大了基层民众在公共事务中的参与范围。为了激发邦一级政府和地方政府发展经济的积极性，政府主动向地方下放计划制定、经济管理、资源配置、财政税收等权力，扩大了邦政府和地方政府在经济发展方面的自主权，释放了印度地方经济发展的活力。

（三）行政改革的内容

这一时期印度经济发展进入转轨阶段，适应市场经济改革的要求，印度公共行政的价值取向和绩效标准开始转向增长、效率、经济、竞争及企业家精神等方面，但仍然坚持公共福利、社会公平、代表性等标准。在这些价值取向和绩效标准的指引下，政府实施了一系列行政改革措施，着力构建市场导向的行政模式。

1. 转变政府角色，放松经济性管制

政府对社会行为的管制通常分为社会性管制和经济性管制两类，社会性管制旨在增进社会福利和保护公民安全，如公共服务、环境法规、职业安全等；经济性管制则是政府用于允许或禁止某些经济活动，或指导社会主体如何实现某种经济关系的手段。放松政府对经济活动尤其是市场准入、供给及价格决策等方面的管制，是20世纪八九十年代第三世界国家行政改革的一个趋势，印度也不例外。在半管制经济模式下，印度政府对私营经济和微观经济活动进行了大量的管制，印度缓慢的经济增长和持续扩大的贫富差距表明，过多的管制、过高的强制力既破坏了竞争，又扼杀了印度经济发展的效率和活力，也不利于缩小社会贫富差距。印度第五届中央薪酬委员会建议，由半管制经济向自由市场经济转型，必须扩大市场调节的范围，政府的作用应更多地在于制定治理政策和宏观调控，而不是直接参与治理活动，

政府不应再广泛地、直接地干预经济活动，而是要成为社会经济活动的促进者、基础设施的开发者、社会服务的投资者，以及扶贫计划的推动者和实施者，在公营和私营部门之间，以及国内和国外公司之间营造公平的竞争环境。政府大刀阔斧地实施了放松经济性管制的改革，解除对行业发展造成障碍的政府管制，取消了诸多经济领域和部门的许可证制度、定价、限额、高税收等限制。

取消对私营经济的半管制体制是这项改革中最重要的内容。一是放宽私营经济的市场准入限制。在传统的混合经济结构下，按照1956年工业政策决议的规定，基础工业、重工业和关键性工业都被保留给公营经济，私营经济的活动领域主要被限定在轻工业。公营经济铺得过开，政府的资金和技术力量难以跟上，这些领域的发展程度受到很大限制，私营经济的积极性也受到严重压抑。前任政府改革放宽了私营经济活动的领域，但仍然保留了17种工业给公营部门专营。在此基础上，政府进一步压缩保留给公营经济的工业部门，除国防工业、铁路运输、原子能、与原子能有关的特殊矿业、采煤、矿物油等6种工业，其余都向私人和外国资本开放，这6种行业也可适度允许私人资本参与。二是放宽工业许可证制度。在传统的计划管理体制下，印度政府主要通过各种工业许可证制度来限制和干预私营企业的经营活动。1991年政府规定只保留18种工业许可证，其他所有工业部门都无须申请许可证，1993年进一步缩小到15种工业部门。三是放松对大工业家族的限制。印度《垄断和限制性贸易法》对大工业家族实行投资和经营规模封顶的限制，束缚了印度大型企业的发展。20世纪80年代改革已缩小了该法令的适用范围，政府则全面取消了对大工业家族新建、扩大、兼并、接管企业的限制，只保留了对垄断贸易等不公正贸易行为的监督和查处权①。

政府积极放宽对引进外资和外国先进技术及进出口等方面的管制。1993年1月，政府对1973年《外汇管理法》作出重大修改，开放更多领域，鼓励外资进入，实行较宽松的外资管理政策，提高合资企业中外资持

① 林承节．印度近二十年的发展历程——从拉吉夫·甘地执政到曼莫汉·辛格政府的建立［M］．北京：北京大学出版社，2012：124－126．

股比例限制，简化外商投资审批程序。政府不再强制规定合资企业中外方向印方转让技术，而是由双方自行议定。为了使印度由内向型经济转变为外向型经济，政府对印度的关税壁垒、进出口许可证制度和外汇管理制度都进行了调整。1992 年政府基本上取消了进口许可证制度，取消了进口控制和限额，改为由关税调节，除一些特殊产品外，其他所有商品都免除进口许可证。至 1995 年 3 月，由国家统一进口的商品只剩下 7 类。政府大幅度降低关税总水平，1990—1991 年，进口关税总水平为 125%，1996—1997 年，降至 22.7%。出口方面，将绝大部分国家专营的出口产品向私人开放，保留给国家专营的产品只有 10 种，同时取消了出口许可证制度、定额限制和最低出口价格限制等管制。

政府放松了对银行和金融部门的管制。经济改革要求更好地发挥金融系统在经济发展中的作用，政府对银行和金融体制实施了深入的改革。对银行体制改革的主要方向是减少政府对银行系统的干预，促进合理竞争，允许银行自行决定贷款利率，允许私人银行引进外资。在资本市场，1992 年 5 月，政府取消了上市公司发行股票的审批制度，规定上市公司取得证券交易委员会的批文后，可自行决定股票的发行、数量和价格。同年，印度政府决定向所以外国机构投资者开放股票市场。此外，政府还减少了对小型工业和农业的管制政策。经过这一系列的改革，印度政府对经济活动的直接干预已大为减少，基本上形成了市场机制和计划机制相结合，以市场调节为主的经济管理体制。

2. 压缩政府规模，缩小职能范围

随着印度经济社会发展和人口迅速增长，印度政府管理的公共事务不断增加，政府职能过度膨胀，形成了全能主义的“大政府”模式，相应地形成了庞大的公共部门机构和公职人员队伍，财政支出随之也大幅增长，最终在 20 世纪 90 年代初产生了严重的财政危机。庞大的政府规模不仅消耗了大量的社会资源，造成严重的财政负担，权力高度集中、机构臃肿、人浮于事也制约了行政管理效率的提高。印度第五届中央薪酬委员会建议政府采取减少对公共部门的投资，对公营企业实行私有化改革，并对目前由政府提供的公共服务实行合同外包等方式来压缩政府规模、缩小政府职能范围。压缩政府规模的努力开始于 1992 年联邦财政部长提交的财政预算报告，报告指出联邦政府迫切需要减少财政赤字和减少非生产性支出。为了实现财政紧缩，1992 年 1 月 1 日联邦政府提出了裁减 10% 的公职人员的计划，之后又实施了 10 年内使公职人员减少 30% 的计划。

独立后印度政府明确提出了建设福利国家的目标，承担起提供公共产品和服务、改善社会福利、发展公共事业等重要职能。传统经济模式下，政府基本上垄断了医疗、教育、交通、基础设施等公共产品和服务的供给，由于人口增长、人民群众物质文化需求不断提高等原因，政府用于提供公共服务、扶助贫困等公共福利的财政支出不断增长。由于这项工作关乎人民群众，尤其是中下层民众的利益，直接影响他们对执政党的支持程度，所以不管是哪个党上台执政都倾向于增加，而不是控制这方面的支出，长此以往对政府财政造成了很大压力。而且，由于印度公共事业部门的效率较低，印度公共产品和服务的供给水平提高缓慢。这个时期的印度领导人认为适应新经济模式的要求，政府不应再垄断公共产品和服务的生产与供给，而应更多地将这些活动转向私人部门，鼓励私人部门参与公共产品和服务的生产与供给，这既有利于减轻政府的财政负担，也可以在公共事业部门和私人部门之间形成竞争，从而提高公共产品和服务的质量。在基础设施建设方面，政府制定了新的政策，通过公私合营、合同制、契约外包等方式，鼓励私人部门投资电力、公路、航空运输、天然气及基本通信服务等部门。譬如，铁道部实行了一项“自己拥有车厢”的项目，鼓励企业根据需要，购买列车车厢租给铁道部使用，企业享有优先使用权，铁道部承诺 16% 的保证收益率。1994 年 5 月政府颁布新的电信政策，允许私营企业经济电话网络、移动电话等，打破了公营企业对电信业的垄断①。

这项改革的另一个重点是减少对公营企业的投资，以及公营企业的私有化改革。印度独立后的 40 多年，公营企业作为社会主义的象征获得了蓬勃发展。到 20 世纪 90 年代初，公营工业部门的规模已经十分庞大，1990—1991

① 林承节．印度近二十年的发展历程——从拉吉夫·甘地执政到曼莫汉·辛格政府的建立［M］．北京：北京大学出版社，2012：128－146．

年，中央公营企业达到 244 家，拥有工人 230 万人。长期以来政府的大量资金投向了公营工业部门，但公营企业的效益却一直偏低。1990—1991 年，统计的 236 家中央直属企业中只有 122 家盈利，整个中央直属公营企业的净利润率仅有 2.23%，大量亏损的企业完全依靠政府财政维持，造成了严重的财政负担。1991 年 11 月印度总理宣布，由于对公营部门的投资长期缺少回报，今后将不再扩大公营成分。这实际上取消了公营经济的制高点地位。为提高公营企业效益，减少政府对公营企业的投资，政府对中央直属企业实施了分类处置的办法。将 111 家亏损企业移交工业和金融复兴局，逐渐减少对这些企业的投资，对它们实行股权出售、兼并或关停。对 94 家处于盈亏线上的企业，通过扩大自主权、实行承包制等措施激发其活力。对 31 家盈利的企业，政府分阶段撤回部分投资，同时向私人和外商开放投资，建立公私合营的股份制企业，进一步提高其效益。

3. 实行自上而下的分权化改革

印度独立后建立了中央集权的政治经济体制，财政税收的分配权和经济发展的管理权长期集中于中央政府，地方在财政税收和经济发展方面高度依赖于中央。向市场经济转型要求发挥邦政府和地方基层在经济发展中的自主性和积极性，决定了自上而下的权力分散是这个时期政府行政改革必须要解决的问题。政府的分权化改革分为两个层次，第一层是中央政府向邦政府分权，第二层是中央政府和邦政府向基层自治组织分权。

印度宪法规定了中央与邦的权限划分，但具有显著的强中央倾向。长期以来中央政府利用自身的优势地位过度集权，违反宪法规定的中央与邦的职权划分，干预邦的自主权，联邦执政党还经常滥用总统治理破坏邦政权，邦政府对中央政府不满，要求享有更多的自治权力，导致独立后印度中央与地方的关系长期处于扭曲状态。印度政府采取了缓和中央与地方关系的措施，但没有解决根本矛盾。根据经济基础决定上层建筑的基本原理，印度中央与地方关系扭曲根本上是由中央与邦的经济关系矛盾引起的，而这种经济关系矛盾则是印度的中央地方财政分配制度和经济管理体制造成的。印度宪法对中央与邦的税收分配做了明确规定，中央负责征收关税、所得税、货物税等税种，这些税收项目潜力大，随着印度经济的发展而大幅度增长；地方负责征收农业税、地方商品税、房地产税等税种，这些税收项目缺乏弹性，增长缓慢，导致地方税收贫乏，根本无法满足发展需要。为此，宪法又规定了中央通过税收转移、税收分成、赠款、贷款、补助金等形式向邦的财源转移。由此造成了印度财政方面中央强大，地方弱小的格局，长期以来中央预算收入占全国预算收入的 2/3，中央向地方的财源转移占地方财政支出总额的 40% 左右，地方对中央的财政依赖严重。而且，中央对由中央统一征收但要在中央和地方之间分配的税收进行分配时，基本上是将其中的 80% ~90% 按人口分配，10% 按税收完成情况分配，这使那些人口较少、经济发展快、税收潜力大的邦利益受损，引起了一些邦的不满。由于大部分支出要靠中央转移，而且财权事权严重不匹配，地方政府也就缺乏发展经济、增加税收的积极性①。在经济发展的管理权方面，联邦政府负责制定全印经济的发展计划，包括中央公营企业的分配，地方几乎无法参与发展计划的制定。由于实行半管制的计划体制，地方经济发展的各种权力基本上被中央政府控制，地方只能被动服从，严重抑制了邦政府的积极性。随着经济的发展，邦政府承担的社会发展责任日益增多，要求更多的发展决定权及可供支配的经济财源，要求中央分权的诉求越来越强烈。邦政府经济上受到压抑必然在政治上表现出来，尤其是那些经济发展落后的邦和由地方政党掌权的邦。对中央政府的不满，是各种形式的中央与地方矛盾的根源。

领导人认为要想推进自由化、市场化的经济改革，加快经济发展，必须改变中央政府在财政税收和经济管理方面过度集权的格局，激发地方发展经济的积极性，而这也是分担改革风险的必然选择。印度政府大幅提高邦政府在分享税中的比率。第九届财政委员会将邦的所得税分享比率提高到 85%，货物税分享比率提高到 45%。1993 年起印度中央税的 3/4 逐渐转移到地方，使地方财政收入迅速增长。由于实行经济改革政策，中央计划委员会的作用大为下降，各邦经济发展的自主性相对增强，中央向地方下放财政收支管理权、投资管理权、外资外贸管理权和企业管理权等经济管理权限，使各邦获得了自行决定经济发展的权力。分权化改革解决了中央与地方的根本矛盾，

① 王启友. 印度中央与地方财政关系的变革启示 [J]. 经济导刊，2007：64 - 66.

促使印度中央与地方的关系逐渐走向和谐。

领导人意识到分散城市和农村地区的行政结构，对于为民众提供更加符合需求的服务，制定切合实际的规划和发展战略具有关键作用，向基层组织分权是加强基层地方经济社会管理，激发基层地方经济发展积极性，提高基层地方应对市场经济挑战、分担经济体制改革风险的必然选择。为此，新政府努力使前任政府提出的加强潘查亚特体制作用的宪法修正案获得通过，随后又制定了加强城市自治机构作用的宪法修正案，并得到通过，分别成为宪法第73、74修正案，正式建立了中央、邦、基层自治机构的三级政府结构，实现了印度城市和农村地方政府体制的重大变革，使地方参与式民主和治理体系得到宪法保障。宪法修正案要求邦政府向城市自治机构和农村潘查亚特下放计划和发展的权利，尤其是设计、实施与发展和社会公平有关的计划项目的权力，还要求邦政府给予自治机构必要的财政支持和征收某些税费的权力。在邦一级建立财政委员会，负责监管邦和下级地方机构之间的财政关系，并向自治机构进行转移支付。中央政府也通过各种中央项目向自治机构进行转移支付。在新的经济体制中，地方机构被鼓励通过建立市场体制来发展地方和区域经济。村级潘查亚特被允许通过提供奖励、补贴和各种援助等措施，保护中小农免受市场经济的冲击。

4．调整行政机构，应用现代科技

为了适应经济改革和转变政府职能的要求，更好地实施新的经济政策，政府对联邦政府机构进行了一些调整。联邦政府对财政部，内政部，工商业部，教育部，人事、养老金和行政改革部，民用航空局，交通运输部，环境部，电信部，能源部，信息和广播部等部门进行了改组，并增设了一些新的机构，以满足新经济体制的需要。为了大力引进外资，在财政部设立了外国直接投资委员会，负责管理外资，直接投资事务，制定促进外资投资的政策。为了鼓励出口发展对外贸易，在工商部设立了出口一窗式审批机构，用以简化出口审批程序，提高出口审批效率。由于公营企业对印度电信事业的垄断被打破，私营企业开始进入电话网络、移动电话和光纤电缆经营领域，要求政府加强对电信事业发展的监管，为此政府在电信部设立了印度电信监管局来承担此项职能。除了在政府职能部门内部增设新机构，为了解决经济改革中的关键问题和突出问题，政府还设置了一些级别更高的专门委员会。譬如，1996 年政府成立了联邦投资委员会，专司私人资本和外资进入保留给公营成分的一些核心行业，如电力、交通、航空，以及其他工业制造领域方面的事务。由于关停并转亏损公营企业和政府从公营企业撤资的改革受到很大阻力，1992 年政府成立了以财政部长为首的内阁级委员会，专门负责解决亏损公营企业的处置问题。

联邦政府的一些行政职位被撤销、重设或更名，以缩小各部门的规模，提高机构运行效率。政府还在农业、旅游、民航、媒体、电信等部门引入了代理制度，即在基层和偏远地区建立代理机构或委托非政府部门提供服务，以使基层民众能够得到更好的服务。代理制度是被证明了的，在为偏远地区提供产品和服务方面取得了一定成功的经验，有利于创造就业机会，并减少政府在资金和人员方面的负担。一些部门，如民航、电信、广播、电力等，接受了朝向私有化、外资合作和联合企业方向的改造。除了以上与新经济政策直接相关的机构调整，联邦政府还设置了一些独立机构，负责改善不同群体的经济状况，如人权委员会、妇女发展委员会、童工保护委员会、农业劳工最低工资委员会等。

为了提高行政效率，应对新经济体制的挑战，政府高度重视现代科技，尤其是信息技术在行政管理中的应用。政府划拨了专门资金，用于应用计算机和信息技术等现代科技以实现行政现代化。办公程序、数据存储、文件的记录和保存被计算机化。政府在村级机构中也提供了通信技术，用以在全国性网络中连接整个行政机构。应用信息技术的一个重点在于偏远和丘陵地区，通过网络将它们与地区和邦政府联系起来。警察机构和其他安全网络也正在配备最新的信息、交通和通信技术。政府还允许各部门使用私营部门的现代技术或在各自的组织中将一些服务私有化。

5. 强化社会职能，增加公共服务供给

为了兼顾社会公平，减少改革造成的社会震荡，政府在实行效率导向的行政改革的同时，也十分重视加强政府的社会职能，主要表现为大幅增加社会事业财政支出，加大扶贫力度，大力促进科技和教育发展等方面。经过 20 世纪 80 年代的经济发展和一系列扶贫措施的实行，至 20 世纪 90 年代初，印度贫困线以下的人口比例已下降到 36% 左右。政府明确了由印度农村重建部、农村综合发展计划局和城市发展部等机构负责全国的扶贫工作。进一步加大执行中央扶贫计划的力度，在经济稳定后政府每年用于扶贫的开支都显著增长，5 年间中央扶贫计划支出占财政支出的平均比例为 6.82%，远高于改革之前。政府实施的主要扶贫计划有贾瓦哈拉尔就业计划、农村就业保证计划、全国社会辅助计划、英迪拉住房扶贫计划等。在以往的扶贫计划中，大量资金被消耗在庞大的行政机构上，真正用于扶贫对象的资金反而很少，为了降低扶贫的行政成本，使更多资金和资源用于扶贫工作本身，政府制定了一些新的计划和方案，着重加强非政府组织和志愿组织在实施扶贫计划中的作用。某些计划完全被私有化或移交给非政府组织和志愿组织，如家庭福利计划，儿童及其母亲的疫苗接种计划等。一些项目开始由政府与专业机构和非政府组织合作实施，如农村扫盲计划、低技能工人培训计划等。此外，政府还实施了提高工人奖金、退休金最高限度，扩大城镇地区公共配售制范围，小学生营养午餐等扶助贫困的措施。在政府的努力下，1996—1997 年印度贫困线下的人口比例已降为 29.2%。

政府重视现代科技对于提高生产力水平的关键作用，将发展科技作为一项十分重要的工作。“八五”计划为科技发展制定了“要具有竞争力、费用低和适用”的方针，确定了科技发展的重点，用于科技发展的开支占到公营部门总开支的 2.1%，高于前两个五年计划。为了贯彻“八五”计划精神，1993 年政府制定了新的技术政策，强调科研与生产相结合，加强国际交流与合作，将微电子、信息处理、传感器等“关键性技术”确定为重点开发领域。在政府的积极引导下，20 世纪 90 年代印度的科研力量进一步加强，取得了大量的先进成果，在原子能、计算机技术、生物工程等科技领域已达到世界最先进水平。在教育事业方面，“八五”计划的教育支出比“七五”期间增加了 2.54 倍，教育支出占国家预算的比例平均为 10.97%，比以往都高。1992 年政府对国家教育政策进行了调整，体现了教育不仅是为了开发人力资源，服务经济发展，也是为了使人享有受教育的权利的导向。新政策强调教育在经济改革中的重要地位，指出教育要为新经济模式培养具有新观念、新技术的人才；强调要将更多教育资金和资源投入到基础教育和成人教育，以充实这两个薄弱环节；提出要将技术教育和思想品德教育相结合，培养能为国家做贡献的人才；允许外资投资教育领域，特别是高等教育领域；对教育事业实行分级管理，分级掌握教育资金①。

二、1998—2004年的行政改革

深化自由化、市场化和全球化为导向的经济改革，促进经济较快增长并兼顾社会公平是这个时期印度政府政策的核心。这决定了政府必须根据深化经济改革、加快经济发展的要求，继续实施管理主义导向的行政改革，进一步放松规制，加快政府职能转变，提高行政效能。同时，经济改革和经济发展激发了印度社会的权利意识，促使政府的行政改革具有了一定的权利本位导向，更加强调社会参与，以及政府与个人、非政府组织的协同行动，突出政府对社会公共利益的责任，强调政府应关注和回应社会需求，提高公共服务质量，开始由管制行政向服务行政转型。

（一）行政改革的影响因素

1. 实施“第二代经济改革”

至1998年3月②，印度的经济改革政策已经展现了显著的效果。私人投资和外国直接投资明显增长，制造业取得新的发展，出口大幅度上升，软件业的发展进入世界前列，1994—1997年年度经济增长率连续超过7%。这些成就使自由化、市场化、全球化导向的经济改革成为印度各政治力量和社会阶层的共识，经济改革的阻力大为减少。同时，经济改革中存在的问题和一些不到位的方面也亟待新政府予以解决。这些因素决定了新任政府能够也必须沿着经济改革的路线继续前进，深化改革，扩大开放，推动印度经济的更

① 林承节．印度近二十年的发展历程——从拉吉夫·甘地执政到曼莫汉·辛格政府的建立［M］．北京：北京大学出版社，2012：153－154．

② 瓦杰帕伊第一次短暂担任总理是在1996年5月16日至1996年6月1日，之后1996年6月1日至1998年3月19日，高达和古杰拉尔先后代表以人民党为首的联合阵线担任总理。1998年3月19日至2004年5月22日，瓦杰帕伊多年稳定地担任总理，因此对这一时期的行政改革研究从1998年3月开始。

快发展。在这种情况下，印度人民党与全国民主联盟的其他政党达成一致，决定加大经济改革和经济发展的力度，将经济改革推进到新的阶段，加快经济自由化、市场化和全球化的进程。

政府对经济改革的概念进行了创新，将新时期的经济改革称为“第二代经济改革”。他们认为一方面以往的改革还存在很多重大的缺陷和不足，需要本届政府进行战略性调整，根据国内外情况的变化确定新的发展重点；另一方面“第二代经济改革”能够凸显本届政府的改革是对以往经济改革的深化和创新，有利于提高政府的威望。除了继续实施以往的一些改革措施，“第二代经济改革”重点解决加快基础设施建设，健全价格机制，劳工市场改革，减少保留给小型工业专营的产品门类，推进农业改革等问题。这些问题都是以往改革的薄弱环节，也是往届政府想要解决但未能解决的问题，体现了新任政府深化经济改革的决心。但总体来看，这一时期政府的经济改革政策在大方向、基本方式和主要内容方面与拉奥政府并无本质差别，也没有“升级换代”的意义，主要还是对以往改革的深化。政府深化经济改革的措施主要包括：进一步取消对外资投资领域、持股比例的限制，简化外资投资审批程序；将加强基础设施建设摆在至关重要的位置，向私人和外资全面开放基础设施领域投资，加快基础设施部门的政企分开；加大公营企业撤资的力度，将许多大中型公营企业改制为私有或公私合营企业；加大对相关产业的出口税收优惠力度，设立出口加工区，建立经济特区；振兴和进一步规范资本市场；大力促进软件和信息技术服务外包业的发展；加强农业改革，促进农业发展；大力开发旅游业等①。深化自由化、市场化和全球化为导向的经济改革，要求政府坚持效率导向，加强宏观调控职能，进一步放松对微观经济活动的管制，为市场机制发挥作用创造更大的空间；优化机构设置，应用新型管理工具，提高行政效率；加强行政责任建设，提高公共服务质量，维护社会公平正义。

① 林承节. 印度近二十年的发展历程——从拉吉夫·甘地执政到曼莫汉·辛格政府的建立[M]. 北京：北京大学出版社，2012：267－269.

2. 印度民众权利意识的觉醒

20世纪80年代印度启动经济改革后，保持了较快速度的经济增长，“七五”（1987—1991年）期间年均经济增长率为6.0%，“八五”（1992—1997年）期间提高为6.5%，其中1994—1997年的经济增速连续超过7%，国民收入水平随之提高，民众的思想观念更加开放，开始追求更高层次需求的满足。同时，由于历届政府都比较重视发展教育，不断加大教育投入，民众的受教育水平逐步提高。这两个方面的因素促使印度民众的权利意识开始觉醒，开始要求政府承担民主责任，关注和回应社会需求，使政府服务更加公开和高质量。而且经济改革造成印度社会利益分化加剧，刺激了从改革中获益最多的城市精英、中产阶级、地主阶级，未从改革中获益或生活状况改善较少的下层民众、社会弱势群体以及边缘化群体，越来越多地通过积极的政治参与来维护自身利益。当时，批评政府、表达对政府的不满成为印度公共舆论的流行话题，基层民众开始有组织地向政府施加压力以推动变革。

在这种情况下，1996年印度政府高层基本达成了建设“有效的和反应迅速的行政管理”的共识。1996年召开的全国首席秘书会议重申了建设“回应性和有效的行政”的原则，会议承认印度官僚机构的公众形象是“冷漠疏远、程序导向、服务质量低劣、腐败以及对结果不负责任的”。1997年中央行政改革局组织了一场全国性的讨论，主题是“如何使公共行政更有回应性、负责和有效并确保其遵守宪法规定的原则”。根据政府官员、专家、志愿机构、公民团体、媒体等的反馈，1997年5月在由总理主持的全国首席部长会议上，通过了一份行政改革的行动计划。计划提出中央政府和邦政府应共同努力：建立负责任和公民友好的政府；提高行政透明度和保障公民信息权；提高公共服务的绩效和完整性。这项行动计划具有明显的“以公民为中心”（Citizen－Centric）的价值取向，强调政府应注重对公民权利的保护和实现，承担积极的民主责任①。根据这个计划，政府在继续实施效率导向的行政改革的同时，也采取了一些增强公共行政回应性和责任性的措施。

① R. B. Jain. Towards Good Governance: A Half Century of India's Administrative Development [J]. International Journal of Public Administration, 2001, 24 (12): 1299－1334.

3. 印度人民党的世俗化转型

1980 年 4 月瓦杰帕伊率领原印度人民同盟成员退出人民党，建立了印度人民党。印度人民党是一个具有印度教民族主义特性的政党，与印度教教派主义组织具有密不可分的联系。所谓印度教民族主义，又称印度教特性或印度教教派主义，其宗旨是复兴印度教文化，建立一个印度教统治的国家。教派主义者于 1925 年建立了国民志愿服务团，于 1964 年建立了世界印度教大会，这两个组织是印度教教派主义的主要阵地，在印度的政治、经济、文化领域具有重要影响。瓦杰帕伊本人就是国民志愿服务团的成员，印度人民党的很多成员也来自国民志愿服务团，国民志愿服务团为印度人民党提供了组织和思想保障，世界印度教大会及一些其他的印度教民族主义组织也为印度人民党提供了很多支持，可以说印度人民党是印度教教派主义在政治上的代表①。

印度人民党成立后积极利用教派主义扩大自身影响，在印度教民众中的地位和影响力越来越大，历届大选的得票率节节攀升。1996 年人民院选举，印度人民党首次超过国大党成为议会第一大党，但新政府仅维持了 13 天便解散。1998 年 3 月和 1999 年 10 月两次人民院选举，印度人民党联合其他政党组成印度民主同盟，均获得了最多的席位。再次胜选后，以瓦杰帕伊为首的党内温和派意识到印度人民党应主动转变角色，搁置狂热的教派主义主张，实行世俗主义政策，将维持与其他政党的合作关系，以及维护社会稳定和经济发展置于首位。温和派取得了对印度人民党的控制，开始拉开与极端教派主义组织的距离，其与印度民主同盟中其他政党共同制定的《治国方案备忘录》基本没有任何教派主义的色彩。这种情况引起了党内强硬派和极端教派主义组织的严重不满，他们向政府施压，要求政府在政策中贯彻印度教民族主义。政府无法离开国民志愿服务团和印度教大会等组织的支持，但也不能失去与其他世俗主义政党的合作，因而只能在两者之间寻求平衡。总的来看，政府基本上抵制住了教派主义的压力，但也没有完全摆脱教派主义的影响，可以称之为温和的教派主义。这在行政改革上主要表现为政府强化了政府的

① 朱明忠. 印度教民族主义的兴起与印度政治 [J]. 当代亚太，1999 (8): 30-38.

国防和外交职能，实施积极主动的国防和外交政策，谋求印度世界大国的地位。

（二）行政改革的价值选择

这个时期印度政府接续和发展了20世纪90年代以来的经济改革政策，以加快经济发展、兼顾社会公平为施政的核心目标。因此，效率优先、兼顾公平同样是这个时期印度政府行政改革的核心价值选择，此处不再重复阐释。同时，随着印度经济社会的发展进步，印度政府的行政改革更加注重责任、民主等价值取向，开始由管制行政向服务行政转型。

1. 责任价值

责任概念的基本内涵有二，一则是指行为主体的分内之事，即行政主体作为或不作为的义务；二则是指行为主体对自身行为负责，违背义务的行为应承担过失。根据行为主体的不同，责任可以分为个人责任、组织责任、社会责任、国家责任等众多类型。行政学中的责任主要是指政府责任。政府责任是人类社会政治法律思想和制度发展史上间接民主阶段的历史产物，是“主权在民”及“权力分立”原则的必然要求①。资产阶级启蒙思想家从社会契约论的角度论述了政府的权力来源于社会权力的让渡，进而指出政府的基本责任就是利用社会让渡的权力维持社会秩序，满足社会成员生存和发展的需要。马克思主义国家理论则提出国家存在的根本原因是管理社会公共事务的需要的论断。这两种理论共同揭示了代表和维护社会公共利益，对人民负责是现代民主政府最基本的责任。具体来说现代政府承担的责任应分为三个层次：第一层是宏观意义上的民主责任，即对社会制度、国家安全、社会稳定和发展、公民生命和财产安全等社会公共利益的责任；第二层是制度层面的责任，即对宪法、民主政治体制、权力机关、法律、行政法规负责；第三层是行为层面的责任，即政府及其公务人员在行使行政权力、开展行政活动的过程中对行政对象所承担的具体责任。政府这三个层次的责任密不可分，是一个统一的整体。当政府违背责任时，就要受到权力机关、法律或行政法

① 张国庆. 公共行政学［M］. 北京：北京大学出版社，2007，2：437－448.

规的追究和制裁。因此，政府责任是指政府及其公务人员对社会公共利益、民主制度、宪法法律、行政对象所承担的责任。行政责任的价值在于确定政府的职责和政府权力的边界，为公共行政提供稳定的行为框架，维护民主和法治。

当时，印度政府的责任缺失已经达到十分严重的程度。独立后印度继承了英国殖民时期的行政体制和文官机构，也意外地继承了这种体制的官僚主义、文牍主义、精英特权等消极传统。而且，印度独立后所有的行政改革都没有能够动摇文官集团的优势地位和权威，也没能改造行政体制的这些消极传统。这是因为独立运动的领导人们相信，统一的行政结构对维护中央集权政府的完整和国家的统一具有至关重要的作用，也从未质疑过中央集权的行政结构对管理和指导发展计划的适用性。这巩固了印度国家及其行政机构的集权体制，中央集权的文官机构在行政体系中被赋予特殊地位，并被写进宪法，建立了一个单纯的行政改革所无法改变的结构。又由于历届政府都没有打破官僚体制传统的意愿和决心，历次行政改革基本上都没有影响到官僚机构的结构和权力①。很多分析认为印度以往的行政改革既没有提高官僚机构的效率，也没有以任何有意义的方式增强官僚机构的责任②。印度官僚群体的特权地位由此得以长期保持，具有深厚的官本位意识和官僚主义传统，严重缺乏服务意识。而且，独立后印度政府全面主导和干预经济社会事务，人口增长、工业化、城市化带来经济社会事务的剧增，相应地导致了行政机构的扩张，行政机构的扩张又伴随着规制的泛滥，其中一些是难以执行的，使行政规则和管理过程变得复杂烦琐。而且，过多的管制赋予了官僚群体过大的自由裁量权，形成了巨大的寻租空间，又由于权力监督和反腐败体制不健全，造成了严重的贪污腐败问题。因此，与许多其他发展中国家一样，印度的公共官僚机构已经成为不受控制和不负责任的权力中心，规模庞大，人浮于事，冷漠迟缓，对社会和民众的需求反应迟钝，行政效

---

① R. B. Jain. Towards Good Governance: A Half Century of India's Administrative Development [J]. International Journal of Public Administration, 2001, 24 (12): 1299 - 1334.

② Kuldeep Mathur, Navdeep Mathur. Assessing Administrative Reform in India [J]. Chinese Political Science Review, 2017, 2 (1): 40 - 55.

率低下，公共服务质量较低，甚至向政府人员行贿已经成为民众办事的“通行证”①。在当时印度的公共舆论中，政府已经成为不负责任、低效、无能的象征，政治领导人甚至也对官僚机构提出公开批评。1999年政府总理在国家发展委员会发表讲话时说，“人们经常把官僚机构看作是剥削的代理人而不是服务提供者。腐败已经成为低风险高回报的活动。”② 这表明领导人对印度官僚机构责任缺失的问题有清醒认识。政府在责任价值的导向下，采取了加强对政府高层的反腐立法、完善行政投诉救济机制、简化行政法规等行政责任建设的措施。

2. 民主价值

该阶段印度行政改革的民主价值取向不仅源于对民主政治的信仰和对自由市场经济的推崇，也是因为经济发展所带来的社会发育、社会权利意识觉醒和政治参与需求的迸发，促使政府更加重视公民权利，更多地向社会赋权。政府行政改革的民主价值取向主要有以下含义：其一，对人民负责，代表和维护社会公共利益。政府继续坚持经济增长、社会公平、消除贫困、扶助弱势群体的多元发展目标。将深化经济改革、加快经济发展作为首要目标。在发展经济的同时兼顾社会公平，采取了一系列消除贫困和改善下层群众社会福利的举措。其二，加强经济民主。为了建立自由化、市场化的经济体制，政府在之前改革的基础上，进一步取消对私营经济和外资的经营领域限制、许可证制度、持股比例限制以及其他的一些管制政策，为发挥市场机制调节作用创造了更大的空间，促进了各类市场主体，包括公营经济、私营经济、外资企业在更多经营领域的公平竞争。其三，坚持公民权导向。印度20世纪80年代中后期的经济改革使印度经济保持了较快的发展，随之印度社会的公民权利意识开始觉醒，社会主体、社会结构和社会利益迅速分化，推动了印度非政府组织的蓬勃发展。公民个人和社会组织开始寻求更多的参与机会、更多公民权利的实现及更高质量的公共服务。到90年代这种社会变化趋势已

① O. P. Dwivedi, R. B. Jain, B. D. Dua. Imperial Legacy, Bureaucracy, and Administrative Changes: India 1947—1987 [M]. Public Administration and Development. 1989 (9): 253 -269.

② Kuldeep Mathur, Navdeep Mathur. Assessing Administrative Reform in India [J]. Chinese Political Science Review, 2017, 2 (1): 40 -55.

经发展到不容忽视的地步，政府采取了一些公民权导向的行政改革措施，以回应社会的要求。所谓公民权导向，强调尊重公民的自主权利，减少政府控制，为公民参与治理、实现公共利益创造机会。政府进一步放松对社会的控制，为非政府组织参与公共治理创造条件。实施公民宪章运动，加强服务信息公开，为公民参与、选择、监督公共服务提供机会。完善投诉救济机制，简化行政法规程序，保障公民权利的实现。其四，增加弱势群体公平的政治机会。为提高妇女的政治地位，政府多次向议会提交法案，要求为妇女保留人民院和立法院 1/3 的席位，虽然当时未获得通过，但也体现了政府的主张。为落实为表列种姓和表列部落保留公职的政策，政府取消了联合阵线政府制定的五项“公职备忘录”①。

（三）行政改革的内容

印度政府继续实行管理主义导向的行政改革，放松对经济社会活动的管制，提高行政效率。同时，政府实施了提高公共服务质量、加强行政责任、向社会赋权等民主价值取向的行政改革措施，以建设回应性的、负责任的、有效的公共行政。

1. 放松经济性管制

这一阶段，印度政府根据经济改革的要求深化放松经济性管制的改革，以充分发挥市场机制的调节作用。一是进一步取消对私人资本和外资经营领域的限制。此前，印度保留给公营成分的经营领域已经被压缩至 6 种工业，政府为了缓解能源紧缺，又决定向私人和外资开放能源领域投资。1998—1999 年政府开放了矿物油、煤炭、褐煤开采部门。1999—2000 年又将国防工业和石油精炼业向私人和外资开放。除了工业领域的解禁，政府还打破了公营成分对银行、保险业和基础设施等领域的垄断。为了深化市场经济体制改革，1999 年政府促使议会通过了《保险业管理和发展局法》，允许外资在保险业可持股 26%，印侨印裔可持股 40%，结束了公营保险公司垄断保险业的

① 1997 年联合阵线政府制定了该备忘录，中心内容是在公职人员的补充、提拔上强调质量，取消对表列种姓和表列部落的特殊照顾，不强调一定要达到规定的比例。

历史。1999—2000 年政府开放了银行业。政府将增加和改善基础设施作为优先项目，鼓励私人和外资投资电力、通信、铁路和石油等部门，以弥补政府投资的不足。二是进一步取消工业许可证制度。经过长期改革，印度的工业许可证制度已经只限于 9 个部门，政府在此基础上又取消了煤炭产品、原油以外的石油产品、制糖业、药品生产的许可证，这样保留许可证制度的部门就减少到了 5 种。三是解除保留给小型工业的专营权。为了扶持小型工业发展，早期印度政府制定和发展了为小型工业保留专营权的政策。1998 年后政府陆续取消了为小型工业的保留，2001 年取消了 14 类产品的保留，2002 年又取消了 51 类产品的保留。解除保留的项目，其他的类型的企业都可经营。四是取消对农业贸易流通的限制。为了实现农业贸易自由，政府撤销了对农业的限制性法规，取消了《基本生活日用品法》，允许农产品自由贸易和流通。2002 年 2 月取消了农产品贸易许可证制度，取消了对农产品存储数量和流通范围的限制。五是简化外资投资审批程序。为了加大吸引外资投资的力度，为外资营造良好投资环境，政府对重点领域，如基础设施、药品、电影和广告业等领域的投资采取了适用自动审批程序的便利化措施，提高了外资投资的行政审批效率①。经过这个时期的一系列改革，印度政府对微观经济活动的直接干预进一步减少，市场机制在资源配置和经济活动中的调节作用继续增强。

2. 收缩政府职能范围

此前，通过公营企业改革和公共服务事业的市场化改革，印度政府收缩了职能范围，减轻了财政负担。这一时期，印度政府继续收缩政府职能范围，推进市场化改革。

一是加大公营企业改革的力度。为了使盈利的公营企业更具有商业性和增加效益，也为了更合理地将政府资金用于其他方面的投资，从 1991 年开始，印度政府分阶段地对这类公营企业实行撤资，将部分股权转让给私人，使这些企业改制为公私合营的股份制企业。政府确定的第一批撤资企业有 31

① 林承节. 印度近二十年的发展历程——从拉吉夫·甘地执政到曼莫汉·辛格政府的建立［M］. 北京：北京大学出版社，2012：268－300.

家，撤资比例在 20% 以内，第二年宣布 3 年内要将撤资比例提高到 49%，而且外国公司也可购买，即在保证国家控股的前提下最大化地实行公私合营。1998 年后印度政府加大对公营企业的撤资力度，2001 年政府设立撤资委员会专门负责这项工作。在撤资范围上政府每年度根据撤资委员会的建议，批准一批企业撤资。一批较大的公营企业，如印度航空公司、印度造船公司、印度国家贸易公司、印度石油化工公司等实行了撤资，2000 年 11 月又对纺织业这一印度最大的轻工业部门实行撤资，撤资范围远比之前的政府更为广泛。在撤资幅度上也有大的突破，2000 年规定除铁路运输、军事工业、原子能工业等战略性部门外，其他公营企业的公营股金都可撤至 26%，这意味着全国大多数公营企业都可由私人和外资控股，经营主导权都可转让给私人和外资。但这只是原则性的上限规定，各部门、各企业具体的撤资比例仍由撤资委员会提议，由政府批准，一般都有所提高。在撤资形式上，除采取上市的形式外，还重点使用了战略性出售的方式，即以高于股市的价格将公营企业的大宗股份出让给私营大企业。战略性出售的企业中既有盈利的也有亏损的，出售的比例也各不相同，如印度旅馆业公司所属的 3 家旅馆 100% 出售实现了私有化，而对外贸易公司只出售了 25%，体现了政府在这个方面的选择性考虑①。

二是加强基础设施领域的公私合营。1991 年后，印度政府开始将公共服务事业向私人部门开放，鼓励私人部门参与公共产品和服务的生产与供给，并首先在基础设施领域进行了探索。但是，印度基础设施建设仍然缓慢，到 20 世纪 90 年代后期基础设施不足已经成为印度经济发展的瓶颈，必须将加强基础设施建设摆在突出重要的位置。印度基础设施发展缓慢是由多种因素造成的，其中一个重要原因是印度的基础设施基本上全为公营，建设和运营管理都依赖于政府投资，由于基础设施范围广阔，改建和增设所需资金巨大，印度政府能投入的建设资金根本无法满足需求。而且，对基础设施的管理政企不分，政府往往既是政策的制定者又是经营者，管理水平低下，效益较差，

① 林承节. 印度近二十年的发展历程——从拉吉夫·甘地执政到曼莫汉·辛格政府的建立[M]. 北京：北京大学出版社，2012：278－283.

不少企业严重亏损。为了增加建设资金，促进基础设施领域的良性竞争，改善经营管理，政府决定加大基础设施民营化的力度，最大限度地吸收私人和外资投资，实现基础设施的公私合营或私有化。由于基础设施投资收益周期较长，政府对私人和外资投资基础设施实行了特别的优惠政策：如对投资电力、机场、港口、工业园的企业，免税时限从10年延长至15年；对为从事基础设施建设的企业提供长期贷款的金融单位，给予较大的税收优惠；降低涉及基础设施部门进口原材料和关税。经过几届政府的改革，私人和部分外资进入了电信、电力、航空、港口等印度基础设施的各个领域，独立经营或参与合资，在一定程度上缓解了资金的短缺①。

3. 开展公民宪章运动

1997年5月召开的首席部长会议提出了“提高公共服务的绩效和完整性”的行政改革目标，为了实现这个目标，会议制定的“行政改革行动计划”规定要在中央和各邦实施公民宪章，并首先在与民众有着广泛联系的公共部门和机构实行，如铁路、邮政等部门。会议决定由印度行政改革和公共投诉局负责指导和协调中央各部门和其他中央机构公民宪章的编制、运行和评价工作。这项工作在这一时期开始全面铺开。公民宪章起源于英国，1991年梅杰政府针对公共服务民营化改革后出现的公共服务质量下降、费用增加等问题，发起了声势浩大的公民宪章运动，短时期内显著地改善了英国的公共服务质量。所谓公民宪章是一种在公共部门实施全面质量管理、改进公共服务质量的管理策略，通过公开公共服务的内容、标准和责任，满足公众对公共服务的合理诉求，接受公众的监督，形成履行契约的外部压力。相较于英国，印度的公共服务质量更加饱受诟病，为此印度政府效仿英国大张旗鼓地实施了公民宪章运动。印度行政改革和公共投诉局规定各部门和机构的宪章必须包括以下六个方面的内容：组织愿景和使命的陈述、组织业务的详细情况、组织服务对象的详细情况、为不同服务对象所提供服务的详细情况、公众投诉救济机制及获得路径的详细情况、来自服务对象的愿望。2002年5月印度

① 林承节. 印度近二十年的发展历程——从拉吉夫·甘地执政到曼莫汉·辛格政府的建立[M]. 北京：北京大学出版社，2012：273－278.

行政改革和公共投诉局建立了综合性的印度政府公民宪章网站，专门发布中央政府各部、局和其他机构的宪章，如今该网站已收录了大部分中央部门和地方政府的公民宪章。2005 年印度开始实施《信息权利法》，规定公民有权获得公共权力机构的各类信息，公民宪章中关于公共服务的信息也在此范围之内。2011 年印度政府颁布《公民按时获得公共产品和服务以及申诉救济法案》，规定所有公共部门都必须在法案颁布的 6 个月内实施公民宪章。截至 2011 年，印度中央政府各部、局和机构共制定宪章 115 个，各邦政府和部门共制定宪章 779 个。

在印度中央政府，特别是印度行政改革和公共投诉局的努力下，印度公民宪章运动得以长期开展，但由于各种因素的制约，印度公民宪章运动并没有实现预期的目标。第一，在观念上，很多政府机构和人员仅仅将宪章计划视为一次性的承诺，而不是一个从根本上提高公共服务质量和增加责任的机会，因而缺乏对公民宪章的足够重视，导致大部分宪章都没有得到很好的设计。第二，在地区和部门的分布上，各邦实施宪章的情况不平衡，仍然有一些公共部门没有制定宪章，或者在机构调整之后没有及时更新宪章，导致很多过时的宪章仍然挂在网站上。第三，在可及性和执行上，各机构的宪章编制工作只限于组织中的少数高级成员，缺少服务对象、利益相关者、甚至是组织一线员工的参与，而且编制完成后往往被束之高阁，对内、对外宣传，尤其是对于服务标准、服务时限、申诉渠道等关键信息的公开严重不足，导致组织内外对宪章知之甚少，更不用说理解和执行宪章。其结果就是宪章计划沦为一项书面工作，几乎得不到执行，大多数部门都没有按照宪章中承诺的标准提供服务。第四，在设计和内容上，大多数宪章的设计存在重大缺陷、内容极不完整，缺少关于标准、承诺和执行机制的明确规定。宪章的设计与内容缺乏系统性和完整性，导致印度公民宪章陷入形式主义的桎梏，既无法提高公共部门改善服务质量和实现组织承诺的能力，也无法向公众赋权以增加政府的责任①。

① 颜佳华，方浩伟. 印度公民宪章运动及其对我国行政改革的启示 [J]. 武陵学刊，2017，42 (3)：56 -61.

4. 增设新机构，发展电子政务

根据深化经济改革、转变政府职能和提高政府治理能力的要求，印度政府设置了一些新机构。独立后印度的农业发展长期滞后于工业发展，经济改革在农业领域开展的较晚，束缚农业经济发展的制度因素还比较多，农业改革非常紧迫。为了加强对农业的领导，2001 年 9 月中央政府成立了农业和农村工业部，负责实施 2000 年制定的全国农业政策，促进农业改革、农村工业发展和扩大就业。1999 年政府为了更加协调地、有计划地促进印度最贫穷的社会群体——表列部落的经济社会发展，将社会正义和赋权部的表列部落事务管理职责剥离，成立了专门的表列部落事务部，负责表列部落发展项目的总体政策、规划和协调。2004 年 2 月中央政府将原国家表列种姓和表列部落委员会拆分为国家表列种姓委员会和国家表列部落委员会两个独立机构，分别负责这两个群体的保护、福利和发展事务。为了加强交通基础设施，1999 年 1 月中央政府制定了全国公路干线发展计划，计划修建连接东印度的加尔各答、南印度的金奈、西印度的孟买、北印度的德里四大城市的“金四角”干线，以及一条横跨全国和一条纵贯全国的交通干线，是印度有史以来最大规模的单项公路修建计划。为此，中央政府在公路交通部下设立了全国公路局管理这项庞大的工程计划。为了改善电力供应，政府对电力行业实行政企分开，成立中央电力管理委员会负责制定电力政策和行业监督，要求各邦也建立电力管理委员会，并将电力局改组为电力公司负责电力经营。为了加大公营企业改革力度，2001 年中央政府成立了撤资委员会，负责制定企业撤资政策，研究政府从公营企业撤资的事宜，并向政府提出企业撤资建议。政府高度重视小型工业发展，将支持小型工业作为重要任务，1990 年 10 月成立了专门的小型工业部负责这项工作。此外，为了优化财政支出、提高行政绩效，中央政府还成立了财政支出改革委员会、绩效评估委员会等机构。

在机构调整的同时，印度政府继续发展电子政务，提高行政机构运行的效率和透明度。1999 年中央政府成立了信息技术局，又在该局下组建了电子政务中心，负责全国电子政务发展的领导工作。2000 年 6 月 9 日，中央政府提交议会审议的《信息技术法》正式生效，该法为全国政府门户网站建设提供了法律规范，从法律上承认了“政府信息的电子交换、传输和存储，以及政府文件的电子归档”等问题的合法性[①]。中央政府计划在“十五”（2002—2007年）期间投资4.92亿美元用于电子政务建设。2003年国家信息技术局联合行政改革与公众投诉局起草了《国家电子政务计划》，旨在提高为公民和企业提供的各种公共服务的速度、可靠性、可及性和公开性，为各邦和职能部门的电子政务项目提供指导和规范。计划采取“统一规划，分散实施”的模式，强调“过程再造”和“管理变革”是电子政务项目成功实施的关键，要求各部门将年度财政预算的2%用于电子政务建设。计划最初制定的实施时间表是2003年至2007年，但直到2006年5月才得到批准开始正式实施[②]。

5. 加强行政责任建设

这个阶段，印度政府采取多项措施着力加强行政责任建设，试图改变政府机构和公务人员贪污腐败、不负责任、迟缓低效的公众形象。

一是进行针对政府高层的反腐败立法。独立后印度政府对行政机构进行了持续的调整，但基本上都限于政府中下层，很少对政府高层产生影响，在反腐败立法方面也主要是针对一般的公务人员，对政府高层官员的规定较少，严重制约了反腐败的效果。针对这种情况，高达政府（1996年6月—1997年4月）提出了《人民检察官法草案》，规定所有涉嫌腐败的官员都要接受人民检察官的调查，包括总理（前总理）、部长、各邦首席部长和议员，经总统授权可成立一个专门的三人特别法庭，负责调查、处理包括总理（前总理）、部长和国会议员等可能存在的腐败和渎职行为，如果属实，可追究法律责任和处以罚金，追索期限从接到投诉举报当日起可达10年[③]。但法案还未提交议会讨论，高达就已经辞职。1998年8月3日，为了遏制印度政府高层的腐败，也为了顺应社会和舆论的要求，印度政府重新向人民院提交了这项法案，但

① 董少林，李海洋．国外政府门户网站建设的经验及其启示［J］．湖北社会科学，2015（7）：35-40.

② Inderpreet Kauret, Mrs. Kiranjit Kaur, Mrs. Parminder Kaur. Effective E - Administration for Good Governance [J]. International Journal of Computing & Business Research, 2012, 7.

③ 余忠剑．印度反腐败机制及其效果［J］．廉政文化研究，2013，4（1）：76-83.

1999 年 4 月中央政府因为未能通过议会信任投票而解散，该法案也就没有获得通过。而且这项法案如果通过将会在很大程度上打破印度政府领导人们的特权地位，将其纳入反腐败法规的对象，政府领导人和议员们自然不愿意“作茧自缚”，缺乏立法的政治意志。不过当时印度严重的政治腐败已经引起了广大群众的痛恨，很多非政府组织积极地组织揭露、抨击腐败的活动，社会舆论强烈要求政府通过这项立法，给政府造成很大压力。在这种情况下，2003 年 8 月 13 日联邦议会终于开始重新审议《人民检察官法案》，并获得通过，成为印度反腐立法的又一重大突破。

二是强化公众投诉救济机制。强化公众投诉救济机制对于加强行政相对人的权利保护，监督约束行政活动具有重要作用。当时印度政府的公众投诉救济工作主要由国家行政改革与公众投诉局管理，不过该部门只负责为印度各政府部门和组织机构的公众投诉机制提供指导，具体的投诉救济工作由各部门和组织机构负责。根据 1997 年“行政改革行动计划”的规定，政府要求所有政府部门和组织机构都要设立“公众投诉办公室”，健全组织内部的投诉救济机制，规定处理公众投诉的固定时限，明确处理投诉的责任人，并公布处理投诉的官员姓名。此外，政府还开发并推广了公众投诉救济的计算机监督系统，之后发展为网页形式的监督系统。

三是简化行政法规和程序。印度独立后继承了英国式的行政体制，这种体制的特征之一是注重行政管理的法制化和程序化，强调通过行政法规和程序规范行政活动和行政行为。印度独立后的行政机构保持了这个传统。在高度集权的政治经济体制下，随着经济社会的发展，印度政府管理的公共事务逐渐增多，行政管理活动的范围日益广泛，行政管理行为更加复杂，在这个过程中印度政府的行政法规和行政程序日益增多和烦琐，直至走向泛滥。很多法规和程序根本起不到规范的作用或者无法执行，反而使行政管理过程陷入复杂、封闭和低效，使行政对象难以适从，并且增加了腐败的机会。随着自由化、市场化经济改革的深入，这种弊端变得更为突出，成为深化改革的障碍。为了简化行政法规和程序，1998 年 5 月印度政府成立了一个行政法规审查委员会，负责处理修正或取消现行具有跨部门影响的法律、法规和程序的建议，使行政法规更加客观、透明、可预测。委员会于 1998 年 9 月 30 日提交报告，建议废除近 50% 的现行行政法规。大多数部门（局）根据该报告的建议采取了措施，修改或废除了其管理的部分法规和程序，以期改善服务供给，并提高行政管理的透明度①。

6. 强化国防和外交职能

印度政府在着重转变政府经济职能的同时，受印度教教派主义的影响，还强化了政府的国防和外交职能。印度教民族主义的最终目标是将印度建设成为一个独具特色的印度教占统治地位的强国，让世界承认印度的“一流大国”地位②。这种思想深刻地影响很多印度人民党领导人，他们迫切希望国际社会承认印度的世界大国地位。20 世纪 90 年代末印度人民党开始执政时，八九十年代的经济改革使印度的经济发展取得了可喜的成就，经济增长率已居于世界前列，信息产业蓬勃发展，一些科技领域达到世界先进水平。这些成就使印度领导人认为印度成为世界大国的时机已经成熟，政府应加强国防和外交职能，实行积极主动的国防和外交政策，跨越世界大国的门槛。在国防职能方面，领导人认为拥有核武器是跨越这道门槛的第一张通行证，只要拥有了核武器印度的国际地位便会大大上升。1998 年 5 月 11 日，印度人民党执政不到两个月，就不顾国内外的反对和制裁威胁进行了 3 次核试验，并在第一次试验当天就公开宣布印度已经成为核国家。之后印度政府积极推进部队的核武装化，加速建设陆海空三位一体的核力量。除了发展核武器，政府还努力推进军队的现代化，更新技术装备，提高军队的作战能力。外交职能方面，印度政府积极推进全方位外交，谋求与世界大国，以及周边国家在各领域的合作关系，希望以此提高印度在国际关系中的地位和发言权。印度于 1999 年底与美国建立“战略伙伴关系”，于 2000 年 10 月与俄罗斯建立“战略伙伴关系”。2004 年 2 月印度与巴基斯坦开始全面对话，使两国的紧张关系走向缓和。印度政府主动增进与南亚国家的经济合作，与孟加拉国、斯里兰卡、缅甸、泰国、不丹、尼泊尔等孟加拉湾周围国家建立了七国经济合作组

① R. B. Jain. Towards Good Governance: A Half Century of India's Administrative Development [J]. International Journal of Public Administration, 2001, 24 (12): 1299 - 1334.

② 邱永辉. 浅析“印度教特性”政治 [J]. 南亚研究季刊, 2003 (2): 20 - 26, 79.

织，初步确立了印度在南亚地区的主导地位。这个时期印度还与英国、法国建立了战略伙伴关系，并加强了与东南亚、日本等区域和国家的合作关系[①]。总之，这个阶段印度政府奉行积极主动的外交策略，一定程度上提高了印度的国际影响力。

① 林承节. 印度近二十年的发展历程——从拉吉夫·甘地执政到曼莫汉·辛格政府的建立［M］. 北京：北京大学出版社，2012：355－389.

第五章

2004—2014年的印度行政改革

2004—2014年为曼莫汉·辛格领导的以国大党为首的团结进步联盟政府时期。将这个时期界定为当代印度行政改革的第三个阶段，主要是因为：印度20世纪90年代以来的改革政策使印度形成了“自由化、市场化、全球化方向下，要重点发展高科技产业特别是信息产业带动技术进步和经济全面发展[①]”的新的现代化模式，印度经济步入了高速增长阶段。但是，在此过程中，印度政府相对忽视了社会公平和社会发展，印度经济改革和经济增长的成果分配严重不均，广大下层民众，尤其是农民的利益基本没有得到增进，贫富差距进一步拉大，减轻贫困、医疗卫生、教育、安全饮用水、住房、性别平等与中下层民众生活水平直接相关的发展指标进步缓慢，“没有发展的增长”导致印度经济社会矛盾加剧。

曼莫汉·辛格政府汲取了经验教训，坚持深化经济改革、完善市场经济体制、加快经济发展，但受制于左翼政党和下层民众的反对，印度自由化、市场化经济改革的步伐有所放缓，在放松经济性管制、公共服务市场

① 林承节. 印度近二十年的发展历程——从拉吉夫·甘地执政到曼莫汉·辛格政府的建立[M]. 北京：北京大学出版社，2012：321.

化供给等方面更为谨慎。同时，政府将“包容性增长”写入“十一五”和“十二五”计划，强调经济社会的协调发展，将促进机会平等、使更多人分享经济增长的成果，及消除贫困摆在更加重要的位置，追求更快、更包容、可持续的发展。适应这种变化，这个时期的印度行政改革与前一阶段以市场为导向、以管理主义为特征的行政改革有所不同，其价值选择由以效率为核心走向效率、民主、责任、公平正义等多元价值并存，在继续放松经济性管制、提高行政效率的同时，突出权利本位，加强行政责任建设，强化公共服务职能，发展电子政务，促进行政公开和行政参与，进一步由管制行政向服务行政转型。

一、行政改革的影响因素

（一）实现包容性增长的要求

这个时期，印度政府在经济改革与经济发展方面成就卓著，2003—2004年，印度国内生产总值增长率首次超过8%，农业、工业、服务业欣欣向荣，尤其是软件业和信息服务业迅速发展，基础设施建设突飞猛进，投资和出口大幅增加；政治稳定，结束了中央政府连续更迭的局面；外交活跃，全面外交顺利推进，国防实力增强，实现了部队的核武装化。印度第14届人民院大选本应在2005年9月政府任期届满时举行，但印度人民党认为目前这种情况对竞选取胜最为有利，于是在2005年5月提前举行大选。印度人民党打出“印度大放光芒”的口号，着力宣传政府取得的诸多政绩，对赢得选举信心满满。但选举的结果是以国大党为首的团结进步联盟获胜，并在左翼政党的支持下组建政府，印度国内外舆论评价这种结果为“国大党意外获得选举胜利”。实际上印度人民党及其盟友的落选并不意外，政府的改革政策以增长为导向，在强调效率的同时没有最大限度地兼顾社会公平，改革的主要受益者为地主、私人大企业主、城市中产阶级、政府官员等少数阶层，绝大多数民众尤其是占人口2/3的农民、城市贫民的利益没有得到保护和增进，有的甚至利益受损，两极分化十分严重。具体来说，政府大力扶持以软件业和信息技术服务外包业为代表的高新技术产业，使服务业占经济的比重进一步提高，实现了印度经济结构的升级。但是，对于一个发展中的人口大国来说，资本技术密集型产业能够吸纳的就业人口十分有限，以服务业为主的经济结构难以创造充分的生产性就业机会，大量低教育水平、低技能的劳动人口无法就业，就业问题日益严峻；政府的改革并未深入触及严重的“三农”问题，绝大部分投资流向了城市工业和服务业，水利灌溉、饮用水、电力、交通等农村基础设施供给严重不足，农业经济增长缓慢，广大农民的生活状况未得到明显改善，城乡差距日益拉大；政府对贫困阶层的重视相对不足，社会保障、就业保障、教育、卫生、基础设施等基本公共服务增长较慢，社会贫富差距日益扩大。印度官方统计，2002 年印度贫困线以下的人口占总人口的 26.1%，2001 年全国识字率为 65.38%，2005 年失业率约为 10.1%，在经济快速增长的情况下，印度下层民众最关切的贫穷和落后问题长期无法得到改善，社会不满情绪上升，因此，印度人民党败选是印度广大民众，尤其是贫困人民选择的结果。

国大党对这个问题有清醒认识，在竞选中针对性地打出了“面向穷人”的口号，批评人民党政府改革走精英路线，指出增长要切实兼顾社会公平，承诺将采取有力措施改善下层人民的生活，对广大民众很有吸引力。当选后国大党与盟友制定了政府的执政纲领——《最低共同纲领》，宣布将坚持进行经济改革进一步提高经济增速，但要使改革更加“人性化”，将保护弱势群体、改善下层人民经济地位作为头等重要的大事。将工作重点放在发展农业和解决就业等民众普遍关心的问题上，加大对教育、全民卫生保健、提高贫民居住条件和增加粮食产量等方面的投入，使改革成果及早地惠及下层人民，缩小贫富差距，缓解社会经济矛盾。2007 年政府进一步地将“包容性增长”① 写入“十一五”计划，并制定了“包容性增长”的战略路线图，力求通过扶贫、生产性就业、提高人力资源能力、加强社会保障及良好的治理等措施有

① 2007 年亚洲开发银行最早提出了“包容性增长”的概念，基本含义为机会平等地增长，与单纯追求经济增长相对立，强调要使更多人公平合理地分享经济增长的成果，追求经济社会的协调可持续发展。其最重要的表现是缩小贫富差距，基本指标有基尼系数、识字率、基本公共服务的供给水平和均等程度等。

效减少贫困[①]。“包容性增长”是对这一时期印度政府发展理念的系统概括，标志着印度开始从主要追求经济增长的阶段向追求经济和社会协调发展的新阶段迈进。实现“包容性增长”的目标至少从两个方面提出了行政改革的要求。一方面“包容性增长”意味着政府要大幅度增加在农村发展、创造就业机会、基本公共服务供给、扶贫与社会福利项目、基础设施建设、各类财政补贴等方面的支出，对政府的财政水平有较高的要求。但当时印度中央政府和邦政府的财政赤字不断攀升，公债负担沉重，分别达到国内生产总值的10%和69.9%，均超过了国际公认的警戒线。政府财政收支状况不佳严重制约了印度政府增加社会发展和基础设施建设的能力，决定了政府必须采取措施降低行政成本，调整财政税收体制，优化财政支出路径。另一方面实现“包容性增长”的关键是要将发展战略和政策转化为现实结果，这取决于政府是否具有充分的治理能力。印度现有的官僚机构显然缺乏这样的能力，要求政府必须对官僚机构进行改革。

（二）联合政府权威分散

2004年和2009年人民院选举，以国大党为首的团结进步联盟均获得了最多席位，但都未超过半数，只能在其他政党的外部支持下组成联合政府。联合政府权威分散，尤其是左翼政党与国大党存在较多分歧，对政府的经济改革和行政改革产生了重要影响。2004年人民院选举国大党改变竞选策略，与全印人民党、民族主义者大会、德拉维达进步联盟等16个政党组成团结进步联盟。最终团结进步联盟赢得217席，席位数在议会中占第一位，但没有超过半数（人民院共545席，其中543席经选举产生，2席由总统任命），是一个“悬浮议会”，需要其他政党的支持才能组织政府。印度共产党（10席）、印度共产党（马）（43席）、社会主义党（36席）等左翼政党以及其他一些小党愿意从外部支持团结进步联盟，国大党历史上首次与其他政党组成了联合政府。2009年人民院选举，团结进步联盟席位上升为262席，在议会中占

① Mani Shankar Aiyar, Nupur Tiwari. Inclusive Growth through Inclusive Governance in India's North East [J]. Commonwealth Journal of Local Governance, 2009 (2): 137-139.

第一位，但仍然没有超过半数，再次在其他政党的外部支持下建立了联合政府。联合政府下国大党必须谨慎处理与同盟内部其他政党及同盟外部政党的关系，尤其是必须尽力维持与印度共产党和印度共产党（马）等左翼政党的合作关系，因为一旦他们撤销支持，团结进步联盟就将失去执政资格。2004年大选，社会主义党虽然愿意为团结进步联盟提供支持，但反对其他左翼政党加入政府，左翼政党联盟因而拒绝入阁，仅在议会为团结进步联盟提供外部支持。因此，政府不得不就一些重大问题与左翼政党联盟进行协商、求得妥协。左翼政党虽然同意以《最低共同纲领》为联合政府的施政纲领，也同意进行“人性化”“公平化”的经济改革，但由于左翼政党长期反对自由化、私有化的改革政策，强调社会公平正义和自力更生，它们在公营企业改革、扩大外资投资、农业改革等诸多领域仍然和国大党存在诸多分歧，政府的很多工作都受到了左翼的影响和制约。行政改革方面，政府在继续推行以放松经济性管制、公营企业私有化改革、基础设施民营化、引进市场化治理工具为主要内容的管理主义行政改革措施时，遭到左翼政党的坚决反对，改革步伐显著放缓。在某些与政府密切相关的部门，如基础设施、采矿和自然资源等部门，甚至出现了恢复或加强管制的“政策逆行”。左翼政党强烈要求政府将就业、农村发展、扶贫、保护弱势群体等有关社会公平正义的问题作为政府最重要的议题，政府鉴于此前人民党政府的经验教训，也乐于在加快经济发展的同时切实兼顾起社会公平正义。因此，该阶段政府突出强化了公共服务职能，通过提高基础设施、社会保障、就业保障、教育、医疗卫生等基本公共服务的供给水平和均等化程度，践行“包容性增长”理念。

（三）社会对公民信息权的争取

公民信息权是信息社会形态的公民的一项基本权利，是指公民依法因创造、寻求、获取、传播、利用以及控制信息资源的信息行为产生的一切权利[①]。在本研究语境下，公民信息权主要是指公民获取关于公共机构信息的权利，具有行政公开的含义。“所有公民都有权利获得政府掌握的信息，信息对

① 相丽玲，牛丽慧．论公民信息权［J］．现代情报，2014，34（11）：3－5.

于公民保护和实现其基本权利是至关重要的。从更广泛的意义上讲，获得信息的权利是一种有力的工具，可以用来打破长期存在于公民与政府之间的秘密城墙。”① 长期以来印度政府的行政透明度较低，是一种近乎信息封闭的暗箱行政，公民的信息权利无法实现，是行政责任缺失、政府权力滥用和腐败的重要原因。20 世纪 90 年代初，印度民众的权利意识快速觉醒，广大民众开始积极地要求政府加强对各项公民权利的保护和实现，其中就包括了对公民信息权的争取。为了推动政府增进公民信息权利，1994 年拉贾斯坦邦的一些农民建立了一个名为“MKSS”的组织，宣称他们的生计、收入和就业在很大程度上取决于作为发展机构的政府的投资。如果这些利益没有实现，他们就有权知道投资发生在哪里以及实际花了多少钱。这样他们的经济权利就转化为了信息权。该组织先后在拉贾斯坦邦的 4 个地区召开了 5 次公众听证会，讨论政府财政支出中列举的村庄公共工程是否真实存在，并要求政府公开发展工程的支出，加强行政责任，确认社会审计的神圣性以及建立纠正机制。这场运动在拉贾斯坦邦产生了很大影响，以至于首席部长不得不出面承诺“村民有权了解村庄发展工程开支的详情”。这场运动的影响甚至蔓延到首都，事件发生 3 个月后，一批政治家、法学家、前官员和学者们在新德里召开会议，要求联邦政府进行“信息权利法”立法，并授权会议主席起草了一份示范性法案，中央政府在邦政府之后也陷入了公民争取信息权利的压力之中②。1997 年首席部长会议对此作出回应，提出政府将“提高行政透明度和保障公民信息权”。2004 年 12 月政府向人民院提交了《信息权利法案》，经过重大修改后于 2005 年 5 月最终获得通过。然而，印度社会对公民信息权利的争取并未因此而停止，反而是随着信息技术的发展、政府信息公开的推进而不断升级。譬如，非政府组织印度智慧政府研究院，长期致力于推动政府开放数据，向政府提供有关开放数据的各种建议，并参与到政府开放数据的工作之中；非政府组织印度善治研究院承担了中央政府实施的“信息能力建设项目”，旨在培养公共机构和人员有效执行《信息权利法案》的能力。在印度社

① 转引自孙彩红．印度行政改革的主要举措及启示［J］．政治学研究，2011（6）：106－115．

② Kuldeep Mathur，Navdeep Mathur．Assessing Administrative Reform in India［J］．Chinese Political Science Review，2017，2（1）：40－55．

会和民众的长期争取之下，2012 年印度建立了全国统一的政府门户网站和政府数据开放网站，走在了发展中国家的前列。

二、行政改革的价值选择

这个阶段，印度政府坚持“包容性增长”的发展理念，在深化经济改革、加快经济发展的过程中，注重使经济发展的成果惠及底层民众，缩小贫富差距。这构成了政府行政改革的基本依据，因此这一时期印度政府行政改革的核心价值选择是效率优先、兼顾公平，但在效率与公平关系的处理上与之前历届政府有所不同。印度社会对公民权利和政府服务质量的要求进一步提高，促使政府更加重视以民主、责任等价值取向来指导行政改革，进一步由管制行政向服务行政转型。

（一）效率优先兼顾公平

效率与公平的关系问题是现代公共行政最基本的价值问题，对效率与公平关系的处理影响到行政职能、公共政策、行政改革等公共行政的各个方面。印度独立后到 20 世纪 90 年代之前的历届政府坚持经济增长与社会公平并重，但实际上是以公平为核心价值取向，其经济政策主要是公平导向，而不是增长导向的，因而印度的经济效率长期较低，国民财富增长缓慢，收入再分配只能在较低的水平上进行。导致独立后 40 多年印度既没有实现经济的快速增长，也没有实现社会的公平正义。进入 20 世纪 90 年代后，印度政府总结了以往历届政府发展目标和政策取向上的不足，认识到只有在国家收入大幅增加的基础上才有可能通过收入再分配实现社会的公平正义，首次提出了增长优先、兼顾公平的原则。实行增长导向的经济改革政策，实现了经济发展模式的转型，开启了印度经济的加速增长。到 20 世纪 90 年代后期，印度基本上建立起自由化的市场经济体制，实现了印度经济的高速增长。这个时期印度政府以效率优先、兼顾公平为价值取向，但在推动经济增长的同时相对忽视了社会公平，经济增长的成果只惠及少数群体，在社会保障和消除贫困方面投入不足，导致印度底层民众的经济状况未能得到改善，社会贫富差距不断扩大。国大党和全国民主联盟也因此在经济改革和经济发展的良好形势下竞选失败。

曼莫汉·辛格政府汲取了前任政府的经验教训，也由于受到左翼政党的压力，继续坚持效率优先、兼顾公平的价值取向，但特别强调了经济增长要切实兼顾社会公平，在继续深入进行经济改革争取更高经济增速的同时，将改善下层人民的经济地位作为首要任务。2004 年大选胜利后，国大党与团结进步联盟的其他政党制定了作为执政原则的《最低共同纲领》，该纲领就加快经济增长、增加就业、促进社会和谐、保护农民和工人利益、提高妇女权益、改善表列种姓和表列部落就业及教育状况等问题进行了规定，26 项内容中有 19 项涉及社会民生，具有显著的以人为本和公平价值取向。2007 年和 2012 年，政府分别将“包容性增长”的发展理念写入印度“十一五”和“十二五”计划，提出要分享经济增长成果，加强基本公共服务的供给和均等化分配，实现经济社会的全面协调可持续发展。与这种执政原则和发展目标相适应，政府在效率优先、兼顾公平的价值取向的引导下实施了一系列的行政改革措施。为了继续深化经济改革、加快经济发展，政府积极转变经济职能，进一步放松对私营经济活动的管制，为发挥市场机制的调节作用创造更大空间；为了提高行政组织效率，政府进一步在管理活动中引进竞争机制，增加对民营化、私有化等市场化治理工具的应用，大力发展电子政务，应用现代信息技术优化行政运行机制；为了维护社会公平正义，实现机会均等，辅助弱势群体，政府着重强化公共服务职能，大幅度增加对社会保障、社会福利、增加就业、消除贫困、基本公共服务供给等方面的财政投入，尤其重视改善农民、妇女、表列种姓、表列部落的经济社会地位。

（二）民主价值

这个阶段，印度政府行政改革的民主价值取向有如下四个方面的含义：其一，代表和实现社会公共利益。公共行政的公共属性和服务属性决定了现代民主政府必须以代表和实现社会公共利益为基本职责。当时，印度的领导人认为印度的经济发展水平仍然不高，经济改革还面临着一些亟待解决的基础性、关键性问题，必须继续将深化经济改革、加快经济发展作为首要任务。但由于印度社会还存在着较为严重的贫穷和落后问题，已经引起了广大下层民众的强烈不满，而且贫富差距悬殊也不利于印度经济的长远发展，因此政府必须真正兼顾好经济增长和社会公平的关系，既要实现经济快速增长，又要真正使下层人民的生活水平逐步得到改善，共享经济增长的成果。其二，强调所有公民的平等的政治和社会机会。为了体现和促进民主，独立后印度各届政府都较为重视增进妇女、表列种姓与表列部落等社会弱势群体的政治和社会机会。印度的领导人认为随着经济的快速发展，政府应更加重视赋予这些群体公平的政治和社会机会，使他们有能力参与经济发展、分享经济增长的成果。长期以来占据印度人口 70% 的农民始终处于较低的经济社会地位，基本没有从经济改革中获益，政府应将改善农民的经济社会地位作为重要任务，大力加强农业基础设施建设，增加农村基本公共服务供给，为农民创造更多的生产性就业机会。为进一步改善妇女的政治地位，2010 年印度政府重新向议会提交为妇女保留 1/3 议会席位的《妇女保留权利法案》，并获得联邦院通过。政府在教育、文化、卫生等基本公共服务的供给中，注重向表列种姓和表列部落进行倾斜，提高这些群体参与政治经济活动的能力。其三，提供公民和社会组织广泛参与公共事务的机会。平等的政治参与是民主价值的基本内涵之一，也是公民最基本的权利之一。当时，印度社会的权利意识进一步觉醒，对实现公民权利（最突出的是对公民信息权利的争取）和参与公共事务的要求更加强烈。政府顺应这种形势，加大向社会赋权的力度，推动非政府组织在更广泛的领域内发挥作用，使非政府组织成为公民参与公共事务的重要桥梁。政府积极推动《信息权利法案》获得通过，通过保障公民信息权利来加强行政公开，使广大民众尤其是弱势群体有认知和参与行政决策和政策执行的过程的机会。其四，回应社会需要，加强基本公共服务供给。满足个人和社会生存、发展、基本尊严和基本能力的需要是现代政府基本的民主责任，政府必须为社会成员提供能够满足其基本需要的各种形式和内容的服务，并随着经济社会的发展而不断提高服务水平。长期以来印度政府对城乡地区尤其是农村地区的基础设施、教育、卫生、社会保障等基本公共服务的投入严重不足，导致基本公共服务供给水平较低且严重失衡，严重制约了印度社会民生的改善。这个时期政府将加强基本公共服务供给作为核心职能之一，大幅度增加了政府在基本公共服务方面的投资。

三、行政改革的内容

这个阶段，印度政府根据深化经济改革、加快经济发展与实现“包容性增长”的要求，在之前政府改革的基础上，进一步放松经济性管制，发展电子政务，提高行政效率，实施《信息权利法案》，扩大社会参与，加强行政责任建设，强化公共服务职能，继续朝向回应性的、负责任的、有效的公共行政发展。

（一）建立第二届行政改革委员会

从组织学的视角看，行政改革是对行政组织实施的一种变革，因而一些行政改革现象可以通过组织变革理论进行解释。关于组织变革，李皮特等提出了“有计划地组织变革模式”，将组织变革描述为由变革需要的产生、关系的确定、问题诊断、目标和计划的建立、行动、变革的普及与稳进、终结关系七个步骤构成的计划性过程。这种模式的要义在于当组织产生了变革的需要，组织领导人与外部的专家或机构建立合作关系，由外部专家或机构对组织进行全面的或局部的诊断，确定组织在结构、程序、行为等方面存在的问题，并与组织领导人共同制定和实施组织变革的方案。“有计划地组织变革模式”可以为印度独立后的行政改革活动提供解释。1947 年以来印度各届政府先后成立了 30 多个专门委员会，对行政机构的某些方面或公共行政的专门问题进行调查研究、提出改进方案，已经成为独立后印度行政改革的一个传统。这些专门委员会的部分建议被政府所采纳，对印度的行政发展产生了重要作用，如 20 世纪八九十年代的潘查亚特体制改革就是在多个专门委员会的建议和推动下实施的。2004 年印度新任总理就任后明确指出“我确信各级政府都没有足够的能力去实施社会和经济变革，满足人民的愿望。为了做到这一点，我们需要政府和公共机构的改革”①。为了对政府和公共机构实施有效的变革，

① Kuldeep Mathur，Navdeep Mathur. Assessing Administrative Reform in India［J］. Chinese Political Science Review，2017，2（1）：40－55.

2005 年 8 月 31 日印度政府成立了第二届行政改革委员会①，负责对印度的行政体制和政府治理状况进行全面的调查研究，为改进公共行政提供详细建议。政府要求委员会围绕“为国家各层级政府建立积极的、回应的、负责的、可持续的和有效的公共行政”的目标提供改革方案。委员会于 2009 年 5 月 31 日完成工作，共提交了 15 份报告，报告的内容涉及印度公共行政的诸多领域，提出了广泛的改革建议。

政府接受了行政改革委员会的报告，并设计了处理这些报告的程序机制。这些报告按照其主题首先被分别提交至中央政府相关部门接受评估和审查，各部门结合实际情况给予答复。紧接着由内阁秘书领导的行政改革核心小组审议有关部门的答复意见，再由内阁秘书向负责这项事务的部长小组提交综合性的答复报告。部长小组的建议被提交给总理等待进一步的考虑和采取行动。行政改革部长小组成立于 2007 年 3 月 30 日，负责审议第二届行政改革委员会的报告和评估方案实施活动，还负责为相关部门实施改革建议提供指导。第二届行政改革委员会的某些建议得到了政府的采纳和一定程度的执行，但总的来说对印度行政改革的影响并不显著。

（二）放松行政管制

为深化经济改革，进一步增强市场机制的调节作用，政府在以往改革的基础上继续放松对微观经济活动的管制。一是进一步取消对私人资本和外资经营领域的限制。多年来印度政府在这个方面进行了大刀阔斧的改革，基本上取消了私人资本和外资在工业领域的经营限制，向私人资本和外资开放银行业、保险业投资，并大力鼓励私人资本和外资投资电力、能源等基础设施领域。2004 年后，印度政府在此基础上有所推进，制定了新的“经济特区法案”，鼓励私人部门通过独资或公私合营等形式参与经济特区建设。将铁路、公路、电力、饮用水和卫生系统等基础设施建设置于最优先的地位，鼓励私

① 1966 年 1 月夏斯特里总理任命了第一届行政改革委员会。当时印度 5 年计划执行效果不佳，陷入严重的经济危机，夏斯特里等认为行政机构没有能够有效地执行计划是主要原因，于是成立了高级别的专门委员会对行政机构进行全面的诊断。1966—1971 年，第一届行政改革委员会共提交 10 份报告，包括 581 条改革建议。但由于夏斯特里于 1966 年突然去世，这些建议基本没有得到实施。

人部门对绝大多数基础设施建设项目，尤其是农村基础设施建设进行投资，并提供各种优惠条件。允许私人部门投资铁路集装箱运输业务，鼓励私人企业建设集装箱站，开展门到门运输服务。向外资开放房地产业、城镇和住房开发建设、地方航空、广播业等领域的投资，允许外国机构投资科技期刊出版业。为了发展印度落后的食品营销和零售系统，2009 年印度政府宣布将允许外资以合资形式投资零售业，但方案遭到左翼政党和零售业从业人员的强烈反对而搁置，在政府的努力下直到 2012 年才得以实行。二是提高私人资本和外资的投资比例。此前印度政府开放了银行业和保险业的外商直接投资，但将其持股比例限制在 26%，对外资吸引力不大。政府将这个比例提高到 49%，将外资在私有银行的持股比例提高到 74%。将外资在电信业的持股比例由 49% 提高到 74%，允许外国航空公司在国内航空公司中可持股 49%。三是推进公营企业改革。政府继续从公营企业撤资，向私人和外资出售股份，将更多公营企业改制为私营企业或公私合营企业。但由于左翼政党的反对，政府从公营企业的撤资步伐有所放缓，采取了一些支持公营企业发展的措施，以实现“公营企业和私营企业的共同繁荣”。在撤资之外，政府重点实施了鼓励公私企业合并的政策。四是提高外资投资审批效率。加快外商投资申请的审批速度，对电力、电信、海港、道路、机场、石油、采矿等基础设施领域的外商投资申请，实行 7 日内完成审批的制度①。在左翼政党的影响下，政府加强了对私人和外资在一些部门，如基础设施领域、电信等部门的投资经营活动的监管。大量私人基础设施投资项目因为得不到审批而陷入困境，有关部门扮演的是许可人或特许权颁发者的角色，而不是私人投资者的合作伙伴，导致私人投资基础设施的管理效率难以提高。电信行业的企业家们甚至认为他们经历了十几年来最糟糕的管制环境。由于管制政策的逆行，2012 年后印度的私人和外资投资出现下降，经济增速大幅放缓。

除了对政府的经济职能进行调整，印度政府还积极转变社会管理职能，放松政府对社会活动的管制，为非政府组织参与治理创造条件，扩大社会参

① 文富德．印度难以推行第二代经济改革的原因及前景［J］．南亚研究季刊，2014（3）：38－44，5．

与。20 世纪八九十年代开始的市场化经济改革推动了印度经济快速发展，带来印度社会主体、社会结构和社会利益的日益分化。在这个过程中，印度形成了一个规模庞大的中产阶级，他们不再局限于自身利益，而是更加关注公共事务，很多受过高等教育或经过专门训练的人士发起各种非政府组织，活跃在宗教、教育、扫盲、健康、社区等服务领域，以及反腐、环保、妇女、儿童问题、种族等诸多倡导领域①。非政府组织被认为是代表民众声音、表达基层诉求的一种途径②。在这种情况下，印度政府转而扶持非政府组织发展，提高社会自治能力。20 世纪 80 年代后，印度政府和一些国际机构开始直接资助非政府组织，将非政府组织纳入发展规划，1992 年制定的“八五计划”明确提出要把非政府组织纳入社会发展的过程中，使非政府组织在印度社会发展中的作用更为凸现。政府坚持“包容性增长”的发展理念，经济发展项目、基础设施建设项目、社会福利项目等各类政府项目大大增加。为了更好地实施这些项目，政府向非政府组织和志愿组织部门投入了大量资金，扩大了向非政府组织的咨询范围，非政府组织在监督、评估政府的政策和项目中发挥了相当重要的作用③。总之，这个时期印度非政府组织作用彰显，既提高了印度社会的自治能力，也形成了对政府的制约和压力，对于促进行政参与、民主决策和行政公开具有重要意义。

（三）强化公共服务职能

基本公共服务是指为了保障社会成员的基本生存权，满足社会成员基本尊严、基本能力、基本健康等方面的需要，通过国家权力介入或公共资源投入为公民及其组织提供的各种服务的总和。一般而言，基本公共服务根据其内容和形式可以分为基础公共服务、经济公共服务、公共安全服务与社会公共服务四种类型。基础公共服务是指为公民及其组织从事生产、生活、发展

① 赵刚印．现代化进程中公民政治参与的比较研究［D］．上海：华东师范大学，2006：85－96.

② 牛慧娟，洪明．20 世纪 90 年代以来印度中产阶级与非政府组织的发展［J］．湖北社会科学，2002（10）：67－68.

③ 孙彩红．印度行政改革的主要举措及启示［J］．政治学研究，2011（6）：106－115.

和娱乐等活动而提供的基础性服务，如水、电、交通、通信等基础设施；经济公共服务是指为公民及其组织从事经济活动而提供的各种服务，如咨询服务、技术推广、政策性信贷等；公共安全服务是指为公民及其组织提供的安全服务，如国防、公安、消防等方面的服务；社会公共服务是指为了满足公民的生存、生活、发展等社会活动的直接需要而提供的服务，如社会保障体系，社会福利，教育、医疗、文化等公用事业，环境保护等广泛内容。随着经济的发展和人民生活水平的提高，社会基本公共服务的内容和水平也会逐渐进步。为社会成员提供各种内容和形式的基本公共服务是现代民主政府的基本职能之一，也是政府合法性的主要来源。政府公共服务职能的主要内容有构建相关的法律、政策规划、管理体制机制，筹措公共服务资金，管理、指导和协调相关工作，举办社会公用事业，保护环境资源等。为了改善民生，实现“包容性增长”的目标，政府号召人们“携手向贫困、无知和疾病宣战”，将加强公共服务作为政府的核心职能之一，加大对公共服务部门的投资。20 世纪 90 年代以来印度政府垄断公共服务供给的体制逐渐被打破，私人企业、外资企业、非政府组织、民众日益参与到公共服务的供给活动中，到这个时期基本形成了政府主导、社会参与的公共服务供给模式。政府越来越多地扮演公共服务的安排者和投资者角色；私人和外资大量参与基础设施建设，发展民营医疗、教育和养老等产业；非政府组织和志愿组织广泛参与到教育、医疗、养老、扶助贫困、环保等服务的提供中，发起大量非营利的服务项目，极大地拓展了公共服务的资金来源，提高了公共服务的供给能力。

第一，政府将加强农村公共服务供给作为首要任务。独立后印度政府对“三农”问题长期不够重视，当时印度农村的水利灌溉设施严重不足，农业生产还没有改变靠天吃饭的局面，大量无地少地农民无法就业，许多地区缺乏交通设施、通信设备、医疗设施、中小学校、电力和安全饮用水。政府大幅增加了对农村基础设施、水利灌溉和农业研究与发展的投资。实施第二次“绿色革命”，在全国范围内对水利灌溉系统进行大规模的改造和修建，对水资源进行全面管理。增加对农民的信用担保，扶持农畜产品加工工业，实行农畜产品保险计划，就地消化农村剩余劳动力，实施农民工最低工资法，保护农民合法权益。

第二，完善社会保障体系。政府实施了诸多大型的社会保障和社会福利项目。2006 年 2 月实施《全国农村就业保障法案》，首次通过立法保障农民的就业权利，法案规定邦政府必须在每个财政年度为有成年家庭成员且自愿做无特殊技能要求的体力劳动的居民，提供不少于 100 天的有薪就业保障，日工资标准不低于 60 卢比，按周支付。是 1947 年以来印度覆盖范围最广、涉及人数最多的生产性就业扶贫计划①。2008 年 12 月实施《无组织工人社会保障法案》，为非正式部门工人提供养老金、人身意外保险和医疗保险，至此占印度劳动力大部分的非正式部门工人最终被纳入社会保障体系。2013 年 8 月通过《国家食品安全法案》，扩大食品补助的覆盖范围，降低补助食品的价格，以使更多穷人家庭能够消费这些食品。这个时期印度政府用于食品补助的支出是过去的三倍。印度政府的社会福利项目都是通过立法手段实施的，凸显出社会福利是对公民权利的实现，改变了过去对穷人的恩惠式的福利供给模式。

第三，加大教育尤其是基础教育投资。为了使 6～14 岁儿童能够完成 8 年义务教育，政府大力实施“初等教育普及计划”和“免费午餐计划”，2008 年后将国家总税收的 3% 用于这两项计划。2009 年颁布《儿童免费义务教育权利法》，规定实行 8 年免费义务教育，在学校提供免费午餐、免费教学用品和免费校服等。为了提高 14～18 岁学生的入学率和教育质量，2009 年开始实施“中等教育普及计划”，印度历史上首次开展全国性的中等教育普及工作。为了改变穆斯林和少数民族教育的落后面貌，2009 年开始实施穆斯林教育质量提升计划和少数民族地区基础设施计划②。

第四，加大医疗保障投入。在原来基本免费医疗的基础上，2012 年开始实施“全民免费拿药计划”，向全国所有在公立医疗机构就诊的病人提供免费药物，费用由中央政府承担 75%，邦政府承担 25%③。

① 高静．印度社会保障的政治理念及设计路径［J］．南亚研究，2014（4）：139－152，157.

② 杨旻旻，连进军．印度改善弱势群体基础教育运动及问题——以 20 世纪 80 年代中期以后为中心［J］．外国教育研究，2013，40（8）：27－36.

③ 高静．印度社会保障的政治理念及设计路径［J］．南亚研究，2014（4）：139－152，157.

（四）加强行政责任建设

政府实施了提高行政透明度、完善反腐败制度建设等加强行政责任的改革措施。行政透明度是指政府向公众提供信息以及公开政府机构运作情况的程度。高行政透明度能够使政府工作受到公众监督，为公众提供了解政府工作及其有效性的重要工具，促使政府更客观地运作，提高政府工作的可预测性，有关政府运作的信息也使公民能够有效地参与治理过程，从而使政府更负责任①。政府基于加强信息公开、抑制权力滥用和腐败的考虑，制定并实施了《信息权利法案》，大力推动以政府数据开放和政府门户网站建设为核心的电子政务建设。加强政府数据和信息公开，保障公民信息权离不开电子政务的发展，电子政务的发展也必须以对公民信息权利的法律保障为基础，两者是互为前提、相互促进的关系，因而政府决定同时推进这两项工作。

鉴于印度社会对政府加强信息公开、保障公民信息权利的强烈要求，1997 年印度首席部长会议提出要“通过保障公民的信息权利来提高行政透明度”。随后政府成立了一个跨部门的工作小组，负责研究全面信息权法案使政府更加公开和具有回应性的可行性和必要性。小组认为政府运作中的透明度和开放性对公共机构具有“清洁”作用，是遏制腐败和不负责任的保障。该小组确定了公民信息权利立法的三项原则：一是政府信息公开是原则，不公开是例外；二是不公开的范围要严格限定；三是应该有一个负责处理公民与公共机构之间纠纷的裁决机制。2000 年和 2002 年，政府分别向议会提交了《信息自由法 2000》和《信息自由法 2002》，但由于法案不够完善而搁置。2004 年印度政府对《信息自由法 2002》进行了修改和完善，于 2004 年 12 月向议会提交了《信息权利法案》，经过多次修改后于 2005 年 5 月获得通过。该法案规定政府应公开除涉及国家安全情报、内阁文件及受法律保护的内容外的信息，公民有权要求查看以任何形式出现的任何资料，包括正式批准文件的程序、对土地和资产的划拨和分配、税负及其评估的标准、服务提供的

① Right to Information：Masterkey to Good Governance［Z］. http：//india. gov. in.

程序和标准、发展方面的支出和工作等广泛内容①。这有利于促进民众对政府决策的认知和参与，防止暗箱操作、权力滥用，建设负责任的公共行政。该法案规定，在各政府部门和机构设立公共信息官员，在中央和邦分别建立中央信息委员会和邦信息委员会。信息官员代表公共机构处理公民关于信息公开的申请，根据所申请信息的性质，必须在收到申请后的 48 小时至 40 天内处理完毕。信息委员会主要负责监督政府的信息公开工作和保障公民的知情权，当公民知情权受到侵害时可向信息委员会提起申诉②。为了提高信息公开的效率，中央信息委员会开发了“信息公开申请和申诉处理管理网络系统”，为实施《信息权利法案》引入在线解决方案。《信息权利法案》为印度公民获取政府信息提供了法律依据，规定了印度中央政府和地方政府向社会公开关乎公共利益和对公民有价值的政府信息的法律义务，为推动行政公开、加强行政参与提供了法制保障，是印度行政发展历程上的一个里程碑。虽然该法案在实施过程中还存在没有及时回应公众、缺乏责任追究等问题③，影响了法案的实际效果，但不能否定该法案对印度行政法治建设的重要作用。

电子政务不仅能使公共机构和政府运作现代化，也能使行政程序对普通公民更加透明，进而促使公共机构和人员更加负责。2006 年 5 月印度政府批准了《国家电子政务计划》，此后印度电子政务建设进入快速发展时期，标志性成果是建立了全国统一的政府数据开放平台和政府门户网站。这个时期，印度形成了比较完善的电子政务发展的基础法律体系，包括《信息技术发展计划》《信息技术法案》《2011 信息技术规则》《信息权利法案》《国家电子政务规划》等。为了促进政府数据和信息资源的开放、共享和使用，2012 年相关机构发布了《国家数据共享与获取政策》《电子政务建议》《国家数据共享与获取政策实施指导意见》等文件，为推进政府数据开放提供政策和技术指导④。同年，中央政府正式批准《国家数据共享与获取政策》，启动政府数

① 孙彩红．印度行政改革的主要举措及启示［J］．政治学研究，2011（6）：106－115.

② 张菁．印度信息权利法与信息监督机制［J］．情报杂志，2009，28（S1）：137－138，149.

③ 孙彩红．印度《信息权利法》的实施及其启示［J］．中国行政管理，2011（9）：96－99.

④ 丁念，夏义堃．发展中国家开放政府数据战略的比较与启示［J］．电子政务，2015（7）：27－36.

据开放统一平台建设。印度的数据开放平台建设在很大程度上借鉴了美国的经验，制定相关架构和标准，集中全国各级政府拥有的非涉密数据，并将所有分散的数据转换为标准格式。为了保护国家安全、隐私、机密、商业秘密和知识产权等数据的安全，政府还制定了一个非共享数据清单①。印度数据开放平台覆盖了经济、金融、农村、教育等诸多领域的数据，具有检索和可视化图表下载功能，为印度民众及其组织获取、应用、开发政府数据提供了极大便利。与这项工作同时推进的是全国统一的政府门户网站的建设工作。当时印度各级各类政府门户网站已达5000多个，各网站技术标准不统一，给公众使用带来了不便。全国统一的政府门户网站按照统一的技术标准，将全国所有政府门户网站整合进一个标准化界面，实现了所有政府门户网站之间的相互连接，民众可通过一个网页进入所有政府门户网站②。全国统一的政府门户网站具有政务服务功能，公众和机构可在该网站办理行政审批、缴纳费用、办理退税等服务。

2013年印度《官员腐败调查法》获得通过，是印度反腐法制建设的又一个里程碑。2004年和2009年大选的连续胜利，使团结进步联盟陷入盲目的自信当中，政治领导人和高级官员放松了对政治责任和公共道德的要求，导致这个时期印度的政治腐败和寻租发展到一个史无前例的规模，引起社会和舆论的强烈不满，严重影响了政府的形象和威信③。2010年，震惊世界的3G电信腐败案被揭发，为了平息民愤挽回民心，政府决定出台一部“官员腐败调查法”，在中央层面建立一个专门的反腐败调查机构，任命独立的反腐败调查专职官员，加强对腐败官员的调查和处理。实际上，早在1968“官员腐败调查法”就已经被提上议程，但在长达45年的时间里历经8届议会反复审议始终无法达成决议。

2011年1月17日，14位印度社会知名人士联名公开致信国家领导人，认

① 岳丽欣，刘文云．国内外政府数据开放现状比较研究［J］．图书情报工作，2016，60（11）：60-67.

② 董少林，李海洋．国外政府门户网站建设的经验及其启示［J］．湖北社会科学，2015（7）：35-40.

③ Baldev Raj Nayar. The Political Economy of Reform Under the UPA, 2004-14: The Tension Between Accumulation and Legitimacy［J］. India Review, 2015, 14（2）: 175-202.

为印度必须以“紧迫感、决心和战时体制应对（腐败）这种病症”[①]。2011 年以来，为了推动“官员腐败调查法”立法，印度社会精英发起了多次示威活动，如“绝食至死”运动[②]，产生了很大的社会影响。自下而上的民主压力加速了立法进程，政府采纳了社会精英关于法规内容的部分建议，2013 年《官员腐败调查法》最终获得通过。法案规定在中央设立“官员腐败调查机构”，负责对所有公务人员的腐败问题进行调查，各邦建立 Lokayukta 机构，但对各邦官员的调查需经该邦首席部长同意；对政务官员（一般为中央职能部门首席秘书以上职务）的调查无须两院议长同意，对总理的调查不得涉及国防、外交，调查时须录像；调查机构有独立的调查权和指控权，有权要求中央监察委员会和中央调查局展开调查，建立特殊法庭处理其提出的案件，处罚由特殊法庭处理[③]。该法案的通过对印度的反腐败进程具有重要意义，进一步完善了印度的反腐败法律体系，建立了覆盖全国各级政府的反腐败调查机构，被认为如果得到有效执行将能够减少 50% 至 60% 的腐败[④]。

---

① 季美君．印度的腐败与反腐败（之二）：建立“三元复合反腐”模式［EB/OL］．http：//www. zsnews. cn/ZT/zsjcy/News/2017/08/15/2949167. shtml.

② 张树焕，穆宏佳．公民社会视角下印度反腐败低效原因探析［J］．南亚研究，2015（4）：48 –62.

③ 肖滨，黄迎虹．发展中国家反腐败制度建设的政治动力机制——基于印度制定“官员腐败调查法”的分析［J］．中国社会科学，2015（5）：125 –144，206.

④ 印度社会活动家致信莫迪警告将在德里再发动骚乱［EB/OL］．http：//www. huanqiu. com/r/MV8wXzExMjAyNDM4XzEzNF8xNTA0MjIyNTY3？s = uc_ zaozhidao.

第六章

印度行政改革史的理性思考

本章对 1947—2014 年印度的行政改革历史进行理性思考。分析当代印度行政价值选择与行政改革的互动关系，据此阐释行政价值选择与行政改革的相互关系。归纳印度行政改革的主要影响因素，并对行政改革的效果进行简要的评价。最后，基于如何科学有效地开展行政改革的目标，总结印度改革历史的经验教训。

一、印度行政价值选择与行政改革关系的审视

1947 年以来，印度政府在一定价值取向的导引下进行了长期的行政改革，行政改革的过程展现了行政价值选择与行政改革之间的互动关系，可以从中推论出行政价值选择与行政改革的一般性关系。

（一）印度行政价值选择与行政改革的互动关系

1. 不同性质的价值选择对行政改革产生不同影响

在印度行政改革的历史中，不同阶段的政府行政改革有不同的价值选择，按照行政价值选择合目的性与合规律性的衡量尺度，可将这些价值选择分为理性的价值选择与非理性的价值选择两类，前者包括公平、效率、民主、责

任等价值取向，后者包括专制主义倾向等价值选择。总体而言，理性的价值选择指导印度行政改革取得了积极的成就，推动了印度行政改革的顺利进行；非理性的价值选择则对行政改革产生了负效应，使印度的行政改革经历曲折。不过不同行政价值选择与行政改革举措并不是一一对应的，某些行政价值选择同时对多种行政改革举措产生影响，某些行政改革举措则是在多种价值选择的共同作用下发生的。

（1）理性的价值选择对行政改革产生正效应

① 公平价值。1947—1989 年阶段，印度政府以公平为核心价值选择，建立了中央集权的政治体制和国家主导的经济体制以实现国家行动主义，保证国家汲取、动员、配置社会资源，维护社会公平正义的能力。国家行动主义的实现依赖于职能广泛、规模庞大、运行稳定，以及具有较强治理能力的行政机构。印度独立时继承的英印行政体制和官僚机构无法适应这种要求，为此印度政府以公平价值为导向实施行政改革，经济职能上实行混合经济结构和计划管理体制，通过建立和发展公营经济控制国民经济的命脉，依靠统一的计划机制调节经济活动和收入分配；社会职能上加强社会管理和公共服务，建立社会福利制度，举办社会公共事业，发展农业，加强乡村建设，扶植社会弱势群体；组织结构上建立并调整相应的职能机构以承担广泛的经济社会管理职能。这种改革使印度的行政体制和官僚机构能够适应印度独立初期经济社会管理的需要，奠定了当代印度行政发展的基础。从 1984 年开始，印度政府对效率的重视逐渐超过对公平的考虑，但公平价值仍然对之后历届政府的行政改革具有积极的影响，集中体现为历届政府的行政改革都比较重视加强政府的社会服务职能。

② 效率价值。市场经济改革以来，效率成为印度政府的核心价值选择。印度政府以效率价值为取向，根据市场经济体制改革、加快经济发展的要求，实施管理主义特征的行政改革，主要内容是转变政府职能，重新界定政府与企业、市场和社会的关系，简政放权，减少政府对微观经济活动的干预和管制，向市场、社会和地方分权，压缩政府规模，优化机构设置和运行机制，大力发展电子政务，引进竞争机制，应用市场化、社会化、私有化等行政工具。这些改革开始于 20 世纪 80 年代，针对政府机构臃肿、人浮于事、效率

低下的弊端，印度政府着力优化组织结构，简化办事程序，任用专业人才和管理人才，引进信息技术，推行办公自动化，一定程度上起到了提高了政府的运作效率。20 世纪 90 年代后，印度政府积极转变政府的经济管理职能，减少政府对私人经济活动的管制和对经济运行的直接干预，实施公营企业私有化和公共服务社会化改革。经过长期改革，印度政府的行政效率和现代化管理水平获得了一定的提高。

③ 民主价值。民主政治制度的性质要求印度政府坚持民主价值取向，民主价值对印度的行政改革有重要影响，促进了印度行政民主的发展。独立后，印度实行以成人普选权为基础的议会民主制，规定公民平等享有的一系列根本权利，规定国家政策指导原则，指明国家为实现社会公平原则应做的努力；提高国家权力机关和行政机关公职人员的代表性，为表列种姓、表列部落和女性保留职位；加强农村自治组织建设，扩大基层群众的行政参与；确定建设福利国家的目标，承担广泛的公共服务职能，大力发展教育、医疗、社会保障等公共事业。20 世纪 90 年代初，印度政府将为表列种姓和表列部落保留公职和奖学金的制度扩大到“其他落后阶级”，将总保留份额提高到 49.5%；加强基层民主建设，通过第 73、74 宪法修正案使农村和城市基层自治组织获得宪法地位；向邦和地方下放经济管理权限，释放了印度地方经济发展的活力。20 世纪 90 年代后期，顺应社会权利意识觉醒、社会参与要求高涨的趋势，印度实施公民权导向的行政改革，开展公民宪章运动，完善投诉救济机制，精简行政法规程序。政府使《妇女保留权利法案》获得联邦院通过，为妇女保留 1/3 的议会席位；实施《权利信息法案》，规定政府公开行政信息的义务；向社会赋权，鼓励非政府组织发展，使非政府组织成为民众参与公共事务的重要渠道；大力强化公共服务职能，大幅增加了对基本公共服务的投资。

④ 责任价值。现代民主政府必须是负责任的政府，必须保持行政权力的规范行使，代表和维护社会公共利益。由于英印行政体制官僚主义、特权主义的消极传统，国家干预主义下政府权力集中和机构膨胀，以及缺乏有效的责任制度建设等原因，长期以来印度行政机构的责任缺失比较严重，贪污腐败，人浮于事，冷漠迟缓，对社会和民众的需求反应迟钝，引起了政治层面

和人民群众的普遍不满。20 世纪 80 年代以来，印度政府秉持责任价值取向，采取措施加强行政责任建设，努力建设负责任的公共行政。针对日益严重的腐败问题，印度政府大力加强反腐败法制建设，制定《反倒戈法》和《1988 年防止腐败法》，提出人民代表法案，严厉打击“黑钱”。为了改变行政机构和公务人员贪污腐败、不负责任、迟缓低效的公众形象，印度政府于 2003 年力促《人民检察官法案》获得通过，将政府高层纳入反腐败法规的对象；在所有政府部门和组织机构设立“公众投诉办公室”，负责为公众提供行政救济；简化行政法规和程序，废除近 50% 的现行行政法规。为了加强政府信息公开、抑制权力滥用和腐败，制定并实施《信息权利法案》，大力推动政府数据开放和政府门户网站建设。2013 年政府促使《官员腐败调查法》获得通过，建立独立调查机构负责调查和处置腐败问题，是印度反腐败法制建设的又一个里程碑。虽然印度的行政机构仍然被认为是不够负责任的，但长期的行政改革已经使广大行政人员的责任意识和服务意识有了较大提高，政府的回应性也有所增强。

（2）非理性的价值选择对行政改革产生负效应

印度的行政改革也受到专制主义倾向等非理性价值选择的影响，对行政改革产生了负效应。个别印度领导人具有较强的专制主义倾向，乐于争夺和控制政治权力，将个人置于国大党和政府之上，独断专权，对行政改革产生了严重的消极影响。在早期，印度的行政机构一直具有相当的独立性，有一套稳定的规章制度和运行程序。但个别领导人无限制地强化总理个人的作用，加强对官僚机构的控制，造成政治对行政的主导；以个人决策代替集体决策，打破了印度内阁集体决策的传统；任命高级官员，开启了印度政治领导人直接任命高级文官的先河。印度行政机构长期以来形成的制度化、法治化传统被破坏，逐渐形成一种强制性的行政管理模式，导致印度行政机构的腐败和责任流失在这个阶段出现爆发性的增长。领导人难以听取党内外关于经济政策的建议，在激进化的道路上越走越远，过度地强化了政府的经济性管制职能，违背了客观经济规律。在中央与地方的关系上，滥用中央权力，无限制地强化中央对地方的控制，破坏了联邦制的分权原则，造成中央与地方关系的高度紧张。

值得注意的是，在印度的行政改革过程中不仅非理性的价值选择对行政改革产生了负面效应，对某些理性价值选择的非理性坚持也对行政改革产生了消极影响。个别领导人过于强调维护社会公平，将经济增长效率置于次要的考虑，不顾客观经济规律实施更加激进的经济政策，推进私营经济的国有化，进一步加强政府对私营经济活动的管制和干预，实行民粹主义的社会政策，实施了许多超过财政承受能力的补贴政策和社会福利政策。其结果是印度政府职能膨胀，权力过度集中，机构和人员规模迅速扩张，而这又造成各类行政规制的泛滥和行政程序的过于烦琐。印度行政系统机构臃肿、人浮于事、效率低下、贪污腐败等问题很大程度上是受此影响。

2. 价值选择作用于行政改革的目标、过程和效果

印度的行政改革历史表明行政价值选择对于行政改革的作用主要是通过影响行政改革的目标设定、执行过程和实施效果实现的，而且对这三者的影响具有逻辑上的先后关系。20 世纪 90 年代以来，印度市场经济迅速发展，带动社会文化观念的变迁和社会利益结构的分化，印度社会的权利意识迅速觉醒，动摇了传统的政府本位观念，民众要求政府承担民主责任，回应社会需求，提高公共服务水平的呼声不断高涨，各利益阶层开始有组织地向政府施加压力，争取知情、参与等权利，主动推动政府实施变革。这种变化促使印度政府更加自觉地以民主、责任等以民为本的价值取向来指导行政改革。这种价值选择首先作用于行政改革目标的设定，1997 年 5 月印度全国首席部长会议通过了一份行政改革的行动计划，明确了今后一段时间印度行政改革的三个重点目标，即建立负责任和公民友好的政府，提高行政透明度和保障公民信息权，提高公共服务的绩效和完整性。根据“建立负责任和公民友好的政府”的目标，政府实施了针对政府高层的反腐立法、完善行政投诉救济机制、精简行政法规等措施。政府着力加快电子政务建设，并制定《官员腐败调查法》；根据“提高公共服务的绩效和完整性”的目标，政府开展了公民宪章运动，通过公开公共服务的内容、标准和责任，倒逼行政机构提高公共服务水平；根据“提高行政透明度和保障公民信息权”的目标，政府制定并实施了《信息权利法案》，规定了印度政府向社会公开关乎公共利益和对公民有价值的政府信息的法律义务。

客观而言，印度政府制定的这些行政改革政策是比较科学合理的，契合了当时印度公共行政存在的突出问题，但其实施并不顺利。公民宪章运动流于形式，停留在制定宪章文件的阶段，几乎没有起到改善公共服务质量的作用；《信息权利法案》没有得到有效执行，促进行政信息公开和行政参与的作用尚未充分彰显；《官员腐败调查法》被寄予打击腐败问题的厚望，但由于涉及面十分广泛，推行困难，基本上被搁置。造成这种情况的原因是多方面的，从行政价值选择的视角看，这是因为虽然印度政府为行政改革确定了民主、责任的价值目标，并且对行政改革目标的设定产生了积极的效应，但在改革的实施阶段印度的广大公务人员受政府本位、官僚主义、形式主义、特权主义等传统行政价值观的消极影响，并没有普遍地形成民主、责任的价值取向，因而在价值上不认同这些改革目标，也就难以产生执行改革政策的精神动力。由于民主、责任的价值选择无法作用于改革的实施过程，导致改革政策执行不到位，从反面说明了行政改革的实施过程也离不开行政价值选择的作用。改革决策者不仅要以一定的价值取向指导改革目标的设定，还要主动地塑造行政价值，引导广大行政人员形成与行政改革价值目标相一致的价值取向，促使其坚决地执行行政改革的价值选择，从而自觉的执行改革政策。

从价值选择的视角看，行政改革的效果是行政改革的价值目标转化为现实价值关系的结果，标志着行政价值选择的实现情况。印度改革政策的实施效果不佳，意味着民主、责任的行政改革价值选择没有得到充分的实现。进一步而言，行政改革的价值选择能否实现，既取决于确定的价值目标合理与否，也取决于价值目标能否被广大行政人员所接受，从而执行有利于实现价值目标的行政改革政策举措。行政改革的价值目标通常由政治领导人和政府高层人员确定，因而自上而下的价值目标被广泛接受和贯彻执行是行政改革价值选择得以实现的前提，也是自上而下的行政改革顺利进行的条件。行政改革中只有当新的行政价值取代了行政体系旧的行政价值，行政发展才有可能成为现实，而这需要一个主动作为的过程。印度历届政府在行政价值体系的塑造方面几乎没有建树，广大行政人员没有与执政党和领导人达成行政改革的价值共识，无法在价值层面消除改革的利益阻碍，导致改革缺乏动力，难以深入。因此，虽然印度政府为行政改革确定了公平、效率、民主、责任、廉政等理性的价值目标，但这些价值选择没有被广大行政人员所坚定地贯彻执行，以这些价值目标为评价标准，不仅以上改革政策没有得到有效执行，当代印度行政改革的总体效果也不理想，其意识根源就在于对行政改革价值选择的贯彻执行不够坚决彻底。

3．行政改革为行政价值选择创设条件

行政改革既包括对行政系统的职能、机构、制度、技术等显性要素的变革，也包括对行政价值观等隐性要素的变革。行政改革为各种行政价值观进入行政价值体系，成为行政体系的主导价值观念创设了条件，理性意义上改革者一般是通过行政改革将先进的、积极的行政价值吸收进行政体系，将落后的、消极的行政价值拒斥在外，并改造或消解行政价值体系中原有的非理性的行政价值。在印度的行政改革过程中，历届政府根据具体的历史社会环境为行政改革确定了公平、效率、民主、责任等先进价值取向，保证了改革的持续顺利进行，客观上也改造了印度的行政价值体系，一定程度上消解了印度行政价值体系中官本位、形式主义、脱离群众等落后的价值观念，培育了印度公务人员的现代行政价值观，一定程度上提高了印度政府的公平、效率、竞争、服务等现代行政意识。不过，印度的行政改革历程也表明行政改革的价值选择并不总是完全理性的，非理性的价值取向对印度的行政价值体系产生了消极影响。印度的经验还表明，行政改革能在多大程度上作用于行政价值选择取决于行政改革的性质和力度，印度的不少改革政策设计不合理，而很多合理可行的行政改革政策没有得到坚定、持续的贯彻执行，并且各届政府的行政改革之间缺少延续性，制约了改革的实际效果，因而对于落后行政价值观的改造作用与对先进行政价值观的培育作用并不显著。此外，行政改革还能够为行政价值选择创设新的手段。在印度的行政改革过程中，信息技术的发展及其在行政管理中的应用，使民主、参与、公开、透明等行政价值得以实现并不断彰显；民营化、公私契约、质量管理、绩效评估等工商管理方法的引入，则使分权、合作、效率等行政价值得到了更好的贯彻。

（二）行政价值选择与行政改革的相互关系

行政价值选择与行政改革是公共行政活动的重要内容，印度的行政改革历史充分体现了两种活动之间存在着一定的相互关系和互动逻辑，对其进行抽象概括，可推论出行政价值选择与行政改革一般性的相互关系。

1. 行政价值选择贯穿于行政改革的全过程

价值选择是人类实践活动的必要环节。无论是处理人们的生存活动或实践活动、实践方式，还是人们处理各种社会关系的活动，都是一种选择行为，作为人类生存根基的行为是在价值选择权限之中的实践活动，人类的实践也正是价值选择在现实中的展示①。因此，行政改革作为一项典型的行政实践活动是集体价值选择的结果。从整个行政实践活动看，行政改革活动是行政价值选择的基本手段之一，某些行政价值目标需要通过行政改革获得实现；而就行政改革活动而言，行政价值选择渗透于行政改革的全过程，行政改革指向改革目标的每一步前进都离不开行政价值选择的作用，行政改革目标的设计、实施的过程和结果的检验与巩固都是指向价值的行为。不同性质的行政价值选择对行政改革具有不同影响，合理的价值取向能够推动行政改革的顺利进行，不合理的价值取向则对行政改革具有负效应。价值问题是行政改革的根本问题，明确公共行政的公共性、实现公共利益价值是行政改革的根本追求和动力来源。

（1）行政价值选择为行政改革目标的设定提供价值导向

行政价值目标直接规定了行政改革活动的结果，使人们在认识论上对行政改革的目标和路径有一个系统的、前瞻的把握，在行政改革活动的全过程中为人们的行动提供方向和规范，使人们按照预期的行政价值目标去行动，从而使改革活动按照价值目标指引的方向前进。行政改革是一种具有明确目标导向的制度变迁过程，而行政改革目标的确立一定是在相应的价值取向的指导下进行的，具有价值的先置倾向。行政价值的合理定位对行政改革目标的设计具有深层次的影响，使行政改革活动能够保持正确的方向，反之，行

① 闫宏秀．技术进步与价值选择［D］．上海：复旦大学，2003：43－46．

政价值选择的错乱、行政价值导向的失调则容易使行政改革陷入困境。因此，行政价值选择对行政改革目标的设定具有导向作用，通过行政价值选择确定合理的行政价值目标是行政改革不可或缺的预设条件。现代公共行政的本质决定了政治权力的合法性主要来源于政府履行社会职能，维护社会公平正义，促进公共利益实现等活动，也就是说现代公共行政的基本价值是要明确政府的公共性和公共精神。这决定了行政改革首先要通过行政价值选择确定公共性的行政价值目标，以此引导行政改革主体设定合理的行政改革目标，规范行政改革过程，以确保公共性的行政价值取向得到贯彻，从而保证行政改革活动能够推动行政发展，提高政府管理与服务的效率和质量，增强公共行政的合法性。

随着社会变革的不断深入，行政价值主体的需要日益复杂，行政价值主体认识和改造行政价值客体的能力也在不断发展，行政价值客体对行政价值主体作用的性质和意义也愈来愈被人们所认识和利用，越来越多的客观事物被纳入行政实践活动的范围，同主体发生价值关系，使得行政价值、行政价值关系变得越来越复杂和不确定，愈加要求行政改革活动要有明确的价值定位，行政价值选择之于行政改革的先导作用日益增强。当然，行政价值选择之于行政改革的导向作用是辩证的。如果行政主体在进行价值选择时，只考虑自身的需要而对行政管理的客观需要缺乏正确的认识，忽视行政体系的能力、行政客体的属性和功能及行政管理的客观规律，确立了某种错误的或不合时宜的行政价值目标，造成行政价值的偏向，就会给行政人员造成错误的导向，导致行政改革的盲目性、迟缓性或激进性，反而会阻碍正常的行政发展。

（2）行政价值选择助推行政改革的实施进程

行政改革的实施过程是对行政改革价值目标观念性的动态把握过程和将行政改革价值实现手段付诸实践的过程的统一。这个动态把握过程的每一步修正就是一次行政价值选择，向行政改革价值目标的每一步前进也都是通过行政价值选择实现的，因为行政改革手段的选择和实施，以及根据行政改革进程和行政改革环境变化的情况对改革手段进行的调整，都是包含了价值选择的。对于这个问题还可以从行政文化的维度去理解。行政文化是行政体系最深层的结构，影响和制约着行政改革的进程，其中行政价值是行政文化的核心，行政主体的价值观念在行政主体的意识活动中具有统摄地位，使行政主体的意识活动形成一个完整的导向，支配着行政主体对于行政体系和行政活动的认识、态度和情感。因此，只有切实地重塑行政价值才能保障行政改革的成效，在行政改革中必须做出合理的行政价值选择，塑造与行政改革相配套的行政价值观念，形成行政价值与行政改革的良性互动，否则行政改革目标与现有的行政价值偏差越大，行政改革进程遭遇的阻力就越大。

具体来说，行政价值选择为行政改革过程中的各层级行政人员提供了一套价值规范，对于行政价值目标的广泛认同使各层级行政人员自觉地以此为尺度去评价改革措施的好坏和行政行为是否得当，进而内在地规范、调节和约束自己的行为，处理好行政主体之间、行政主客体之间的关系，使行政改革的进程能够协调、有序。行政价值选择还能为行政改革的实施供给动力。行政理想与现实之间的张力是行政改革的动力来源，通过行政价值选择确定行政改革的价值目标，实际上是为行政人员描绘了关于未来行政状态的理想模型，使行政人员形成与行政改革目标相适应的行政价值取向，形成行政改革进程的精神动力，激励行政人员为实现行政的理想模型而主动支持行政改革、参与行政改革。总之，行政改革中通过行政价值选择确立一定的行政价值目标，在行政价值目标的导向下设定行政改革的目标，引导行政人员形成与行政改革目标相适应的行政价值取向，能够促使行政人员支持改革、参与改革，从而减少行政改革的阻力。

（3）行政价值选择检验和巩固行政改革成果

行政改革的价值选择构成了行政改革结果的评价和检验标准。评价行政改革的绩效就是要看行政改革有没有实现，以及在多大程度上实现了行政价值选择所确定的价值目标，或者是要看行政改革是否创设了，以及在多大程度上创设了有利于实现行政价值目标的行政体系和行政环境。对行政改革结果的检验也离不开行政价值选择的作用，因为行政价值选择能够影响各层级行政人员的行政价值观念，使各层级行政人员形成与行政改革相适应的行政价值取向，行政人员在新的价值观念和价值取向的作用下对行政改革的结果进行价值评价，从而影响行政人员对改革结果的认识和评价。如果行政价值选择使行政人员形成了与行政改革目标相一致的价值取向，就能够使行政人员对行政改革的结果做出较为积极的评价。也正是因为行政价值选择使行政人员对行政改革的结果做出了积极的评价，行政改革的结果才能得到行政人员的认同和接受，行政人员才会自觉地去适应改革后的行政体制，按照新的规范和要求确定行为方式，使改革措施真正发挥有效作用，行政改革的成果因此得到巩固。总之，合理的行政价值选择能够使行政改革的结果得到行政人员积极的评价、接受和遵循，为改革后的政府行政体系的存在和政府的权威提供合法性的基础。

2. 行政改革是行政价值选择的内在动因

（1）行政哲学视角的分析

从行政哲学的视角看，第一，行政改革是行政价值选择的物质前提。社会存在决定社会意识，社会存在的发展必然在社会意识上有所反映。行政改革是现实的物质性活动，行政价值目标的选择则是观念性的活动。行政改革推动了行政发展，行政发展又带动经济政治社会的发展，为行政价值目标选择等观念性活动提供了更加充足的物质基础和多样的活动对象，使行政价值选择更加丰富。在行政价值目标的选择过程中，行政价值还只是存在于主体的观念之中，观念性的行政价值关系只有通过必要的物质性手段才能转变为现实的价值关系。行政改革就是这种实践性活动，行政改革的决策者和执行者根据行政价值主体的需要，认识和改造行政价值客体即行政体系，使行政体系形成能够满足主体需要的属性、结构和功能，进而实现价值主体与价值客体的统一。价值客体的属性被价值主体消费，价值主体的需要得到满足，行政价值关系得以生成，在这个意义上行政改革是行政价值选择的一个基本手段。第二，行政改革为行政价值选择创设新的手段。行政改革为行政体系引入新的行政技术、行政方法和行政模式，使行政价值手段的选择具有更多的可能性。第三，行政改革为行政价值选择提出新问题和新选项。行政改革改变了行政价值主体所处的行政体系，改变了行政体系与外部环境的关系，产生新的事务和问题，要求行政价值主体根据新情况来确定自身的需要，重新认识和改造行政价值客体及其属性，从而使行政价值主客体的关系发生变化，形成新的行政价值选择。理性意义上，行政改革能够提高行政价值主体认识和改造客观事物的能力，使更多的客观事物进入行政价值关系的范畴，成为行政价值的客体，为行政价值选择提供更多新的选项。

（2）组织行为学视角的分析

从组织行为学的视角看，行政价值是行政体制深层次的构成要件，行政改革包括对行政价值的调整、培育和更新。“从文化的视角来看，公共组织的发展更像是所有公共部门最终形成共同的制度化或非正式的规范和价值的革新，而非单纯的组织设计”①。从这个层面上理解，行政价值选择是行政改革的一个环节。一则行政改革起始阶段往往是行政价值体系最多元、冲突最激烈的阶段，各种行政价值都试图通过行政改革进入行政指挥或领导系统，但是能够与改革成果一起被巩固下来，并制度化的行政价值只是其中的一部分，行政改革实际上是对其中某些价值的选择、肯定和吸收，同时也是对其他价值的否定和拒斥②。持续、坚定、深刻的行政改革能够摧毁那些长期存在的落后、腐朽的行政价值，并为行政体系培育或引入一些先进的、积极的现代行政价值。二则行政改革应当适应经济社会的发展和行政管理的需要，为公共行政培育出新的价值，并使之扩散，使之成为行政体系内部新的价值规范③。

如果行政改革只注重权力的划分与配置、职能的转变、机构的调整，而忽视行政价值的变革，没有使行政机关及其公务人员树立与行政改革相适应的价值观念，行政改革的效果往往是有限的。没有新的价值观念的支撑，体制变革只能是徒有其表，也就不能充分发挥新体制的作用。如果变革后的体制是以落后的价值观念为基础，就会给行政管理体制带来更大的矛盾和冲突。这往往表现为改革后的行政机关，虽然其职责更加明确、机构更加精简、制度更加完善，但行政人员的思维观念、精神面貌、工作作风、行为方式还停留在过去的状态，导致行政效能得不到显著的提高。实际上每一场大的改革总要伴随着价值观念的变革，没有价值观念的有效变革，行政改革就会困难

① Tom Christensen, Per Lægreid. The Whole - of - Government Approach to Public Sector Reform [J]. Public Administration Review, 2007, 67 (6): 1059 - 1066.

② 罗自刚，唐绍廉. 行政改革的“怪圈”与价值选择 [J]. 中国特色社会主义研究，2002 (5): 60 - 65.

③ 金荣枰，崔炳善. 韩国行政改革的神话与逻辑 [M]. 沈仪琳，译. 北京：国家行政学院出版社，2001: 200.

重重。行政改革是一种创新性的活动，要求行政人员，特别是领导干部要充分认识改革的价值和意义，思维活跃、敢于创新、勇于承担责任，才有可能发起并深入推进改革。反之，如果行政人员在价值上不认同改革，因循守旧、求稳怕乱、安于现状，就会对改革消极观望，不敢或不乐于进行改革。一些领导干部受官本位意识和形式主义的影响，可能会被动改革、表面改革、假改革甚至是阻挠改革，等等。因此，应通过行政价值选择为行政体系确立适当的行政价值取向，并使之为广大行政人员所接受，实现行政体制"硬件"与"软件"的同步更新。

（3）制度变迁视角的分析

从制度变迁的视角看，行政改革是一个行政制度变迁的过程。根据新制度主义理论，制度是行为的一套规则或惯例，一定的制度内涵了制度设计者一定的价值取向，是制度设计者价值取向的外在表现形式和价值观念的制度化表达。行政制度的成功革新离不开行政人员，特别是改革执行者价值观念的革新，只有切实地重塑行政价值，使行政人员树立更加理性、先进的行政价值观念，使改革执行者和一般行政人员的价值取向与新制度内涵的价值取向保持一致，他们才会理解、认同和执行改革的政策和举措。也只有实现制度价值理念与制度功能的匹配，才能有效发挥新制度的功能，真正实现行政制度的创新。因此，行政制度变迁要求改革者首先通过行政价值选择实现行政价值观念的革新，减少或破除由传统行政价值观念导致的路径依赖。

3. 行政价值选择消解行政改革的关键障碍

行政改革是行政权力和利益的重新调整与分配过程，任何改革举措都会在不同程度上引起现有权力和利益格局的变动，如果改革危及了人们的利益，就很可能会遭到既得利益者的反对和抵制，形成改革的关键性障碍，只有克服这种阻力才能实现行政改革的目标。从国内外行政改革的实践来看，当代行政改革主要围绕政府职能的定位和转变、行政权责的划分与配置、行政方式的优化等方面展开，每项改革都不可避免地触及行政利益的调整。在政府与市场的关系上，当代各国普遍实施了减少救济管制和微观干预、增强市场机制调节作用的改革，这意味着过去政府掌握的很多经济方面的权力，如对企业生产经营的支配权，项目、资金等方面的审批权，经营、生产等方面的许可权等，都会被削弱甚至取消，这不仅直接减少了相关政府部门的权力，也打破了与这些权力相伴随的利益格局，更是压缩了一些人员谋取特殊利益、灰色利益的空间，可以说是各级政府及其人员的一场自我革命，因而这项改革往往十分困难，需要中央政府自上而下地强势推动。很多国家的行政改革都基于政府职能定位的调整，从整体上审视各部门之间的权责关系，在部门之间、各层级之间进行权力、责任、职能的流转、并项与整合，形式上就表现为政府机构的调整。这项改革的结果是，某些部门的权力被分解并划入其他部门，分散在多个部门的权力和职能被整合到某个已有的或新创建的部门，一些部门的权力增加而另一些部门的权力则被削弱，同时各部门的行政责任更加明确，更加难以不作为、乱作为或者相互推诿塞责。这种结果既是对行政体制权力结构的直接调整，也对各部门利益、部门间利益关系具有直接影响，尤其是一些被撤销、被合并及权力被削弱的部门，更有可能因为利益受损而比较消极地对待改革。当代不少国家的行政改革，在行政管理的方式上多是由以强制性的行政手段为主转向以经济手段和法律手段为主，由事前审批式的管理转向以事中、事后监管和政务服务为主。对于政府及其行政人员而言，这实际上是从官本位向社会本位的转变，是从管理者向服务者的角色转变，这种转变给不少行政人员带来身份地位的落差和权力的失落感，也造成行政人员熟悉的、舒适的传统工作方式和工作内容的巨大变化，这对他们实际上也是一种利益的冲击，必然会经历一个艰难的历程。

解决行政改革中的这些利益问题，既要依靠立法、政治权力的强制性权威及相应的制度设计，也要重视发挥行政价值的作用，而且从行政价值层面解决行政改革中的利益问题更具根本性。这是因为利益关系是所有生活领域中的普遍价值关系，利益的特点、地位和作用最集中、最充分地显示了价值关系的性质，利益总是现实的人（或群体、人类）的实实在在的现实关系，它在每一具体的场合都表现为一定的客体对主体的价值关系①。总之，利益的本质是价值，是价值关系的社会形式，利益问题的实质就是价值问题。因此，要减少或消解行政改革中利益变动带来的阻力，就要善于从行政价值层面为

① 李德顺．价值论（第3版）［M］．北京：中国人民大学出版社，2013：74－75．

行政人员树立新的利益评价标准，也就是要改变行政人员对“什么是有利的”“什么是不利”的看法，这离不开行政价值选择的作用。通过行政价值选择确立与体制改革、制度创新、管理变革相适应的行政价值取向，以这种行政价值取向影响行政人员的价值观念，从根本上转变行政人员衡量利益和评价改革的主体尺度，形成适当的、积极的行政利益追求，使行政人员个人或群体的利益取向与行政体系的整体利益保持一致，进而从根源上化解行政改革中的利益问题。

二、印度行政改革的影响因素与总体评价

（一）当代印度行政改革的主要影响因素

1．经济发展模式的转型

以 1991 年开始的经济改革为分水岭，印度的经济发展经历了由混合经济结构、计划管理体制和半封闭政策的发展模式向“自由化、市场化、全球化”为导向的经济模式的转型。随之印度的行政改革也经历了重大转向。传统经济模式下形成了以公营成分为主导的混合经济结构与计划管理体制，同时也保留了一个有限的市场经济，是一种政府管制下的市场经济制度。自 1991 年经济改革开始，印度逐渐建立起自由化的市场经济体制，是一种以市场调节为主的经济制度。因而 20 世纪 90 年代前，印度政府经济职能转变的重点是强化行政机制和政府的主导作用，提高政府参与和规制微观经济活动的能力；市场经济体制下，印度政府经济职能转变的重点是放松经济性管制，弱化微观干预，综合发挥市场机制的调节作用和行政机制的宏观调控作用。传统经济模式下，虽然印度政府重视社会公平，致力于加强政府的社会服务职能，但由于经济增长长期缓慢，政府的社会服务职能长期偏弱，公共服务水平始终较低；市场经济体制下，印度虽然是以经济增长为中心，但政府的社会服务职能不断增强，公共服务水平日益提高。这种变化的内在原因是经济改革使印度的经济发展水平不断提高，政府利用经济增长的成果扩展了有关的社会服务。传统经济模式下，公平是历届政府各方面政策的基本价值考量，相应的公平也成为行政改革的核心价值选择，通过行政改革扩展政府职能，

扩大机构规模，加强行政规制，提高政府经济管理、社会动员、资源配置、福利供给等方面的能力；市场经济体制下，印度政府坚持增长优先战略，行政改革以效率为核心价值选择，通过行政改革提高政府的运行效率和经济社会管理效率。

2. 议会民主制度和政党政治

印度的议会民主制度建立在落后的经济发展水平之上，占人口大多数的“穷人”的选票决定了政治选举的结果。20 世纪 70 年代开始，国大党对印度民众，尤其是下层民众的吸引力不断下降，逐渐失去了一党独大的地位。这促使包括国大党在内的所有政党和政治领导人都向民众允诺好处以争取支持，形成了所谓的民粹主义的竞选性政治。此后，印度政治中的民粹主义不断强化，以至于任何违背下层民众和“穷人”利益的政策或改革都有可能导致执政党在选举中的失败。这对印度的行政改革造成两个方面的影响：一方面历届政府都主动或被动地做出加强社会服务和公共福利的职能的承诺；另一方面市场化导向、管理主义的行政改革面临较大的政治障碍。20 世纪 90 年代后，印度政府实施的公营企业私有化、公共服务市场化等改革措施都遭到了来自下层民众和左翼政党的强烈反对，延缓了改革的进程。在印度的竞选性政党政治下，政府频繁更迭导致行政改革政策难以延续，妨碍了行政改革的渐进性实施，虽然有些改革政策是历届政府接续进行的，但总体上无法形成延续性的、多轮次的递进改革，这阻碍了印度的行政发展。最极端的是 1989—1999 年的 10 年间，印度一共更换了 8 届中央政府，其中 6 届执政不到一年，这些政府自然无暇顾及行政改革。而且，印度的执政党和反对党为了政党利益长期相互反对、相互倾轧，有时甚至达到了无原则的地步，影响了行政改革政策的制定和实施。以上这些情况表明，印度的民主政治体制在某些方面阻碍了行政改革的进程。印度的议会民主制度下，执政党能否在人民院中取得绝对多数地位，保持行政权力的集中，极大地影响着行政改革的力度和效果。1989—2014 年是印度联合政府时期，始终没有哪个政党能单独取得多数地位，多党联合执政造成中央政府权力分散，进而导致一些改革政策难以出台，即使出台也无法得到执行。而且，联合政府下地方政党对全国性政党的支持十分关键，促使中央不得不更多地向地方分权，这是印度中央地方关系变革的重要原因。此外，印度不少行政改革措施是出于政治考虑而不是提高行政效率和服务水平的考虑，最典型的是为表列种姓和表列部落保留公职的政策，其出发点是维护政治公平、争取弱势群体的政治支持，但弱势群体长期在教育和经济社会资源上处于劣势，平均素质较低，为他们大量保留公职并不利于提高行政效率和服务水平。

3. 社会结构和社会文化的变迁

20世纪八九十年代以来印度经济快速发展，促使印度民众的权利意识迅速觉醒，精神文化需求日益增长，同时印度民众的思想观念更加开放，西方社会的价值观念和生活方式在印度的城市中流行起来，越来越多的印度民众摆脱了被动服从政府管理的传统观念。自由化、全球化发展带来印度社会的利益分化和结构变化，城市精英阶层和中产阶级在改革中获益最多，社会下层和弱势群体则日益边缘化，印度民众为维护自己的权益而积极进行政治参与。城市精英阶层、中产阶级和更广大的下层民众、农民等群体有组织地参与到政治行政生活中，促使政府回应民众对提高政府治理能力、改善公共服务质量的要求。在社会、民众的参与和推动下，印度政府秉持责任、民主等价值取向，实施了加强行政公开、强化行政责任、优化公共服务等一系列民主取向的行政改革措施。

4. 科学技术的推动

20世纪80年代，印度政府将高科技产业作为印度经济发展的重点，并开始将信息技术应用于政府管理，强制性地在政府内推广办公自动化，要求各机构和组织使用计算机办公，建立数据系统。之后印度历届政府都比较重视发展办公自动化和电子政务。20世纪90年代初，印度政府划拨专门资金用于应用计算机和各种信息技术等现代科技以实现行政现代化，这个时期印度中央政府的办公程序、数据存储、文件的记录和保存都实现了计算机化。之后，印度政府设立电子政务局专门负责电子政务建设工作，并制定了《信息技术法》。印度政府于2005年5月正式实施《信息权利法案》，2006年5月批准“国家电子政务计划”，自此印度的电子政务建设进入快速发展时期，标志性的成果是建立了全国统一的政府数据开放平台和政府门户网站。信息技术的发展和在政府管理中的应用，强化了印度行政改革效率和民主的价值取向。印度最初应用计算机信息技术发展电子政务，主要是出于提高行政效率的考虑，但随着行政民主的发展，电子政务建设不仅要发挥提高行政效率的作用，还越来越多地承担了加强信息公开、增强行政责任、扩大行政参与、优化政务服务的民主作用。

（二）印度行政改革的总体评价

1. 印度行政改革的效果不佳

关于当代印度行政改革的效果，印度国内外学者的观点基本一致，普遍认为印度的行政改革是不成功的。Ahmed Shafiqul Huque 明确指出印度独立后的行政改革成效不高①；Kuldeep Mathur 和 Navdeep Mathur 认为印度的行政改革既没有提高行政效率，也没有形成任何有意义的责任制度②；R. B. Jain 评价印度独立后所有的行政改革都没有动摇官僚机构的结构、权威和特权地位③；我国学者安吉认为印度的行政改革存在频繁改革和改革效果不显著的矛盾④。通过梳理 1947—2014 年印度行政改革的历史，可以清楚地看到虽然印度政府在不同时期都对行政体系进行了改造，但一些改革政策本身并不合理，很多合理的改革举措因为各种原因未能得到有效落实，历届政府之间的改革政策无法延续，始终没有真正解决印度行政体制中长期存在的效率偏低、官僚主义、缺乏责任等问题，总体上是不成功的。从行政发展的角度看，行政改革是行政发展的根本动力与路径依赖⑤，行政发展的水平直接取决于行政改革的成效，那么反过来行政发展的水平也可以作为行政改革效果的评价标准。对于行政发展水平的测量，目前还没有形成公认的评价体系，根据行政发展的

---

① Ahmed Shafiqul Huque. Explaining the Myth of Public Sector Reform in South Asia: De - Linking Cause and Effect [J]. Policy & Society, 2005, 24 (3): 97 - 121.

② Kuldeep Mathur, Navdeep Mathur. Assessing Administrative Reform in India [J]. Chinese Political Science Review, 2017, 2 (1): 40 - 55.

③ R. B. Jain. Towards Good Governance: A Half Century of India's Administrative Development [J]. International Journal of Public Administration, 2001, 24 (12): 1299 - 1334.

④ 安吉. 关于印度行政管理与改革的考察 [J]. 经济研究参考, 1993 (Z4): 366 - 377.

⑤ 竺乾威. 公共行政学（第三版）[M]. 上海：复旦大学出版社, 2008: 354 - 355.

内涵，可以使用“政府质量”概念来衡量行政发展水平①。“政府质量”一般被用作“善政”的衡量标准，目前学界对于政府质量的概念内涵尚无定论，代表性的观点有：索伦·霍姆伯格认为“政府质量”是指值得信任、可靠、公正、廉洁和有能力的政府机构；莫雷诺·詹姆斯和卡洛斯认为“政府质量”是政府过程的公正性、政府的响应性和有效性；奥特认为善政应尊重居民，守护司法正义，为居民创造更好的医疗、教育条件，减轻社会不平等程度。由于概念不统一，政府质量的测评指标也就多样化，目前使用较多的是从技术质量和民主质量这两个维度划分，民主质量包括生活质量和民主度两个指标，技术质量包括可靠性法治性、廉洁性、公正性、响应性、有效性、透明性、专业性等指标②。

由于资料限制，无法逐一对照上述指标对印度的政府质量进行评价，转而采用印度在《全球竞争力报告》③《全球经商环境报告》④《全球清廉指数》⑤ 等国际公认的榜单中的表现，对印度的政府质量进行模糊性评价。这几项榜单综合反映了世界各经济体政府的行政效率、法律和规则完善程度、公共服务质量、公共政策水平、廉洁透明程度、维护社会公平的能力，覆盖了“政府质量”的大部分指标，因而基本上能够反映一国或地区的行政发展水平。2014 印度在《全球竞争力报告》中排名第 71 位，在《全球经商环境报告》中排名第 134 位，2013 年在《全球清廉指数》中排名第 94 位。显然印度在这些榜单中的表现不佳，表明印度的行政发展水平不高，进而反映出印度长期以来的行政改革并不成功。

---

① 行政发展有动态和静态两种研究视角，前者强调行政发展的过程，后者强调行政发展的结果。此处取后者的含义。

② 聂平平，万苏春. 国外政府质量研究：话语阐释、测评指标与研究困境 [J]. 国外社会科学，2018 (5)：75－83.

③ 《全球竞争力报告》每年度由世界经济论坛发布，是衡量全球各经济体促进生产力发展和经济繁荣程度的重要参考，囊括了法律和行政架构、基础设施、宏观经济环境、健康和基础教育、高等教育和培训、商品市场效率、劳动力市场效率、金融市场发展、技术就绪程度、市场规模、商业成熟度和创新等 12 项竞争力指标。

④ 《全球经商环境报告》每年度由世界银行发布，是评价世界各经济体内中小企营商便利程度的重要参考。高效和透明的规则，良好的治理和廉洁是影响营商效率和营商环境的关键要素。

⑤ 《全球清廉指数》是世界著名非政府组织“透明国际”建立的清廉指数排行榜，反映了全球各国商人、学者及风险分析人员对世界各国腐败状况的观察和感受。

2. 印度行政改革效果不佳的原因

从行政价值选择与行政改革的关系看，当代印度行政改革的效果不佳，意味着印度行政改革的价值目标没有充分的转化为现实的价值关系，行政改革的价值选择未能完全实现，其原因除了前文所述的印度历届政府对行政价值体系的塑造不到位，还有以下几个方面。

（1）宏观制度环境的制约

行政组织是政治上层建筑中的重要组成部分，同时又是政治上层建筑和经济基础之间的界面。政治改革、行政改革和经济改革应相配套、相适应、协同进行，任何一方改革的滞后都会影响整个改革与发展的进程。将行政改革局限于行政系统，而没有经济体制、政治体制、社会管理体制的协同变革，行政改革的目标也难以实现。1947 年印度独立后建立了中央集权的政治体制和高度集中的计划经济体制，相应地建立了中央集权的、高度集中的行政体制，并将其写入宪法，创建了一个稳定的结构。这种结构是单纯的行政改革所不能改变的，这从根本上限制了行政改革的作用空间。20 世纪 80 年代，印度政府着手对传统行政体制和庞大的行政机构进行改革，但由于没有政治体制、经济体制的配套改革，行政改革的效果也很有限。20 世纪 90 年代，印度市场经济改革启动以来，印度政府围绕建立适应市场经济体制要求的行政体制进行行政改革，改革的重点在于正确处理政府与企业、市场和社会的关系，合理界定政府的职能范围。实现这个目标的前提是市场经济体制的成熟完善和社会自治能力的充分发育，而印度的市场经济和社会发展水平还有待提高，又从根本上限制了印度行政改革的效果和行政发展的水平。

（2）缺乏改革的政治决心和承诺

政治领导人对于行政改革的坚定决心和承诺对行政改革的成功十分关键。长期以来，印度政府高度依赖有胜任能力的常任官僚机构来执行政策和实施管理，因而都积极地保持与官僚机构的合作关系，这使官僚群体在印度国家机构中具有突出的地位和影响力，当行政改革政策遭到他们的消极应对或抵制时，几乎所有的政治领导人都不倾向于向官僚机构施加强烈的改革压力，导致印度大部分行政改革措施的力度和效果都比较有限。即使政府高层推出了一些雄心勃勃的改革计划，也只能得到部分执行，甚至完全流于形式，如

《公民信息权利法案》《官员腐败调查法》，应该说都是有着积极意义、符合现代行政管理要求的改革措施，但由于政府高层没有坚决地、持续地推进这些改革，行政机构没有忠实地执行这些法律和政策，很快这些改革举措就在执行中走样，结果是印度政府的公共服务水平、信息公开水平和廉洁水平都没有按照预期的设想得到提高。

领导人对行政改革重视不足，没有对行政体系存在的问题进行全面分析，并设计行政改革的合理路径，导致印度的行政改革长期缺少顶层设计和统筹规划。虽然大部分印度领导人都表达了改革行政体制的决心，但当改革真正开始时，行政改革往往被视为行政机构自己的工作。印度历届政府基本上只是在施政纲领、五年计划等文件中承诺行政改革的愿景，描绘行政改革的大致方向，而对于“改什么”“怎么改”“如何处理改革中的矛盾梗阻”等关键问题都缺少正式的安排。1997 年 5 月，首席部长会议通过的印度行政改革行动计划是印度独立后少有的关于行政改革的顶层设计，但就其内容来看仍然是价值目标多于具体目标，愿景多于路径，仍然将行政改革限定在公共部门内部。印度始终没有将行政体制改革置于国家制度体系的总体建设中去思考，改革在行政体系的不同领域分散进行，缺少系统性、协调性，也没有得到国家集中统一的领导和支持，其效果自然有限。

（3）改革的内动力严重不足

印度独立后继承了英印政权的文官机构。英印文官机构秉持精英主义，对候选人的学历、个人素质和能力要求较高，相应地也给予了文官群体优厚的待遇和较高的社会地位。殖民地时期，官僚群体成为印度社会的特权群体。取得独立后，印度主权政府为了保证新政权的平稳运行，保留了殖民地时期的官僚机构和文官制度。之后宪法第 311 条赋予印度文官①宪法保护，规定不经调查和正当听证程序不得随意解雇文官，还规定了官僚群体的各项权利，延续了对官僚群体的优厚待遇和良好保障。独立后印度实行国家干预主义，政府管理着广泛的经济社会事务，无所不在的许可证制度使官僚群体掌握了各方面的实际权力，有很大的自由裁量空间，导致寻租、贪腐、以权谋私等

① 印度政府将印度文官更名为印度行政官，本文为便于表述统一用印度文官指代。

行为大量发生。印度官僚群体成为既定政治经济制度下强大的既得利益集团，当行政改革涉及对他们的利益调整时，他们往往倾向于反对或抵制改革。市场经济改革开始后，印度高度集中的计划管理体制逐渐瓦解，削弱了政府和官僚机构管制经济、配置资源的权力，很多经济改革和行政改革政策因为遭到官僚群体的抵制而难以有效实施，许多官员反而在公营企业私有化、公私合作等改革中谋取利益，加剧了政府的腐败。可以说印度所有的人事制度改革，如裁员，调整福利待遇，加强问责、反腐，都是针对较低级别的人员，在政府中担任重要职位的印度文官和印度警察官几乎没有受到改革的影响。印度成立了众多的行政改革咨询委员会，但它们提出的改革建议往往不被接受和实施，主要是因为在它们的报告中文官集团经常被描述为不诚实、低效、脱离民众的，这使官僚群体感到不满而拒绝接受改革的建议。印度官僚群体不支持改革，除了利益原因，还因为长期以来印度政府官僚主义盛行，长官意志大行其道，公务人员普遍惰性严重，倾向于照章办事、因循守旧，十分缺乏创新精神。在利益固化的情况下，对于大部分印度行政人员来说保住待遇优厚的工作是最重要的，改革创新则不在他们的考虑范围之内。

（三）印度行政改革史的经验总结

1947 年独立以来，印度对本国的行政体系进行了长期的调整与变革，建设适应本国经济政治社会发展需要的行政体制，取得了一定成效。尤其是 20 世纪 90 年代以来印度政府主动融入现代行政发展潮流，在改善行政效率、强化行政责任、提高行政回应性、扩大行政民主等方面有所进步。但是，总体上印度的行政改革是不成功的，制约了印度的行政发展水平。

1. 要从本国国情出发推进行政改革

鉴于印度独立初期特殊的时代背景，印度独立运动的领导人们虽然深知英国殖民统治时期行政体制和官僚机构的缺陷，但仍然选择了承袭英印式的行政体系。随着印度现代化发展的起步，这种旧的行政体制和官僚机构很快就表现出了难以适应印度经济建设、民主政治发展和民生改善等方面的要求的弊端。这坚定了印度领导人根据本国现实国情改造行政体制和官僚机构的愿望和决心。此后，印度的历届政府基本上都坚持了这项原则，立足本国国情及其发展变化，经过长期的、持续的调整与变革，逐步建立起适应印度政治经济社会发展要求的行政体制。在坚持从本国国情出发推进行政改革的同时，印度也很重视借鉴西方国家政府改革的经验，并且避免了很多其他发展中国家全盘接受、盲目照搬西方国家行政改革经验的做法。20 世纪 90 年代初，印度发生了严重的财政危机、外汇危机和经济危机，印度政府以化解这些危机为契机展开了“自由化、市场化、全球化”的经济改革，并向世界银行、国际货币基金组织寻求贷款和帮助。这些国际组织将全盘私有化、市场化和全球化的经济改革计划，全面的管理主义和市场导向的政府改革计划作为提供支持的条件，但印度政府并没有接受这种“休克疗法”，最终印度的经济改革和行政改革都坚持了渐进式的改革路径。

但是，随着印度自由化市场经济的快速发展，印度行政改革的管理主义和新自由主义倾向逐渐凸显，不少重要的行政改革措施都是以这些理论为指导进行的，有的甚至是直接移植西方国家的改革政策，因为不符合国情而没有获得成功。印度公民宪章计划就是如此。一方面，印度公民宪章是对英国公民宪章的模仿，印度公民宪章的基本原则、主要内容、标准格式、实施指南，以及一些具体的政策安排基本上与英国相同。由于忽视了本国具体国情，以及实施过程中出现的各种问题，没有达到预期的效果。另一方面，印度对英国公民宪章的模仿也很不到位。那些保障英国公民宪章运动成功施行的关键政策安排，如通过市场化改革在公共服务供给中引入竞争机制，通过行政文化和行政伦理建设推动官僚文化向服务文化转变，通过构建公共部门无法实现承诺时的补偿和责任机制，对公民宪章切实有效的公开以及形成执行公民宪章的外部压力等措施，印度并没有一并借鉴过来，而只是盲目的编制了大量宪章文件，其收效甚微也就可想而知。它山之石，可以攻玉，各国在行政改革过程中，有选择的、批判性的借鉴其他国家行政改革的经验、政策和模式是必要的。但是，在借鉴其他国家行政改革经验时必须反对简单的“拿来主义”。宏观地看，在西方国家的行政改革中，管理主义和市场化改革有效地解决了僵化的行政规则和程序问题，提高了行政管理和公共服务的效率，公民权、人本主义的改革则较好地解决了行政管理中的民主、责任等价值问题。但是如果这些改革不是在本国政治和法律框架内进行的，或者不符合本国经济社会发展的现实情况，那么它就不会或在短时间内难以产生重要影响，也不能取得显著成效①。总之，一方面由于各国国情和历史文化的差异，发展中国家照搬其他国家，尤其是发达国家行政改革的经验是不可能成功的；另一方面，行政管理与改革是当今世界各国普遍存在的社会政治现象，必然有一些共同的规律和经验可以遵循，发展中国家应该以开放的态度去了解和学习其他国家的改革经验，但必须以立足本国国情为行政改革的根本。

2. 要注重改革的实际效果

1947 年以来，印度进行了长期的行政改革，但总体上改革的效果并不理想，制约了印度的行政发展水平。从改革的过程看，印度行政改革的效果不佳归因并体现于各个具体的行政改革举措。正是由于诸多行政改革措施设计不合理，或者对改革政策的执行没有达到预期目标，导致了行政改革的效果不佳。在印度的行政改革过程中，印度政府顺应经济社会发展要求，基于合理的价值选择，借鉴国外经验，提出了不少符合现代行政管理规律、有利于解决现实行政管理问题的改革举措，但由于改革政策设计和执行中存在各种问题，很多改革举措的实际效果大打折扣。

针对中央政府机构臃肿、人浮于事的问题，1992 年印度政府提出裁减 10% 的公职人员的计划，之后又实施了 10 年内使公职人员减少 30% 的计划，用以压缩政府规模、紧缩财政支出，但由于公职人员的反对和人员分流的巨大挑战，这项改革计划最终不了了之。1997 年的首席部长会议将“保护公民信息权利”作为行政改革的重要目标，希望以此加强行政公开，扩大行政参与，建设负责任的政府。经过长时间的博弈，2005 年印度政府促使《信息权利法案》获得通过，规定了中央政府和地方政府向社会公开关乎公共利益和对公民有价值的政府信息的法律义务，被评价为印度行政改革史上的标志性事件之一。但就是这样一部重要的法律，也存在着一些关键性的问题：如法案没有明确界定“公共利益”的概念，致使政府信息公开的标准偏于模糊；没有规定政府信息公开的责任追究机制；实施过程中妇女、表列种姓等社会

① 颜佳华，方浩伟. 印度公民宪章运动及其对我国行政改革的启示 [J]. 武陵学刊，2017，42（3）：56－61.

边缘群体没有得到法律的有效保护，被排斥于信息公开和行政参与的范围之外。为了健全权力运行机制，解决印度政府长期存在的腐败问题，2013 年印度议会终于通过了《官员腐败调查法》，结束了该法案长达48 年的立法进程。该法案被认为对于推动印度的反腐败进程具有里程碑意义，印度社会对该法案寄予厚望，认为该法案如果能得到有效执行，将能够减少 50% ~60% 的腐败问题。但遗憾的是由于该法案规定的腐败调查对象覆盖了印度的全体公职人员，大部分政治高层和政府工作人员都对该法案持谨慎或抵制态度，《官员腐败调查法》基本上处于搁置状态。这项被认为具有重大意义的法案难以发挥作用，一度引发了印度民众大规模的抗议活动。

印度的行政改革史表明，行政改革必须特别注重改革政策和措施的实际效果，防止以形式主义代替行政改革的实际目标。应特别强调改革政策设计的系统性、科学性和可行性，加强对政策执行的指导、激励和约束，做好政策执行结果的评估和改进，尤其是要坚决破除改革中的利益樊笼，从改革的观念、知识、能力、技术、资源、机制等方面确保行政改革取得实效。

3．要提高行政改革的法制化水平

印度行政改革的一个突出特征是比较重视行政改革的法制化，很多重要的改革措施都是先行通过议会立法，以法律法规的形式使行政改革活动的赋权、授权和用权行为规范化，再由行政机构以执法的形式实施改革。印度的行政改革立法分为两个层次：

第一层次是行政改革活动涉及宪法有关规定的立法，一般以宪法修正案的形式进行，这类行政改革活动往往意义重大，事关行政体制与行政管理的基础性和全局性问题。相应的这类法案的通过难度较大，需议会两院不少于 2/3 的议员出席并投票，同时在两院分别获得投票议员半数以上的同意方能得以通过。譬如，印度宪法明确规定了中央与地方政府的职责划分，使中央与地方的职责关系具体化、制度化，并随着印度经济社会的发展对相关宪法规定进行调整。再如，印度政府使加强农村潘查亚特作用的宪法修正案获得通过，成为宪法第 73 修正案，又制定了加强城市自治机构作用的宪法修正案并得到通过，成为宪法第 74 修正案。这两项宪法修正案使印度建立了中央、邦、基层自治机构的三级政府结构，实现了印度城市和农村地方政治体制的重大变革。但是，这两项法案没有得到充分执行，印度很多地区的城市和农村自治机构建设较为缓慢，权限和资源不足，自治能力有待提高。

第二层次是不涉及宪法规定的普通立法，其程序相对简单，通过难度相对较小，但一些利益关系复杂的立法往往也需要经过长时间的博弈和妥协才能通过。例如，1997 年印度政府提出了加强公民信息权利保护的目标，并着手进行相关立法，经过长时间的努力，终于在 2005 年时通过了《权利信息法案》，该法案明确规定了政府在信息公开、保障民众行政参与等方面的义务。但是，很显然该法案只是印度民主行政建设迈出的重要一步，仅依靠一部法律是难以实现以上这些重要的改革目标的，尤其是该法案并没有得到行政机构的有效执行。又如，为了完善权力约束和监督机制，印度历届政府都比较重视反腐败的法制建设，制定和实施了一系列的反腐败法规。比较重要的有 1985 年通过的《反倒戈法》，1988 年通过的《防止腐败法》，2003 年通过的《人民检察官法案》，2013 年通过的《官员腐败调查法》等。这些反腐败法案一般都无法在短时间内获得通过，有的甚至经过了长达数十年的努力才最终得以通过。然而，印度政府对这些反腐败法案的执行普遍不到位，严重影响了印度反腐败的实效。

受制于印度有限的民主政治发展水平和法治化水平，印度行政改革法制化的实际效果并不理想，表现为一些立法进程缓慢或法案内容存在缺陷，以及行政机构对相关法案的抵制或执行不到位。但不能因此就否定行政改革法制化的重要性，应该说印度行政改革的这种法制化特征是符合行政改革的客观规律的，因为法制化能够带来行政改革活动的规范化，提高行政改革实践的稳定性和可预期性，减少行政改革过程中的随意性和阻力。可以看到，世界主要国家的行政改革，如英国的“下一步改革”、美国的“重塑政府运动”、德国的“苗条国家”运动、澳大利亚的“竞争、绩效与透明”改革、日本的“市场化、民营化和自由化”改革、法国革新公共行政计划等，一般都是在法制化的轨道上运行的①。要想稳定、有序地推进行政改革，应加强相

① 黄建洪，金太军. 当代西方行政改革：整体态势及其启示［J］. 国外社会科学，2013（2）：93－103.

关立法，将职能转变、机构变革、关系调整等改革纳入法制化的轨道。

4. 要重视对行政价值观的塑造

一般认为，行政改革包括行政意识形态、行政制度和行政管理方式三个方面的变革，三者相互作用，不可偏废。其中，行政意识形态是行政体系的深层次结构，它的变革是行政制度和行政管理方式变革的基础和前提，对后两者的变革具有导向、规范、激励和巩固之作用，如果没有行政意识形态的适时创新，行政制度和行政管理方式的变革就难以取得成功。在行政意识形态的体系中，行政价值观处于核心地位，对其他形式的行政意识形态具有统摄作用，因而在行政改革过程中对行政价值观进行适当的塑造，是行政改革取得成功的关键。在印度的行政改革中，政府对广大行政人员行政价值观的塑造长期重视不足，造成行政价值体系的混乱，是印度行政改革不成功的一个重要原因。这主要表现在两个方面：

其一，官僚群体对政府行政改革价值选择的贯彻不彻底。虽然印度政府为行政改革确定了效率、公平、民主、责任、廉洁等现代行政价值取向，但官僚群体受官僚主义、保守主义、特权主义等消极行政文化传统的影响，且囿于个人利益与部门利益，并没有彻底地、坚定地贯彻这些行政价值取向，而只是流于形式，导致行政系统内部无法形成上下统一的行政改革价值取向，是行政改革政策执行不到位、行政改革实际效果不佳的思想根源。

其二，官僚群体行政价值观创新迟滞。行政价值具有社会性，随着行政环境和社会环境的变化而不断更新，适时的行政价值观创新对行政改革具有先导作用，行政改革必须以对传统行政价值观的创新为前提。但是行政价值观并不会自动地与行政改革、行政发展保持同步、合拍，而是需要行政主体主动地去创新行政价值观，首先发起一场行政价值取向的变革①。纵观印度行政改革历史，印度政府在这个方面几乎没有主动作为，又由于印度行政文化中长官意志、墨守成规、安于现状等消极因素大肆其道，导致官僚群体行政价值观创新迟滞，服务、民主、效率等行政价值没有被官僚群体所普遍接受

① 罗自刚，唐绍廉．行政改革的“怪圈”与价值选择［J］．中国特色社会主义研究，2002（5）：60－65．

和坚持，也就难以满足行政改革的要求。为有效推进行政改革，政府必须重视对广大行政人员行政价值观的塑造，使广大行政人员的行政价值观统一于政府确定的价值目标，建立结构合理、稳定有序的行政价值体系，确立效率、民主、责任、公平、服务等现代行政价值的主导地位，从而为行政改革提供科学的价值导向。

第七章

结　语

行政改革是当今世界各国普遍存在的社会政治现象，对行政改革的国别研究亦是行政改革理论研究的重要传统。从行政价值选择的视角，系统研究1947—2014年之间印度的行政改革历史，一方面有利于了解印度行政体制形成、运作和演变发展的基本情况，进而更准确地认识和理解印度的公共政策与行为模式；另一方面有利于深入认识行政价值选择与行政改革的逻辑关系，促进理论的增长。希望本书能够对我国的印度公共管理研究起到抛砖引玉的作用，同时能为相关研究提供知识积累。需要说明的是，本书的研究对象是印度已经结束全部任期的政府时期的行政改革，因为在任政府的行政改革还处于变化发展之中，难以进行总结性、评价性研究。因此，本书只研究了印度1947—2014年这一段历史时期的行政改革问题，而没有研究2014年以后的印度行政改革问题，对于2014年以后印度行政改革问题的研究将是今后工作的方向。

本书首先界定行政价值选择与行政改革的概念，分别阐述行政价值选择与行政改革的影响因素和基本内容，为历史研究提供理论框架。概述当代印度行政改革的历史，再根据当代印度的历史发展情况与不同时期行政改革的内容特征，将1947—2014年期间印度的行政改革历史划分为三个阶段，按照影响因素——行政改革的价值选择——行政改革的内容的结构，梳理不同时期印度政府行政改革的价值选择与行政改革的主要内容。在厘清当代印度行政改革的历史后，审视当代印度行政价值选择与行政改革的互动关系，并据此推论出行政价值选择与行政改革一般性的相互关系。评析印度行政改革的效果及其成因，总结印度行政改革史的经验教训。本研究主要形成了以下结论：

（1）行政价值选择与行政改革具有内在的逻辑关联

印度行政改革的现代行政价值取向，为行政改革提供了合理的价值引导，一定程度上推动了当代印度的行政发展。由于不重视对行政价值体系的塑造，印度行政改革的价值选择没有得到广大行政人员的广泛认同和贯彻执行，导致行政改革的价值目标无法转化为现实的价值关系，限制了行政改革的实际效果。从当代印度行政价值选择与行政改革的互动关系中，可以抽象出行政价值选择与行政改革的一般性关系。行政改革作为典型的行政实践活动是行政价值选择的结果，反之作为观念性活动的行政价值选择也会受到作为实践性活动的行政改革的影响。首先，行政价值选择贯穿于行政改革的整个过程。行政价值选择为行政改革目标的设计提供价值导向，行政改革价值目标的定位在根本上决定了行政改革能否保持正确的方向，进而决定了行政改革的深入进行必须以行政价值取向的变革为前提，使广大行政人员的价值取向与行政改革的价值目标达成一致，确保行政价值目标的导向作用得以发挥。合理的行政价值选择能够为广大行政人员提供评价改革措施的价值尺度，为改革的实施提供精神动力，促使行政人员更多地支持改革、参与改革，从而推进行政改革的实施进程。行政改革的价值选择构成了行政改革结果的评价和检验标准，行政改革的绩效标准就是要看行政改革对行政价值目标的实现程度，行政价值选择使行政人员形成与行政改革价值目标相一致的价值取向，进而对行政改革作出积极的评价。其次，行政改革是行政价值选择的内在动因。从行政哲学的视角看，行政改革能够为行政价值选择提供更加充足的物质基础，创设新的手段，提出新问题和新选项。从组织行为学的视角看，行政改革包含了对行政价值的调整、培育和更新，要通过行政改革为行政体系培育或引入一些先进的行政价值，并使之扩散。从制度变迁的视角看，行政改革首先要通过行政价值选择实现行政人员价值观念的革新，减少或破除由传统行政价值观念导致的路径依赖。最后，行政价值选择有助于行政人员形成适当的、积极的行政利益追求，使行政人员个人或群体的利益取向与行政体系的整体利益保持一致，从根源上化解行政改革中的利益问题。

（2）公平、效率、民主、责任是印度行政改革的重要价值选择

印度行政改革在公共性价值的统领下，以公平、效率、民主、责任等现代行政价值为基本价值选择。随着经济社会环境的发展变化，这些价值取向在各历史阶段具有不同的内涵。在这些价值取向的导引下，不同时期印度政府开展了长期的行政改革活动。如何处理效率与公平的关系始终是印度行政改革价值选择的基本问题。早期印度政治领导人将公平作为核心价值选择，公平优先、兼顾效率是这个时期行政改革的基本价值取向。1984 年后，印度开始对经济发展模式进行调整，确立了以增长为导向的经济政策，对效率的重视逐渐超过对公平的重视，之后随着市场经济体制改革的启动和不断深化，这种趋势不断深化，因而效率优先、兼顾公平是 20 世纪 80 年代以来印度政府行政改革的基本价值取向。民主价值是当代印度行政改革的重要价值选择，这是由印度民主政治的性质决定的。印度行政改革有显著的民主价值取向，集中体现为代表和实现社会公共利益，维护社会成员平等的政治和社会机会，提供参与公共事务的机会，回应社会需求，承担公共服务的责任等。不负责任、贪污腐败是印度政府长期存在的突出问题，20 世纪 90 年代以来印度经济快速发展，社会权利意识逐渐觉醒，促使印度政府将责任确立为行政改革的重要价值选择，加强行政责任建设。

（3）印度行政改革史是持续的过程

印度的行政改革是一个持续的过程，但由于缺少顶层设计和系统规划，加上政府的不断更迭，不同时期行政改革之间的延续性和渐近性不强。根据印度独立后的历史发展情况与行政改革的主要内容特征，可将印度的行政改革历史划分为三个阶段。第一个阶段为 1947—1989 年期间的行政改革。这个时期印度政府以公平为行政改革的核心价值选择，围绕民主政治体制、混合经济结构和计划管理体制的建立与调整进行了长期的行政改革，主要内容包

括建立健全行政体制，完善行政结构，强化行政管制，加强社会福利职能等。第二个阶段为1991—2004年期间的行政改革。这个时期是印度的市场经济改革和经济快速增长时期，该阶段的行政改革以效率为核心价值选择，适应市场经济体制改革和加快经济发展的要求进行，以市场为导向，具有显著的管理主义特征。改革的内容主要包括转变政府职能，减少微观干预，压缩政府规模，提高行政效率，加强行政分权，提高回应能力，强化行政责任，开始由管制行政向服务行政转型。第三个阶段为2004—2014年期间的行政改革。这个时期是印度的包容性发展阶段，该阶段的行政改革坚持效率、公平、民主等价值多元并存的价值取向，根据深化经济改革、健全市场经济体制、促进经济社会全面协调发展的要求进行，进一步放松经济性管制，扩大行政参与，加强行政公开，提高行政效率，强化公共服务职能，加快向服务行政转型。

（4）印度行政改革的效果不理想

国内外关于印度行政改革的研究普遍认为当代印度的行政改革不成功或者效果不佳。以印度在《全球竞争力报告》《全球经商环境报告》《全球清廉指数》中的表现为依据对印度的政府质量进行模糊性评价，为该结论提供了实证支持。从行政价值选择的视角看，印度行政改革的效果不佳意味着印度行政改革的价值选择未能得到充分的实现，这是因为长期以来印度对行政价值体系的塑造重视不足，行政体系无法形成关于行政改革的价值共识，导致自上而下确定的行政改革价值目标没有得到广大行政人员的普遍认同和贯彻执行。除此之外，政治经济体制等宏观环境的制约，政治领导人缺乏行政改革的坚定决心和承诺，官僚群体利益固化改革积极性不高，也是印度行政改革的价值目标无法充分地转化为现实的价值关系的原因。

（5）印度行政改革史的经验教训

研究历史就要以史为鉴。从印度行政改革的历史中可以看出，成功的行政改革需要国家坚持从本国国情出发推进行政改革，重视行政改革的实际效果，提高行政改革的法制化水平，注重对行政价值观的塑造。印度行政改革的历史，也充分说明了价值选择及其塑造在行政改革中的关键作用。

本书以行政价值选择为视角，系统研究1947—2014年印度的行政改革历史，取得了一定的研究成果。然而，由于个人学识和研究能力有限，也由于资料的限制，本书的研究还是比较初步的，甚至还存在一些问题，需要在今后的研究中加以完善。

参考文献

一、中文文献

1. 中文专著

[1] 马克思，恩格斯. 马克思恩格斯全集（第3卷）[M]. 北京：人民出版社，1974.

[2] 马克思，恩格斯. 马克思恩格斯全集（第19卷）[M]. 北京：人民出版社，1965.

[3] 马克思，恩格斯. 马克思恩格斯全集（第12卷）[M]. 北京：人民出版社，1962.

[4] 马克思，恩格斯. 马克思恩格斯选集（第3卷）[M]. 北京：人民出版社，1995.

[5] 习近平. 决胜全面建成小康社会，夺取新时代中国特色社会主义伟大胜利 [M]. 北京：人民出版社，2017.

[6] 李德顺. 价值论（第3版）[M]. 北京：中国人民大学出版社，2013.

[7] 阮青. 价值哲学 [M]. 北京：中共中央党校出版社，2004.

[8] 马俊峰. 马克思主义价值理论研究 [M]. 北京：北京师范大学出版社，2012.

[9] 孙伟平. 价值哲学方法论 [M]. 北京：中国社会科学出版社，2008.

［10］李连科．价值哲学引论［M］．北京：商务印书馆，1999.
［11］王玉樑．从理论价值哲学到实践价值哲学［M］．北京：人民出版社，2013.
［12］牟永生．价值哲学的国度：人类追究价值形而上学的历程［M］．北京：中国文史出版社，2002.
［13］张书琛．西方价值哲学思想简史［M］．北京：当代中国出版社，1998.
［14］叶汝贤，王征国．中国改革的价值选择［M］．广州：中山大学出版社，2001.
［15］陈春花．经济发展与价值选择［M］．北京：机械工业出版社，2016.
［16］张康之．公共行政中的哲学与伦理［M］．北京：中国人民大学出版社，2004.
［17］张富．公共行政的价值向度［M］．北京：中央编译出版社，2007.
［18］芮国强，乔耀章．行政哲学基本问题：探索与对话［M］．长春：吉林人民出版社，2006.
［19］张康之．寻找公共行政的伦理视角（修订版）［M］．北京：中国人民大学出版社，2012.
［20］颜佳华．行政哲学研究［M］．湘潭：湘潭大学出版社，2008.
［21］颜佳华．行政哲学论［M］．长沙：湖南师范大学出版社，1998.
［22］谭九生．公共行政的哲学基础［M］．北京：中国社会科学出版社，2018.
［23］高小平，颜佳华，靳江好．行政的价值［M］．湘潭：湘潭大学出版社，2013.
［24］范炜烽．当代西方政府管理改革的价值选择研究［M］．北京：中国社会科学出版社，2012.
［25］陈世香．行政价值研究——以美国中央政府行政价值体系为例［M］．北京：人民出版社，2006.
［26］王伟．行政伦理学概述［M］．北京：人民出版社，2001.
［27］王沪宁．比较政治分析［M］．上海：上海人民出版社，1987.
［28］林尚立．政党政治与现代化［M］．上海：上海人民出版社，1998.

［29］丁煌．西方行政学说史（第2版）［M］.武汉：武汉大学出版社，2004.

［30］何颖．行政学［M］．哈尔滨：黑龙江人民出版社，2007.

［31］黄达强，王明光．中国行政管理大辞典［M］．北京：中国物资出版社，1993.

［32］夏书章．行政管理学（第3版）［M］．广州：中山大学出版社，2003.

［33］竺乾威．公共行政学（第3版）［M］．上海：复旦大学出版社，2008.

［34］张康之，李传军．公共行政学［M］．北京：北京大学出版社，2007.

［35］张国庆．公共行政学［M］．北京：北京大学出版社，2007.

［36］杨光斌．政治学导论（第3版）［M］.北京：中国人民大学出版社，2007.

［37］颜佳华．公共事务评论（第一卷）［M］．湘潭：湘潭大学出版社．2018.

［38］周志忍．当代国外行政改革比较研究［M］．北京：北京大学出版社，1999.

［39］马敬仁．行政改革论述［M］．北京：西苑出版社，1998.

［40］江美塘．制度变迁与行政发展：公共行政之制度理论的比较研究［M］．天津：天津人民出版社，2004.

［41］毛寿龙．西方政府的治道变革［M］．北京：中国人民大学出版社，1998.

［42］魏礼群，汪玉凯．行政改革蓝皮书：中国行政体制改革报告［M］．北京：社会科学文献出版社，2017.

［43］魏礼群．建设服务型政府——中国行政体制改革40年［M］．广州：广东经济出版社，2017.

［44］竺乾威．公共行政的改革、创新与现代化［M］．上海：复旦大学出版社，2018.

［45］薄贵利．深化行政改革，推进治理创新［M］．北京：北京大学出版社，2018.

［46］金太军．行政改革与行政发展［M］．南京：南京师范大学出版社，2002.

［47］陈剩勇．政府改革论——行政体制改革与现代国家制度建设［M］．北京：北京大学出版社，2014.

[48] 中国行政体制改革研究会. 行政体制改革行与思［M］. 北京：国家行政学院出版社，2015.
[49] 张立荣. 中外行政制度比较［M］. 北京：商务印书馆，2002.
[50] 卓越主编. 比较公共行政［M］. 福州：福建人民出版社，2003.
[51] 林承节. 印度史［M］. 北京：人民出版社，2004.
[52] 林承节. 印度近现代史［M］. 北京：北京大学出版社，1995.
[53] 林承节. 印度独立后的政治经济社会发展史［M］. 北京：昆仑出版社，2003.
[54] 林承节. 印度现代化的发展道路［M］. 北京：北京大学出版社，2001.
[55] 林承节. 印度近二十年的发展历程——从拉吉夫·甘地执政到曼莫汉·辛格政府的建立［M］. 北京：北京大学出版社，2012.
[56] 杨文武. 印度经济发展模式研究［M］. 北京：时事出版社，2013.
[57] 吕昭义. 印度国情报告 2016［M］. 北京：社会科学文献出版社，2017.
[58] 王丽. 国大党的兴衰与印度政党政治的发展［M］. 厦门：厦门大学出版社，2014.
[59] 林良光. 印度政治制度研究［M］. 北京：北京大学出版社，2001.
[60] 王德华，吴扬. 龙与象——21 世纪中印崛起的比较［M］. 上海：上海社会科学出版社，2003.
[61] 尚会鹏. 种姓与印度教社会［M］. 北京：北京大学出版社，2001.
[62] 曹小冰. 印度特色的政党和政党政治［M］. 北京：当代世界出版社，2005.
[63] 洪共福. 印度独立后的政治变迁［M］. 合肥：黄山书社，2011.
[64] 杨翠柏. 南亚政治发展与宪政研究［M］. 成都：巴蜀书社，2010.
[65] 李熠煜. 印度社会治理研究［M］. 湘潭：湘潭大学出版社，2016.
[66] 吴永年. 变化中的印度——21 世纪印度国家新论［M］. 北京：人民出版社，2010.
[67] 王红生，B. 辛格. 尼赫鲁家族与印度政治［M］. 北京：北京大学出版社，2011.
[68] 李芳，刘沁秋. 印度——在第三条道路上踟蹰［M］. 成都：四川人民

出版社，2002.
［69］文富德. 印度经济发展、改革与前景［M］. 成都：巴蜀书社，2003.
［70］张淑兰. 印度拉奥政府经济改革研究［M］. 北京：新华出版社，2003.
［71］孙培钧，张敏秋，于海莲. 印度从“半管制”走向市场化［M］. 武汉：武汉出版社，1994.
［72］沈开艳. 印度经济改革发展二十年：理论、实证与比较（1991—2010）［M］. 上海：上海人民出版社，2011.
［73］杨冬云. 印度经济改革与发展的制度分析［M］. 北京：经济科学出版社，2006.
［74］A. 古拉蒂，樊胜根. 巨龙与大象：中国和印度农业农村改革的比较研究［M］. 北京：科学出版社，2009.
［75］张弛. 印度政治文化传统研究［M］. 北京：中国政法大学出版社，2014.
［76］赵刚印. 现代化进程中的公民政治参与：一项对中国与印度的比较研究［M］. 上海：上海人民出版社，2010.

2. 中文译著

［77］杰伊·M. 沙夫里茨. 公共行政学经典（第5版）［M］. 北京：中国人民大学出版社，2010.
［78］贾瓦哈拉尔·尼赫鲁. 印度的发现［M］. 向哲浚，朱彬元，杨寿林，译. 上海：上海人民出版社，2016.
［79］R. J. 斯蒂尔曼. 公共行政学［M］. 李方，译. 北京：中国社会科学出版社，1988.
［80］因德尔·马尔豪特拉. 英迪拉·甘地传［M］. 施美华，伯工，士平，译. 北京：世界知识出版社，1992.
［81］拉贾·莫汉. 莫迪的世界：扩大印度的势力范围［M］. 朱翠萍，杨怡爽，译. 北京：社会科学文献出版社，2016.
［82］赫·库尔克，迪特玛尔·罗特蒙特. 印度史［M］. 王立新，周红红，译. 北京：中国青年出版社，2008.
［83］阿图尔·科利. 印度民主的成功［M］. 牟效波，译. 南京：译林出版

社，2013.
[84] 贾格迪什·巴格瓦蒂，阿尔温德·帕纳格里亚. 增长为什么重要：来自当代印度的发展经验［M］. 王志毅，译. 杭州：浙江大学出版社，2015.
[85] 弗朗辛·R. 弗兰克尔. 印度独立后政治经济发展史［M］. 孙培均，译. 北京：中国社会科学出版社，1989.
[86] B. 盖伊·彼得斯. 比较公共行政导论：官僚政治视角（第六版）［M］. 聂露，李姿姿，译. 北京：中国人民大学出版社，2015.
[87] 塞缪尔·亨廷顿. 文明的冲突与世界秩序的重建［M］. 周琪，刘绯，张立平，译. 北京：新华出版社，2010.
[88] 塞缪尔·亨廷顿. 变化社会中的政治秩序［M］. 王冠华，译. 上海：生活·读书·新知三联书店，1989.
[89] 加布里埃尔·A. 阿尔蒙德. 比较政治学：体系，过程和政策［M］. 曹沛霖，郑世平，公婷，译. 上海：上海译文出版社，1987.
[90] 阿伦·利普哈特. 民主的模式——36 个国家的政府形式和政府绩效［M］. 陈崎，译. 上海：上海人民出版社，2017.
[91] 赫伯特·A. 西蒙. 管理行为［M］. 詹正茂，译. 北京：机械工业出版社，2006.
[92] 米歇尔·S. 德·弗里斯. 公共行政中的价值观与美德：比较研究视角［M］. 熊缨，耿水平，译. 北京：中国人民大学出版社，2014.
[93] 马克·H. 穆尔. 创造公共价值——政府战略管理［M］. 伍满桂，译. 北京：商务印书馆，2016.
[94] 乔治·弗雷德里克森. 公共行政的精神［M］. 张成福，译. 北京：中国人民大学出版社，2003.
[95] 特里·L. 库珀. 行政伦理学：实现行政责任的途径（第五版）［M］. 张秀琴，译. 北京：中国人民大学出版社，2010.
[96] 珍尼特·V. 登哈特，罗伯特·B. 登哈特. 新公共服务：服务，而不是掌舵［M］. 丁煌，译. 北京：中国人民大学出版社，2004.
[97] 罗伯特·B. 登哈特. 公共组织理论［M］. 扶松茂，丁力，译. 北京：

中国人民大学出版社，2003.
[98] 简·莱恩. 新公共管理［M］. 赵成根，王洛忠，崔跃嵩，等译. 北京：中国青年出版社，2004.
[99] 欧文·休斯. 公共管理导论（第4版）［M］. 张成福，译. 北京：中国人民大学出版社，2015.
[100] 戴维·奥斯本，特德·盖布勒，著. 改革政府：企业精神如何改革着公营部门［M］. 周敦仁，译. 上海：上海译文出版社，2006.
[101] 戴维·奥斯本，彼得·普拉斯特里克. 再造政府：政府改革的五项战略［M］. 谭功荣，刘霞，译. 北京：中国人民大学出版社，2014.
[102] B. 盖伊·彼得斯. 政府未来的治理模式［M］. 吴爱明，夏宏图，译. 北京：中国人民大学出版社，2014.
[103] 简·E. 芳汀. 构建虚拟政府：信息技术与制度创新［M］. 邵国松，译. 北京：中国人民大学出版社，2010.
[104] 金荣枰，崔炳善. 韩国行政改革的神话与逻辑［M］. 沈仪琳，译. 北京：国家行政学院出版社，2001.
[105] 戴维·约翰·法默尔. 公共行政的语言：官僚制、现代性和后现代性［M］. 北京：中国人民大学出版社，2017.
[106] 海伍德. 政治学核心概念［M］. 吴勇，译. 北京：中国人民大学出版社，2013.
[107] 简明不列颠百科全书（第8册）［M］.《简明不列颠百科全书》编辑部，译. 北京：中国大百科全书出版社，1986.
[108] 道格拉斯·C. 诺斯. 制度、制度变迁与经济绩效［M］. 上海：生活·读书·新知三联书店，1994.

3. 中文期刊和学位论文

[109] 龙佳解. 关于国家相对独立性的几个问题［J］. 湖南大学社会科学学报，1994（2）：11－16.
[110] 相丽玲，牛丽慧. 论公民信息权［J］. 现代情报，2014，34（11）：3－5.
[111] 聂平平，万苏春. 国外政府质量研究：话语阐释、测评指标与研究困境［J］. 国外社会科学，2018（5）：75－83.

［112］李德顺. 关于价值与核心价值［J］. 学术研究，2007（12）：13－16.
［113］杨伍栓. 略论价值与管理价值［J］. 北京行政学院学报，2004（4）：82－86.
［114］潘正云，彭水生. 论价值选择［J］. 浙江大学学报（社会科学版），1994（4）：117－122.
［115］冯平. 重建价值哲学［J］. 哲学研究，2002（5）：7－14.
［116］王玉樑. 论价值本质与价值标准［J］. 学术研究，2002（10）：18－24.
［117］胡敏中. 论公共价值［J］. 北京师范大学学报（社会科学版），2008（1）：99－104.
［118］侯志峰. 公共价值：范式变迁、本土语境与实现策略［J］. 行政与法，2017（8）：17－24.
［119］颜佳华. 行政价值刍议［J］. 湘潭大学学报（哲学社会科学版），1999（2）：27－30.
［120］汪辉勇. 行政价值：概念、体系及其实现［J］. 东莞理工学院学报，2013（6）：31－37.
［121］张富. 论公共行政价值的结构及其功能［J］. 探索，2007（1）：67－70.
［122］夏志强，谭毅. 公共性：中国公共行政学的建构基础［J］. 中国社会科学，2018（8）：88－107
［123］张富. 公共行政价值研究：一个文献述评［J］. 西南政法大学学报，2004（1）：15－18.
［124］陈世香. 西方行政价值研究的历史与现状综述［J］. 政治学研究，2004（1）：115－119.
［125］颜佳华. 公共行政的价值选择与观念转型——和谐社会视野中的阐释［J］. 科学社会主义，2007（2）：84－87.
［126］陈世香. 建国以来中国行政价值体系结构的历史演化研究［J］. 上海行政学院学报，2009，10（6）：46－59.
［127］陈第华. 行政伦理妥协：公共行政价值的特殊选择［J］. 南京工业大学学报（社会科学版），2009，8（3）：75－78.
［128］颜佳华，王升平. 近百年来西方行政价值观演变的特征、规律及趋势

探析［J］．中国行政管理，2008（8）：107－110.

［129］包国宪，周云飞．我国公共行政核心价值取向分析［J］．云南社会科学，2008（4）：86－90.

［130］刘祖云．行政价值观建设的两个着力点［J］．南京农业大学学报（社会科学版），2005（1）：50－55.

［131］张成福．公共行政的管理主义：反思与批判［J］．中国人民大学学报，2001（1）：15－21.

［132］张成福．论公共行政的“公共精神”——兼对主流公共行政理论及其实践的反思［J］．中国行政管理，1995（5）：15－17

［133］谭莉莉．公共精神：塑造公共行政的基本理念［J］．探索，2002（4）：52－55.

［134］王乐夫，张富．试论公共行政价值异化［J］．中山大学学报（社会科学版），2004（4）：14－18

［135］马春庆．为何用“行政效能”取代“行政效率”——兼论行政效能建设的内容和意义［J］．中国行政管理，2003（4）：28－30.

［136］罗德刚．行政伦理的基础价值观：公正和正义［J］．社会科学研究，2002（3）：11－14.

［137］黄健荣，杨占营．新公共管理批判及公共管理的价值根源［J］．中国行政管理，2004（2）：64－70.

［138］谭功荣，赵松岭．中共三代领导人的行政价值观［J］．行政论坛，2003（4）：53－55.

［139］张治忠．新公共服务理论视野下的当代中国行政价值观建构［J］．伦理学研究，2009（2）：24－28.

［140］许欢，孟庆国．大数据公共治理价值观：基于国家和行政层面的分析［J］．南京社会科学，2017（1）：94－101.

［141］崔冰．中国与新加坡行政价值观之比较［J］．人民论坛，2012（17）：238－239.

［142］金太军．西方公共行政价值取向的历史演变［J］．江海学刊，2000（6）：37－41.

［143］郭琦．转型期社会公共行政价值取向的转变——由政府本位到社会本位［J］．山西大学学报（哲学社会科学版），2005（6）：60－63.
［144］江正平，李丽．我国公共行政价值取向的趋势分析［J］．行政论坛，2011，18（3）：9－12.
［145］毕普云．公共行政价值取向再审视［J］．云南行政学院学报，2015，17（1）：125－128.
［146］张康之．论公共行政领域中的价值选择［J］．江海学刊，2000（1）：35－40.
［147］张康之．走向现代化的行政价值选择［J］．国家行政学院学报，2000（6）：61－64.
［148］张康之．论公共管理者的价值选择［J］．中共中央党校学报，2003，7（4）：10－14.
［149］张康之．行政改革中的制度安排［J］．宁夏社会科学，2000（3）：23－32.
［150］张康之．公共行政中的责任与信念［J］．中国人民大学学报，2001（3）：79－85.
［151］郭蕊．我国公共行政价值的历史演变及其现实选择［J］．内蒙古民族大学学报，2008（3）：68－70.
［152］张江海．论当代中国的公共行政价值选择［J］．经济与社会发展，2004（3）：90－92.
［153］崔卓兰．论我国行政强制立法的价值选择［J］．长春理工大学学报（社会科学版），2008（5）：18－21.
［154］王友云，朱宇华．公共行政的价值变迁及未来追求［J］．领导科学，2016（11）：20－22.
［155］类延村．论我国行政价值观演变的阶段规律——以历次五年计划（规划）为视角［J］．天津行政学院学报，2012，14（5）：83－88.
［156］刘祖云．论我国公共行政价值的三大问题［J］．长白学刊，2005（2）：12－16.
［157］谭海波．公共行政价值的批判性反思——基于现代性的分析视角［J］．四川行政学院学报，2012（5）：39－42.

[158] 王炜，黄新宇．政府绩效治理中的行政价值：逻辑框架、失范原因及完善路径［J］．哈尔滨商业大学学报(社会科学版),2015(6):58－64.
[159] 盛明科．论当前我国政府绩效评估价值取向的重塑［J］．行政论坛，2004（6）：25－27.
[160] 刘祖云．“服务型政府”价值实现的制度安排［J］．江海学刊，2004（3）：85－90.
[161] 刘俊生．论服务型政府的价值基础与理论基础［J］．南京社会科学，2004（5）：52－57.
[162] 张国庆．试论我国政府行政改革的基本价值选择［J］．中国人民大学学报，1999（4）：59－64.
[163] 田小龙．在中国行政改革价值演变中认识服务型政府建设［J］．安徽大学学报（哲学社会科学版），2017，41（2）：132－141.
[164] 周庆国．公平：我国行政体制改革价值定位的核心要素［J］．华侨大学学报（哲学社会科学版），2009（3）：22－28.
[165] 孙学玉．当代公共行政改革的目标趋向与价值选择［J］．上海社会科学院学术季刊，1999（4）：73－82.
[166] 范文．中国行政管理体制改革的深化与价值选择［J］．国家行政学院学报，2009（1）：23－26.
[167] 罗自刚，唐绍廉．行政改革的“怪圈”与价值选择［J］．中国特色社会主义研究，2002（5）：60－65.
[168] 赵晖．我国公共行政改革的价值取向［J］．中国行政管理，2003（9）：5－8.
[169] 张勤．行政体制改革的价值取向：公共性和服务性［J］．广东行政学院学报，2004（2）：14－18.
[170] 潘左华．新公共管理与中国行政改革的价值定位［J］．江西行政学院学报，2005（1）：9－13.
[171] 郃晓琳．分析改革开放以来我国的机构改革——从公共行政价值的角度［J］．理论界，2010（08）：34－36.
[172] 黄建红．行政价值观转型与政府职能重塑［J］．行政论坛，2014，21

(3)：26 –30.

[173] 吕恒立，陈晨．行政改革中的价值重塑与制度重塑［J］．郑州大学学报（哲学社会科学版），2001（04）：39 –41.

[174] 韦锋，梅娟．当代中国行政改革价值取向的嬗变［J］．四川理工学院学报（社会科学版），2009，24（05）：57 –61.

[175] 魏礼群．中国行政体制改革的历程和经验[J].全球化,2017(5):5 –14.

[176] 高小平．我国行政管理制度改革创新：历程、重点和展望［J］．学海，2017（1）：151 –162.

[177] 燕继荣．中国政府改革的定位与定向［J］．政治学研究，2013（6）：31 –38.

[178] 周志忍．深化行政改革需要深入思考的三个问题［J］．中国行政管理，2010（1）：15 –21.

[179] 中国行政管理学会课题组．服务型政府是我国行政改革的目标选择［J］．中国行政管理，2005（4）：5 –8.

[180] 薛刚凌，潘波．从经济调适到社会回应——行政体制改革目标模式分析［J］．行政管理改革，2010（7）：51 –55.

[181] 崔卓兰，蔡立东．从压制型行政模式到回应型行政模式［J］．法学研究，2002（4）：64 –73.

[182] 吴志华．行政体制改革与内动力［J］．华东师范大学学报（哲学社会科学版），2006（3）：44 –48.

[183] 颜佳华，方浩伟．印度公民宪章运动及其对我国行政改革的启示［J］．武陵学刊，2007，42（3）：56 –61.

[184] 黄建洪，金太军．当代西方行政改革：整体态势及其启示［J］．国外社会科学，2013（2）：93 –103.

[185] 张志斌．从生存到卓越：新加坡的行政改革［J］．公共行政评论，2009，2（4）：74 –110.

[186] 胡珊琴．新中国行政机构改革的路径依赖分析［J］．中国行政管理，2008（5）：39 –42.

[187] 朱光磊，于丹．建设服务型政府是转变政府职能的新阶段——对中国

政府转变职能过程的回顾与展望［J］. 政治学研究,2008(6):67－72.
［188］薛澜，李宇环. 走向国家治理现代化的政府职能转变：系统思维与改革取向［J］. 政治学研究，2014（5）：61－70.
［189］张定安. 全面推进地方政府简政放权和行政审批制度改革的对策建议［J］. 中国行政管理，2014（8）：16－21.
［190］王澜明. 改革开放以来我国六次集中的行政管理体制改革的回顾与思考［J］. 中国行政管理，2009（10）：7－16.
［191］王澜明. 深化行政审批制度改革应“减”“放”“改”“管”一起做——对国务院部门深化行政审批制度改革的一点看法和建议［J］. 中国行政管理，2014（1）：6－8.
［192］艾琳，王刚，张卫清. 由集中审批到集成服务——行政审批制度改革的路径选择与政务服务中心的发展趋势［J］. 中国行政管理，2013（4）：15－19.
［193］方浩伟，颜佳华. 马克思政府职能理论与新时代政府职能转变［J］. 湖湘论坛，2018，31（3）：25－32.
［194］安吉. 关于印度行政管理与改革的考察［J］. 经济研究参考，1993（Z4）：366－377.
［195］孙彩红. 印度行政改革的主要举措及启示［J］. 政治学研究，2011（6）：106－115.
［196］孙彩红. 印度《信息权利法》的实施及其启示［J］. 中国行政管理，2011（9）：96－99.
［197］吴永年. 论印度特色的公务员制度［J］. 深圳大学学报（人文社会科学版），2008（5）：15－19.
［198］黄子都，陈峰君. 印度政府机构设置与行政官制度（二）［J］. 南亚研究，1985（3）：71－85.
［199］金泽刚，康均心. 论印度反腐败的法制历程及其启迪［J］. 中央检察官管理学院报，1998（4）：59－65.
［200］张树焕，穆宏佳. 公民社会视角下印度反腐败低效原因探析［J］. 南亚研究，2015（4）：48－62.

[201] 肖滨，黄迎虹．发展中国家反腐败制度建设的政治动力机制——基于印度制定“官员腐败调查法”的分析［J］．中国社会科学，2015（5）：125－144．

[202] 王启友．印度中央与地方财政关系的变革启示［J］．经济导刊，2007（9）：64－66．

[203] 朱明忠．印度教民族主义的兴起与印度政治［J］．当代亚太，1999（8）：30－38．

[204] 邱永辉．浅析“印度教特性”政治［J］．南亚研究季刊，2003（2）：20－26．

[205] 余忠剑．印度反腐败机制及其效果［J］．廉政文化研究，2013，4（1）：76－83．

[206] 文富德．论印度的经济计划与市场调节相结合［J］．南亚研究，2006（1）：32－38．

[207] 张媛，任翠英．为了更加公平的教育——由印度的基础教育改革历程着眼［J］．外国教育研究，2008，35（5）：33－37．

[208] 许建芹．综论印度社会保障制度［J］．社会保障研究，2011（2）：167－189．

[209] 高静．印度社会保障的政治理念及设计路径［J］．南亚研究，2014（4）：139－153．

[210] 杨旻旻，连进军．印度改善弱势群体基础教育运动及问题——以 20 世纪 80 年代中期以后为中心［J］．外国教育研究，2013，40（8）：27－36．

[211] 禚明亮．印度传统行政文化的弊端及改革措施——兼论对中国特色行政文化构建的方法论启示［J］．陕西行政学院学报，2013，27（1）：66－69．

[212] 李东云．当代印度府际关系探析［J］．云南社会科学，2009（1）：56－60．

[213] 王红生．90 年代以来印度的潘查亚特制度建设与政治改革［J］．南亚研究，2009（2）：57－65．

[214] 马得汶．印度建国后邦级区划变动中的两次重组浪潮探析［J］．南亚研究季刊，2010（1）：95－101．

[215] 李洁．大国政府改革——美国、巴西、俄罗斯、印度和中国 20 年进展

[J]. 世界经济与政治论坛，2007（2）：103 - 108.

[216] 丁念，夏义堃. 发展中国家开放政府数据战略的比较与启示 [J]. 电子政务，2015（7）：27 - 36.

[217] 岳丽欣，刘文云. 国内外政府数据开放现状比较研究 [J]. 图书情报工作，2016，60（11）：60 - 67.

[218] 董少林，李海洋. 国外政府门户网站建设的经验及其启示 [J]. 湖北社会科学，2015（7）：35 - 40.

[219] 张菁. 印度信息权利法与信息监督机制 [J]. 情报杂志，2009，28（S1）：137 - 138.

[220] 陈金英. 莫迪执政以来印度的政治经济改革 [J]. 国际观察，2016（2）：113 - 126.

[221] 王志章，王晓蒙. 包容性增长：背景、概念与印度经验 [J]. 南亚研究，2011（4）：105 - 116.

[222] 文富德. 印度难以推行第二代经济改革的原因及前景 [J]. 南亚研究季刊，2014（3）：38 - 44.

[223] 牛慧娟，洪明. 20 世纪 90 年代以来印度中产阶级与非政府组织的发展 [J]. 湖北社会科学，2002（10）：67 - 68.

[224] 刘丽坤. 莫迪经济学：为何印度将走向长期繁荣 [N]. 社会科学报，2018 - 08 - 09（007）.

[225] 杨志勇. 印度商品和服务税（GST）开征的意义、挑战及未来趋势 [J]. 国际税收，2017（8）：52 - 55.

[226] 薛克翘. 印度改革开放以后的文化变迁 [J]. 当代亚太，2003（8）：3 - 9.

[227] 欧东明，李学林. 印度社会的公平与效率问题 [J]. 南亚研究季刊，1999（4）：63 - 66.

[228] 杨文武. 论印度公营企业私有化问题 [J]. 南亚研究季刊，1998（1）：10 - 18.

[229] 赵鸣歧，袁传伟. 试论印度式的工业化道路——尼赫鲁的工业化战略与拉奥的经济改革评析 [J]. 西北师大学报（社会科学版），1996

（5）：83－89.
［230］孙士海. 印度政治五十年［J］. 当代亚太，2000（11）：3－15.
［231］杨光斌. 观念、制度与经济绩效——中国与印度经济改革的政治学理论价值［J］. 中国人民大学学报，2006（3）：114－122.
［232］张奎力. 印度农村医疗卫生体制［J］. 社会主义研究，2008（2）：56－60.
［233］秦永红，张伟. 印度社会保障制度改革及其对我国的启示［J］. 南亚研究季刊，2011（2）：48－55.
［234］张奎力. 印度农村医疗卫生体制［J］. 社会主义研究，2008（2）：56－60.
［235］贾西津. 印度非营利组织及其法律制度环境考察报告［J］. 学会，2007（4）：15－24.
［236］唐朱昌，杨特. 试论政府在经济转型和改革过程中的作用——中、俄、印三国之比较分析［J］. 世界经济研究，2007（3）：73－78.
［237］尹倩. 中国模式与印度模式之比较［J］. 理论与现代化，2006（4）：60－65.
［238］丁开杰，刘合光. 印度农村公共品供给体制研究［J］. 当代亚太，2006（6）：3－9.
［239］王升平. 20世纪西方行政价值观的演变逻辑及启示研究［D］. 湘潭：湘潭大学，2008.
［240］宋敏. 新公共行政学研究——兼及对我国行政改革的启示［D］. 济南：山东大学，2010.
［241］奉定勇. 论印度独立前后的社会转型［D］. 湘潭：湘潭大学，2010.
［242］周芳友. 中日行政价值观的历史演变与比较研究［D］. 湘潭：湘潭大学，2012.
［243］陈金英. 社会结构与政党制度：印度独大型政党制度的演变［D］. 上海：复旦大学，2007.
［244］黄金秋. 拉吉夫·甘地政治改革探析（1984－1989）［D］. 桂林：广西师范大学，2015.
［245］侯静. 改革开放以来中国行政体制改革目标研究［D］. 长春：东北师范大学，2014.

［246］朱明仕. 改革开放以来中国行政发展研究［D］. 长春：东北师范大学，2012.

［247］闫宏秀. 技术进步与价值选择［D］. 上海：复旦大学，2003：43 –46.

［248］朱逢春. 行政价值观与行政发展的关系研究［D］. 湘潭：湘潭大学，2010.

二、英文文献

［249］Abinaswar Das. Reforms in the Indian Civil Services：A Study of 21st Century Recommendations and Implementation［D］. National Law School of India University，2017.

［250］Narendra Modi Lays out 10 – Point Agenda to His Ministers［N］. http：//www.spectralhues. com/news/ national/narendra – modi – lays – 10 – point – agenda – ministers/.

［251］S. N. Mishra，S. Mishra. Future of Panchayati Raj after 73rd Constitutional Amendment［N］. Kurukshetra，1995 –04 –29.

［252］Dwight Waldo. The Study of Public Administration［M］. New York：Random House，INC，1967.

［253］H. George Frederickson，New Public Administration［M］. The University of Alabama Press，1980.

［254］Frank Marini. Toward a New Public Administration［M］. Scranton：Chandler，1971.

［255］V. V. Moharir. Administrative Reforms in India［M］. The Management of Change in Government. Springer Netherlands，1976.

［256］Mani Shankar Aiyar，Nupur Tiwari. Inclusive Growth through Inclusive Governance in India' s North East［J］. Commonwealth Journal of Local Governance，2009（2）：137 –139.

［257］A. Avasthi，A. P. Avasthi. Indian Administration［M］. Laxmi Narayan Publishers，1993.

［258］B. B. Mishra. Government and Bureaucracy in India［M］. Delhi：Oxford

University Press, 1986.

[259] S. R. Maheshwari. Administrative Reforms in India [M]. New Delhi: Jawahar Publishers, 1993.

[260] O. P. Dwivedi, R. B. Jain. India's Administrative State [M]. New Delhi: Gitanajali Publishing House, 1985.

[261] Vivek K. Agnihotri. Government of India's Measures for Administrative Reforms. In Reforming Administration in India [M]. New Delhi: Indian Council of Social Science Research and Har Anand Publications, 2000.

[262] S. K. Das. Civil Service Reform and Structural Adjustment [M]. Delhi: Oxford University Press, 1998.

[263] David C. Potter. India's Political Administrators 1919—1983 [M]. Oxford: Clarendon Press, 1986.

[264] J. R. Siwach. Dynamics of Indian Government and Politics [M]. New Delhi, 1990.

[265] D. C. Gupta. Indian Government and Politics [M]. British Government and Politics. Heinemann Educational, 1980.

[266] Bose Sugata. Nationalism, Democracy and Development: State and Politics in India [M]. Oxford University Press, 1992.

[267] Paul R. Brass. The Politics of India Since Independence [M]. Cambridge University Press, 1996.

[268] Pavan K. Varma. The Great Indian Middle Class [M]. Penguin Books, 1998.

[269] Uma Kapila. Indian Economy Since Independence [M]. Academic Foundation, 1990.

[270] Subhash C. Kashyap. Coalition Government and Politics in India [M]. Uppal Publishing, 1986.

[271] Tom Christensen, Per Lægreid. The Whole - of - Government Approach to Public Sector Reform [J]. Public Administration Review, 2007, 67 (6): 1059, 1066.

[272] Dwight Waldo. Development of Theory of Democratic Administration [J]. The American Political Science Review, 1952 (1): 46.

[273] Inderpreet Kauret, Mrs. Kianjit Kaur, Mrs. Parminder Kaur. Effective E - Administration for Good Governance [J]. International Journal of Computing & Business Research, 2012: 7.

[274] Richard Newman. The Politics of India Since Independence by PaulR. Brass [J]. International Affairs, 1995, 71 (2): 428 - 429.

[275] Batley R. Civil Service Reform and Structural Adjustment [J]. Journal of Development Studies, 1998.

[276] Ahmed Shafiqul Huque. Explaining the Myth of Public Sector Reform in South Asia: De - Linking Cause and Effect [J]. Policy& Society, 2005, 24 (3): 97 - 121.

[277] Punit Arora. Administrative Reforms in India: Need for Systems Approach to Problem Solving [J]. International Public Management Review, 2006, 7 (2): 83 - 96.

[278] Kuldeep Mathur, Navdeep Mathur. Assessing Administrative Reform in India [J]. Chinese Political Science Review, 2017, 2 (1): 40 - 55.

[279] Dr. Atma Ram. Efforts for Administrative Reforms in India [J]. International Journal of Research in Engineering & Social Sciences, 2016, 6 (3): 41 - 51.

[280] O. P. Dwivedi, R. B. Jain, B. D. Dua. Imperial Legacy, Bureaucracy, and Administrative Changes: in India 1947—1987 [J]. 1989, 9 (3): 253 - 269.

[281] Nikhilesh Jha. Initiatives of Government of India on Regulatory Reform in the context of the Action Plan for Effective and Responsive Government [TB/OL]. www. regulatory reform. com.

[282] Md. Reyaz Ahmad. Necessity of Administrative Reforms in India: Good Governance Perspective [J]. International Journal of Multidisciplinary Approach and Studies, 2015, 2 (5): 218 - 231.

[283] R. B. Jain. Towards good Governance: A Half Century of India' s Administrative Development [J]. International Journal of Public Administration, 2001, 24 (12): 1299 - 1334.

[284] Roy Jaytilak Guha. Second Administrative Reform Commission on Right to Information: a Critical Review [J]. Indian Journal of Public Administration, 2007, 53 (3): 560 - 561.

[285] B. R. Nayar. The Political Economy of Reform Under the UPA, 2004 - 14: The Tension Between Accumulation and Legitimacy [J]. India Review, 2015, 14 (2): 175 - 202.

[286] Ruparelia, Sanjay. 'Minimum Government, Maximum Governance': The Restructuring of Power in Modi's India [J]. South Asia: Journal of South Asian Studies, 2015, 38 (4): 755 - 775.

[287] O. P. Dwivedi. Stewardship of Governance: Ethics and Values of the Public Service [J]. In Governing India: Issues Concerning Public Policy, Institutions and Administration.

[288] Godbole, Madhav. Right to Information: Write the Law Right [J]. Economic and Political Weekly, 2001: 1423 - 1428.

[289] N. Singh. Governance and Reform in India [J]. Journal of International Trade & Economic Development, 1997, 6 (2): 179 - 208.

[290] D. Y. Sivaramaiah. Good Governance through E - Governance in India: Need for Innovative Approaches [J]. Ssrn Electronic Journal, 2016.

[291] D. Kumar. E - Governance: Good Governance in India [J]. Social Science Electronic Publishing, 2017.

[292] A. S. Huque. Public Administration in India: Evolution, Change and Reform [J]. Asia Pacific Journal of Public Administration, 1994, 16 (2): 249 - 259.

[293] R. B. J. E. Imhanlahimi. Public Administration in India: 21st Century Challenges for Good Governance by R. B. Jain [J]. Social and Economic Studies, 2006, 55 (3): 212 - 216.

[294] Singh Narinder. Civil Service Reforms in India: A Review [J]. Journal of Politics and Governance, 2013 (2): 251 - 258.

[295] S. Tabassum, T. Sadashivam. Right to Information Act in India: An Overview [J]. Journal of the Knowledge Economy, 2015 (6).